广东省人民检察院◎编

南粤检察文萃

理　论　研　究　卷

主　　编◎林贻影
执行主编◎黄文艾
副 主 编◎曾　翀

法律出版社 LAW PRESS · CHINA

代序

——智识为本　厚积薄发

2018 年 3 月 7 日，习近平总书记到全国人民代表大会广东省代表团参加审议时指出，广东是改革开放的排头兵、先行地、实验区，在我国改革开放和现代化建设大局中具有十分重要的地位和作用，广东要在构建推动经济高质量发展体制机制、建设现代化经济体系、形成全面开放新格局、营造共建共治共享的社会治理体系方面走在全国前列。站在新时代的起点，广东省将在新的征途中再度扬帆起航。全省检察机关必须认真学习贯彻习近平总书记重要讲话精神，牢记习近平总书记“四个走在全国前列”的嘱托，强化法律监督，为习近平新时代中国特色社会主义思想在南粤大地落地生根、结出丰硕成果提供坚实的法治保障。

强化法律监督，就要抓好司法办案，通过严格、规范、公正、文明司法，有效维护人民群众的合法权益，“努力让人民群众在每一个司法案件中感受到公平正义”，以法律监督工作的高质量保障经济发展的高质量，确保发展成果普惠共享，切实满足人民群众日益增长的美好生活需要。强化法律监督，就要夯实检察理论基础，推动检察理论创新，以符合新时代要求的新视野、新理念、新思路，进一步建设发展、丰富完善中国特色社会主义检察制度，彰显制度优势，坚定制度自信，并以此引领司法办案，推动检察工作纵深发展。

司法办案与理论研究乃检察工作之两翼，两者相辅相成，相得益彰。近年来，广东省检察机关以占全国检察系统约 1/20 的办案力量办理了占全国约 1/9 的刑事案件，特别是办理了一大批享誉全国的大案要案难案，办案业务一直走在全国前列。检察业务越发展,越需要不断提高科学决策水平,越需要检察理论研究提供强有力的智识支撑。特别是当前,司法体制改革、国家监察体制改革等多重改革叠加,检察机关处在职能重大调整、工作转型发展的关键时期,检察工作正面临前所未有的机遇和挑战。我们必须通过强化检察理论研究,准确、高效地分析把握我省检察工作的特点、规律,增强对改革新老问题的系统性与精细化探索,积极为我省司法办案与改革实践建言献策,促进检察工作创新发展。

强化检察理论研究,要不断提高政治站位,增强政治担当。要切实增强"四个意识",坚定"四个自信",坚持习近平新时代中国特色社会主义思想,坚持以人民为中心的发展理念,坚持社会主义意识形态的主导地位,确保理论研究的正确政治方向。要自觉对标习近平总书记提出的四个"走在全国前列",用务实的研究意识、创新的研究思路、优秀的研究成果服务好广东改革发展大局,助推广东率先全面建成小康社会、率先实现社会主义现代化。

强化检察理论研究,要坚持以服务法律监督职能、服务司法办案职责为宗旨,持之以恒推动检察实践创新。要遵循检察机关"国家法律监督机关"的宪法定位,按照新时代政法工作的发展要求及新时代检察工作的职责使命,紧扣法律监督职能与司法办案职责,找准研究重点,拓宽研究视界、创新研究模式,破解我省检察机关履职过程中的各类难题,真正以科学先进的理论研究引领制度设计,服务实践创新。

强化检察理论研究,要以调动最广大检察人员的调研积极性、主动性和创造性为着力点,不断激励、推动形成浓郁的检察理论研究氛围。要善于为最广大的检察人员优化调研平台载体供给,积极推进检察理论研究成果多渠道转化,让每一位潜心于检察理论研究的优秀干警,都有机会展示自己对新时代检察实践思考的答卷,交流分享自己的检察智识,并以此促进全省检察人员钻研业务、乐于调研的氛围营建。

《南粤检察文萃》是近年来广东检察干警理论探讨、制度辨析、疑案释法、改革谏言等智识成果的汇集,字里行间留下了广东检察人在推动检察事业科学发展的道路上明理善思、探索前行的印迹,凝聚着广东检察人求真务实的特质、敢为创新的勇气、孜孜以求的进取!希望本丛书及其承载的检察精神会激励我们广大检察干警继续开拓创新，砥砺前行，积极打造广东检察品牌，为把广东省建设成为“全国最安全稳定、最公平正义、法治环境最好”的地区而再展英姿、再立新功！

林贻影

2018 年 4 月 20 日

目 录

Contents

检察改革

基础理论

检察实务

他山之石

检察改革

构建我国检察官惩戒委员会制度应厘清五个问题

郑　红*

摘　要：我国检察官惩戒委员会是在省一级设立的、独立的第三方非常设机构，不行使最后惩戒检察官权力，只负责对检察官违反法律法规、违反检察职责进行司法责任评定，应当与检察官遴选委员会分开设立，建立健全相应的组织构建，确立相应的正当程序。

关键词：检察官惩戒委员会　设立模式　组织构建　正当程序

建立检察官惩戒委员会制度，是我国这一轮司法体制改革推出的重要具体改革措施之一，对于敦促检察官增强敬业意识、自律意识，加强对检察官行使权力的监督，防范检察官滥用权力损害法律的尊严，确保检察官依法公正行使检察权，提高检察机关司法公信力具有十分重要的意义。2016年7月，中央全面深化改革领导小组审议通过了《关于建立法官、检察官惩戒制度的意见（试行）》，该意见强调要坚持党管干部原则，尊重司法规律，体现司法职业特点，坚持实事求是、客观公正，坚持责任和过错相结合，坚持惩戒和教育相结合，规范法官、检察官惩戒的范围、组织机构、工作程序、权利保障等，发挥惩戒委员会在审查认定方面的作用。

许多地方进行了大胆的探索与实践，为各地建立健全检察官惩戒委员会制度提供了方向指引和实践范式，但是仍然有必要进一步厘清检察官惩戒委员会的性质定位、功能取向、设立模式、组织构建、正当程序安排等一系列关键问题，以便为建立健全检察官惩戒委员会制度提供更坚实的理论支撑。

---

* 郑红：广东省人民检察院检察长。

一、关于检察官惩戒委员会的性质定位问题

这一轮司法体制改革的深度、广度都前所未有，但它是坚持和完善中国特色社会主义司法制度的一次改革，并未对现行司法机关涉及人事、纪律方面的根本制度和运作模式作出重大改变。作为镶嵌在我国现有政治制度和司法制度之上的检察官惩戒委员会制度，它必须与我国现行的党管干部体制、纪检监察体制、法律制裁制度等相衔接、相一致。因此，准确把握检察官惩戒委员会的性质定位对于从整体上把握检察官惩戒委员会的制度设计具有方向性的意义。必须明确，我国检察官惩戒委员会是在省一级设立的、独立的第三方非常设机构，只负责对检察官在检察工作中违反法律法规、实施违反检察职责的行为进行司法责任评定，不负责最后惩戒。

首先，检察官惩戒委员会是独立的第三方非常设机构，具有中立性，它本身不是权力机关，也不隶属于任何权力机关。但是，作为检察官惩戒事项的审议机构，检察官惩戒委员会又不同于一般意义上的行业性自律组织，因为它在一定程度上已经介入司法权运行机制的监督制约环节当中，是带有一定公权力色彩的第三方机构。因此，一方面，检察官惩戒委员会的人员组成、议事规则等相关制度设计应首先保证其中立性，避免将其沦为权力机关特别是检察机关的"内设机构"，重新走回以往检察官惩戒程序内部化、行政化的老路；另一方面，相关制度设计还应当充分尊重司法规律，保障检察权的正常运行，避免以惩戒的名义对检察权的运行施加另外一种形式的干扰。

其次，检察官惩戒委员会是检察官司法责任的专业评定确认机构。检察官惩戒委员会应该在查明事实的基础上，依照相关规定对检察官在具体司法行为中是否存在故意或重大过失，应否承担责任以及承担责任的范围、方式作出评定，并出具审查意见，提交涉事检察官所在单位的纪检监察部门处理。检察官惩戒委员会认为构成检察官故意或因重大过失导致案件错误并造成严重后果的，人民检察院应当依照有关规定和程序作出惩戒决定，给予相应的处理。检察官惩戒委员会的职责仅限于检察官司法责任的专业评定确认，这也就意味着：第一，检察官惩戒委员会并不具有直接进行惩戒的权力，其所行使的是审查、评定和建议的权力，因此，相关改革设计不能对原有的惩戒程序造成根本性的冲击，

而只能是对原有惩戒程序进行局部加强和优化升级;第二,检察官惩戒委员会仅对检察官涉嫌违反检察职责的行为进行审议,而对该情形以外的其他违法违纪行为,如违反政治纪律、生活纪律的行为,只能由其他有关职能部门调查核实,依照法律及有关纪律规定处理。

最后,检察官惩戒委员会是在省一级设立的。检察官惩戒地方化多年来一直被人所诟病,正如有学者指出,"对检察官的纪律处分主要由地方检察机关、地方党委下设的纪律检查委员会或地方人大常委会负责,特定纪律处分的作出需要当地党政部门的同意,从而促使检察官更加强调对地方负责。"①为扭转这种状况,最大限度地排除惩戒工作上的地方干扰,检察官惩戒委员会须在省一级设立,并对应地在省级检察院设立检察官惩戒工作办公室,同一省辖区内的检察官涉嫌违反检察职责,需要进一步认定司法责任的,都应当层级报送至省级检察院检察官惩戒工作办公室,再由其提请检察官惩戒委员会审议。

二、关于检察官惩戒委员会的功能取向问题

说到检察官惩戒委员会,人们往往不由自主片面地将其认定为是一个处理检察官、惩罚检察官的机构。其实,检察官惩戒委员会是检察官与惩戒决定主体之间的桥梁和纽带,它既可就涉事检察官的行为向惩戒决定主体提供处理意见,又可对惩戒决定主体对涉事检察官所作决定的合理性、公正性提出审查意见。检察官惩戒委员会应当致力于实现防范检察官滥用权力与保障检察官依法行使权力之间的平衡、惩治检察官司法不端行为与保证对检察官处罚客观公正之间的平衡。从世界范围来看,惩戒和保障并重是许多国家检察官惩戒制度的特点,"在对检察人员违反职业道德和纪律的行为予以惩戒的同时,各国也应强化对检察人员的各类保障措施,避免因强调惩戒而对检察人员造成过重的心理压力和思想负担"。② 在检察官惩戒委员会的功能取向上,我们应当兼顾严格惩戒和依法保障,既严格规范司法行为,严格追究司法责任,又保障检察官依法履行职责,保护检察官的合法权益。

---

① 邓辉、谢小剑:《责任与独立:检察官纪律惩戒的双重维度》,载《环球法律评论》2010 年第 5 期。

② 樊崇义、刘文化:《惩戒与保障:域外检察官办案责任的双面镜像》,载《检察日报》2016 年 5 月 17 日,第 3 版。

一方面,检察官惩戒委员会要发挥好"紧箍咒"的作用,对检察官徇私枉法、滥用职权、玩忽职守,以及办理关系案、人情案、金钱案的,要坚持零容忍的态度不变、严厉惩处的尺度不松,支持惩戒决定主体依法作出惩戒决定,以便通过加强检察官惩戒工作,进一步落实"让审查者决定、由决定者负责"的检察机关司法责任制,不断提高检察官司法办案水平,让人民群众在每一个案件中感受到公平正义。

另一方面,检察官惩戒委员会还要发挥好"护身符"的作用,严格遵守客观公正、过责相应、惩护兼顾、公开透明的原则,确保检察官履行检察职责,非因故意或重大过失,非因法定事由,非经法定程序,免受责任追究。检察官惩戒委员会如果在审议过程中发现检察官因办案受到打击报复、诽谤等情况,可以提出保护建议,为检察官依法履职提供最强有力的支持,从根本上解除其后顾之忧。检察官惩戒委员会在开展惩戒工作的过程中还应充分保障涉事检察官就其行为进行辩解和对有关惩戒决定进行申诉的权利,确保有关惩戒决定客观公正。

应该说,《关于建立法官、检察官惩戒制度的意见(试行)》对于检察官惩戒委员会工作职责的规定完全顾及了检察官惩戒委员会上述两方面的功能。该意见第5条规定:惩戒委员会根据人民法院、人民检察院调查的情况,依照程序审查认定法官、检察官是否违反审判、检察职责,提出构成故意违反职责、存在重大过失、存在一般过失或者没有违反职责的意见;受理法官、检察官对审查意见的异议申请,作出决定;审议决定法官、检察官惩戒工作的其他相关事项。惩戒委员会不直接受理对法官、检察官的举报、投诉,如收到对法官、检察官的举报、投诉材料,应当根据受理权限,转交有关部门按规定处理。

三、关于检察官惩戒委员会的设立模式问题

截至2016年年底,全国已经有12个省市成立了省一级惩戒委员会,并分别采取了两种不同的模式,一种是惩戒委员会与遴选委员会合一,如上海①、辽宁、

① 上海是合并设立模式的代表,在已经选任的法官、检察官遴选(惩戒)委员会委员名单中,15名委员中有专门委员7人、专家委员8人。其中,专门委员由市委政法委、市委组织部、市纪委、市人大内司委、市公务员局、市高级法院、市检察院等单位的分管领导组成;专家委员则从资深的法学专家、业务专家、律师代表中选择。

河北、福建、陕西，该委员会的名称为遴选（惩戒）委员会；另一种是在遴选委员会之外设立单独的惩戒委员会，如吉林[①]、海南、青海、山东、宁夏、重庆、新疆。除此之外，广东虽然没有正式成立检察官惩戒委员会，但已经通过了《广东省法官、检察官惩戒委员会章程（试行）》和《广东省法官、检察官惩戒工作办法（试行）》，选择的是单独设立模式。

相较而言，检察官遴选委员会和惩戒委员会合并设立的模式具有经济便捷的优势，"一套人马，两块牌子"，很快就可以搭建并运行起来，但无论是从各地委员会已经公布的《章程》和《工作办法》的具体条文来看，还是从实际运行效果来看，合并模式所造成的结果是有关遴选的规则和事项大大压缩了与惩戒相关的规则和事项，给人以检察官惩戒委员会附属于检察官遴选委员会的观感。单独设立的模式虽然在一定程度上增加了制度运行的成本，但是更能保证检察官惩戒委员会的独立性，提高检察官惩戒委员会的工作效率，使其能够集中精力处理与惩戒有关的事宜。更为重要的是，检察官遴选委员会和检察官惩戒委员会的制度功能、职责定位、议事规则截然不同，甚至存在某种潜在的冲突，如果将两者捆绑在一起，同一个机构既负责对检察官的选任，又负责对不适任检察官的惩戒，容易引致遴选与惩戒工作的交错混乱，容易对惩戒工作的独立性、中立性造成干扰。从这个意义上来讲，单独设立模式应该是一种更为合理的选择。

四、关于检察官惩戒委员会的组织构建问题

在检察官惩戒委员会的组建上应当突出其独立性、外部性、专业性和民主性的特点，以更好地彰显检察官惩戒委员会的权威性，增强检察官惩戒委员会的公信力。因此，检察官惩戒委员会的设置应当独立于检察机关，检察官惩戒委员会的组成人员应有一定比例的检察系统以外的人员，在检察官惩戒委员会委员中应有一定比例的法律专业人士，检察官惩戒委员会委员的产生应当通过一定的

---

① 吉林是单独设立模式的代表，其中检察官惩戒委员会组成人员 13 人，分别来自吉林省人大、纪委、政法委、检察院、法院以及法学会、律师协会、知名高校的官员、法官、检察官、律师和著名法学学者等资深业内人士担任。惩戒委员会设主任委员 1 人，副主任委员 2 人，专门委员 4 人，专家委员 6 人。主任委员实行任期制，每届任期 3 年，最多连任 2 届。专家委员每届任期 3 年，届满至少改聘 1/2，连任最多不超过 2 届。

民主程序。

《关于建立法官、检察官惩戒制度的意见(试行)》中已经对惩戒委员会中的人员组成提出了明确的要求:一是应包括人大代表、政协委员、法学专家、律师等检察院外部代表,以保证惩戒委员会的中立性;二是法官、检察官的代表应不低于50%,并从辖区内的不同层级人民法院、人民检察院选任,以充分体现司法职业特点;三是惩戒委员会主任由实践经验丰富、德高望重的法律界人士担任。在具体操作上,我们认为,还可以考虑将检察官惩戒委员会的委员区分为常任委员和非常任委员,常任委员由省人大常委会、省纪委、省委组织部、省委政法委、省人大内司委、省高级人民法院、省人民检察院等职能机关推荐的代表组成;非常任委员由人大代表、政协委员、法学专家、律师、资深法官、检察官组成,并设置一定的选任条件,如从事相关法律工作20年以上,具有良好的职业操守和社会声誉等,由省人大常委会相关部门、省政协相关部门、省法学会、省律师协会、省法官协会、省检察官协会推荐。各单位推荐的委员人选,由省委政法委员会进行资格审核,向社会公示。公示期满后未发现有影响履职情况的,由省委政法委员会颁发任命书,并予以公告。

另外,检察官惩戒委员会委员应实行任期制,每届任期可以考虑为5年,最多连任2届。每届任期从当届惩戒委员会召开第一次大会开始,到下一届惩戒委员会召开第一次大会为止。惩戒委员会委员应依照章程履行各项职责,遵守各项纪律,包括不得利用惩戒委员会委员身份谋取利益;不得与惩戒相对人或其他利害关系人私下接触;不得妨碍或干预法官、检察官正当的司法活动;依时参加惩戒委员会会议,并正确行使表决权;因故不能出席会议,应提前向主任或副主任请假;不得泄露惩戒相对人的个人情况和会议评议情况;不得擅自对外发表涉及惩戒事项的意见或评论。惩戒委员会委员具有下列情形的,应当免除其职务,这些情形包括:职务身份发生变动后不符合任职条件的、工作调动后不宜继续担任委员的、一届任期内累计两次无故不参加委员会工作的、本人书面申请辞去委员职务的、推荐单位认为所推荐人选不宜再担任委员并经核实的,以及因违法违纪或违反惩戒委员会章程规定情节严重的。

为确保日常惩戒工作的高效顺畅,应考虑设立检察官惩戒委员会秘书处和检察官惩戒工作办公室,负责惩戒委员会的日常性事务。其中,秘书处应设立在省委政法委,惩戒委员会工作办公室应设在省级检察院。秘书处的主要工作职责可设定为:负责惩戒委员会的选任、换届和联络工作,受理惩戒工作办公室移送的审议申请,确定惩戒委员会的审议会议日期,记录审议会议的讨论情况,以及其他日常性的事务。检察官惩戒工作办公室履行的职责可以设定为:(1)起草惩戒相关工作制度,提交惩戒委员会讨论决定;(2)根据纪检监察部门的调查情况,提请惩戒委员会就涉事检察官是否违反检察职责进行审议;(3)根据惩戒委员会的审查意见,依照有关程序和规定要求有关人民检察院执行惩戒决定;(4)根据有关人民检察院的申请,就惩戒委员会作出的审查意见向惩戒委员会提出异议申请;(5)惩戒委员会交办的其他事项。需要指出的是,惩戒工作办公室并非惩戒委员会的下设机构或内设机构,两者之间不能认定为领导和被领导的关系,它们更多地体现为分工负责检察官的惩戒事宜,惩戒委员会对惩戒工作办公室还具有监督指导的职责。

五、关于检察官惩戒委员会的正当程序安排问题

为保证对检察官惩戒的足够慎重和公平公正,很多国家和地区都选择设立职务法庭来裁决检察官的惩戒问题,其核心要义在于用程序正当化原则贯穿于检察官的整个惩戒程序环节,使司法规律得以恪守和遵循。①《关于建立法官、检察官惩戒制度的意见(试行)》中所规定的惩戒程序,也充分考量了这一因素,具体体现在:第一,该意见明确要求实行调查核实权和审议评定权相分离,检察院负责对检察官涉嫌违反检察职责的行为进行调查核实,惩戒委员会只对检察院提请审议的事项进行核查。两种权能的相互分离,有助于惩戒委员会更加客观公正地进行审议。第二,该意见借鉴行政诉讼、刑事诉讼的有关规定对举证责任进行了分配,明确规定人民检察院应当承担涉事检察官违反检察职责的举证责任。第三,该意见明确规定当事检察官有权进行陈述、举证和辩解。第四,该意见在审议环节的决议规则上采纳了合议制中的多数决规则,需经全体委员2/3

---

① 最典型的是德国和我国台湾地区,特别是我国台湾地区在2011年对"法官法"进行修订时,为回应社会剧增质疑检方办案滥权不当的声浪,对旧有的检察官惩戒制度进行了大幅改造,其中一项重大的修改就是借鉴德国的做法,创设职务法庭,司职检察官惩戒案件的审理。参见蔡碧玉等:《检察官伦理规范释论》,元照出版有限公司2013年版,第311~312页。

以上的多数通过。第五,该意见赋予当事检察官和有关人民检察院提出异议的权利,要求惩戒委员会对异议及理由进行审查,并回复当事检察官和有关人民检察院。

由于《关于建立法官、检察官惩戒制度的意见(试行)》对惩戒委员会制度的规定仍然是框架性的,特别是对审议程序环节的很多具体性规则未作明确规定,各地在设计有关具体实施方案时,应当考虑以程序正当原则为指导原则,把诉讼制度中的一些基本规则移植过来。具体包括:一是有关惩戒委员会审议会议召开的规定。应当规定:惩戒委员会每半年至少召开一次全体会议,因工作需要,根据惩戒委员会主任或1/3以上委员提议,可临时召开惩戒委员会全体会议。惩戒委员会的召开,应当由全体委员的2/3以上参会,并且常任委员应当全部参加会议。二是有关检察官惩戒委员会委员回避制度的规定。应当规定:委员如存在可能影响审议公正进行的情形,应当进行回避。这些情形包括:本人是当事检察官或者是当事检察官的近亲属的;本人或其近亲属和当事检察官有利害关系的;代理当事检察官办理或审理的案件的;与当事检察官有其他关系,可能影响惩戒工作公正进行的。三是有关惩戒程序是否公开的规定。检察官的惩戒程序与普通的诉讼程序不同,在对案件事实未最终查明、对司法责任未最终认定之前向社会公众公开,既可能损害司法权威,又可能损害当事检察官的个人名誉,因此,应当以不公开审议为原则。但是,如果当事检察官申请进行公开审议,应当允许公开,并在必要的时候组织听证。四是有关惩戒建议效力的规定。因惩戒委员会被定位于司法责任的专业评定确认机构,因此,其并不具有直接作出惩戒决定的权力。但是,一旦认定当事检察官构成故意或因重大过失导致案件错误并造成严重后果的,应当在审查意见中同时列明惩戒建议。为进一步提升惩戒委员会的权威性,应当参照检察建议的相关规定,要求有关人民检察院按照惩戒建议最终作出惩戒决定,如果惩戒建议并未得到执行,有关人民检察院应当在规定的期限内进行说明不采纳惩戒建议的理由,如该理由不成立,省级检察院应当要求有关人民检察院按照惩戒建议对当事检察官进行惩戒。

[原文发表于《人民检察》2017年第1期]

司法责任制改革背景下检察办案组织之运行

——以G省首批改革试点检察院办案组织实践为视角*

广东省人民检察院课题组**

摘　要：当前检察官办案组织在类别划分、组织运行、外在保障等方面的开放性探索取得了积极成效，但仍然存在实践与理论没能有效对接，对非典型办案组织工作方式缺乏有效探索，办案组织建设与员额制、分类管理制度改革衔接不畅，办案机制与管理机制的复合型、关联性探索不够深入，既有的责任机制模糊，检察官的主体地位、办案组织运行的制度保障较为欠缺等问题，应当强化"司法责任"因素的价值导向，推进办案组织运作机制的精细化设置，做好关联制度的衔接与配套，增进办案组织职能与司法责任配置的制度刚性。

关键词：司法责任制　检察机关　办案组织　衔接

2013年年底，最高人民检察院印发《检察官办案责任制改革试点方案》，提出以主任检察官为基数的办案组织建设要求；2015年9月，最高人民检察院印发《关于完善人民检察院司法责任制的若干意见》（以下简称《若干意见》），对健全检察官司法办案组织形式及运行机制提出了指导意见，并鼓励各地在此基础上结合实际积极探索。自2014年以来，作为最高检部署的主任检察官办案责任制及中央政法委部署的四项改革首批试点单位，G省Z市、O市、M市、T市四市两

---

* 本文系2016年度最高人民检察院理论研究课题《司法责任制与检察一体化问题研究》（课题编号：GJ2016C18）的阶段性研究成果。

** 课题组负责人：广东省人民检察院副检察长黄武；课题组成员：中共广东省纪律检查委员会组织部副部长龙子丹，广东省人民检察院法律政策研究室主任曾翀，广东省人民检察院检察官助理刘婵秀、徐莉莎。

级试点检察院先后开展了以(主任)检察官为基数的办案组织建设工作。[①] 从最初建立主任检察官办案组,继而在上层引领下调适为以入额检察官为基数搭建起检察官办案组织并推动运行,试点探索取得了一些成效,也呈现出相关问题。司法责任制改革对办案组织建设赋予了怎样的目的要求和制度期待,试点改革能否实现这一预期并为我们提供理论、制度与实践的意义参考?本文拟以G省相关办案组织建设情况为实证样本,就办案组织运行及其支撑的司法责任制改革问题进行探讨。

一、司法责任制改革背景下检察办案组织之制度预期

司法责任制改革的目标,在于通过保障检察官办案权力的独立行使及与之相应的责任分担,改进行政性办案方式,推进检察权运行机制的完善。而"责任机制形成的基础,是检察机关办案采取的组织形式,不同的组织形式,将形成不同的责任机制"。[②] 因此,检察机关办案组织建设在司法责任制改革中意义重大。结合本轮司法责任制改革背景及"建立权责明确、协作紧密、制约有力、运行高效"新型检察办案组织的改革要求,当前的办案组织建设至少承载以下三点制度期待:

(一)检察改革主导价值之调适

应该说,近年来,我们也一直在向改进检察权运行机制进行相关努力,从主诉检察官制度到前期试行的主任检察官制度,其要旨均在于,在我国检察制度的现实背景下,选择一批骨干检察官,赋予其相对独立性以及更大的权力和责任,改变以往传统"三级审批制"办案模式存在的各种弊端。具体来讲,上述两项制度,前者主要是为应对《刑事诉讼法》修改对公诉人办案质量和出庭素质要求提出的挑战,后者主要是为了突出检察官主体地位,提高办案效率,二者客观上都已触及检察机关办案组织建设及相关责任问题,但对明晰办案责任的要求,并不

---

① 由于主任检察官办案责任制及检察官办案责任制两项改革时间衔接较紧,部分试点单位先前组建的是主任检察官办案组,在遴选出员额检察官后,办案组织形式方面,也由主任检察官办案组织调整为检察官办案组织,但有些工作机制只是微调,为表现这种承接性,文中对二者过渡时期的相关表述采(主任)检察官。

② 龙宗智:《检察官办案责任制相关问题研究》,载《中国法学》2015年第1期。

强烈。实行初期,二者在提高办案效率、提升队伍素质方面取得了一定成效,但经过多年实践,由于检察官权力保障不到位、配套制度缺失等原因,实践中效果并不理想。而新一轮司法责任制改革的背景,虽然效率与素质提升仍是动因,但其主要思路与目的在于以司法责任来倒逼案件质量的提高。近年来,因部分冤假错案带来的司法公信力不高问题比较突出,这些问题的产生,有司法观念陈旧、司法人员素质不高等原因,但深层次原因在于司法管理体制和司法权运行机制不健全,其中就包括司法责任制不完善。① "新一轮司法改革强力推进去行政化和去地方化,明晰和强化办案责任,需要进一步提升检察工作的法治化水平。"②因此,在司法责任制改革背景下,新的办案组织建设较之前述关联制度中既有的简单的办案组织,有更艰巨的"责任意识"担当。一定意义上,就是通过改革主导价值之调适,即从素质、效率等向责任因素的特别倾斜,实现对前述关联性制度实践局限性之克服。

(二)检察权能运行属性之调和

检察权属性的复杂性,要求其权能运行方式,一方面要坚持一体化原则,保证上令下行,另一方面要遵循司法规律,凸显检察官的主体地位。以往的"三级审批制"办案方式,以检察机关内设机构为基本单元运转,这种行政性较强的运作模式,弱化了办案检察官在案件办理中的主导作用,损害了检察权的司法属性。司法改革正是意在通过改善权力运行方式来协调二者,以一种更能体现、更有利于检察官主体地位发挥的办案组织形式来缓和一体化与独立性之间的张力。作为检察机关内部最基本的办案组织和行使检察权最基础的单元,不仅应当具有固定性和稳定性,还应当反映和凸显检察办案的特色……既能确保检察官独立办案,又能加强内部的监督制约,还能较好地克服行政化的办案模式,并能通过办案组织彰显检察官的司法官属性。③ 可见,疏离、解构内设机构与行政审批制之间的紧密关系,建构起检察一体与检察官独立相协调的办案机制,实现

① 胡泽君:《在贯彻落实〈关于完善人民检察院司法责任制的若干意见〉部署会上的讲话》(2015 年 10 月 15 日),载最高人民检察院司法体制改革领导小组办公室编:《人民检察院司法责任制学习资料》,中国检察出版社 2015 年版,第 53 页。

② 谢鹏程:《检察官办案责任制改革的三个问题》,载《国家检察官学院学报》2014 年第 6 期。

③ 向泽选:《检察办案组织的改革应当彰显司法属性》,载《人民检察》2013 年第 22 期。

检察权能运行从行政化向适度司法化转变,也是办案组织的制度预期。

(三)检察办案人力资源之调配

司法改革背景下对检察办案组织制度的预期关注,必然会涉及这样一个问题,即在检察权运行方式的改善中,办案主体地位突出的对象指向为什么不是承办人而是办案组织?

根据组织学原理,"组织"是为了实现个人难以实现的特定目标,具有精心设置的组织结构和组织规则,进行有意识的协调活动并与外部环境保持密切联系的社会责任实体。[①] 从组织的协作特性上来看,检察机关办案组织是由若干负有不同职责的检察人员参与和协作的组织,在实行检察人员分类管理的情况下,检察机关办案组织实施人员分类和工作分工,由行使国家检察权的各层级检察官作为办案组织的办案核心,辅助检察官行使检察权力的辅助人员协助配合检察官办案。可见,跟承办人以及以往简单的办案组相比,司法责任制改革背景下的办案组织并不是普通的工作组,而是管理学上的组织形式,其内含三个重要元素,即以高质量的检察官为基数、其他人员的调配协作、不同人员的责任差异,通过此三元素的组织构建和有机运转,在现有人力资源下实现组织效能的最佳发挥。

而同时值得关注的是,由于近年来司法行政化的发展倾向,留在一线办案的检察官往往资历较浅、经验不丰,一些资历丰富的检察官骨干逐渐远离一线办案岗位,这与检察办案活动的本质需求相悖。办案组织建设正是通过办案模式改革,下放办案权力,取消两级审批,解放一批办案能力强的副检察长、业务部门负责人,让其回归、充实、加强办案一线,并能将其他尚不具备独立办案能力的辅助人员组织动员、引导起来,实现司法人力资源有效配置。

二、办案组织运作之样本呈现

G省首批改革试点检察院的办案组织建设围绕着选配入额检察官、各层级检察人员职权划分、设置办案组织、构筑监督制约体系等展开。根据G省检察院印发的《检察官办案组织组建及运行实施办法》,试点地区以"1(1名检察官)+1

---

① 郑青:《我国检察机关办案组织研究与重构》,载《人民检察》2015年第10期。

(1名检察官助理或1名书记员)”为组织模式基本形态,辅之以其他组织构成,初步实现了由“三级审批制”到“主要由检察官决定案件”的办案模式转变,减少了办案审批层级,简化了办案流程。各地探索共性与个性并存,可以观察分析的问题很多,为论述方便,我们以四市试点院的总体情况为群体样本背景,部分试点院的具体运行为个体样本对象(包括某业务类别的全面型推进或试点组探索),[①]结合前述办案组织制度的预期目标,选取其中几个关键性节点问题进行考察。

(一)办案组织构建

1. 内设机构的重整与变更

内设机构是办案组织架构的外部体系,与办案组织建设紧密相关。M市、T市暂时保留原有的内设机构设置,只是在职能上将其仅作为某类业务办案组织的管理机构而非办案审批层级。O市试点院则按照扁平化管理模式重整了内设机构。如O市D区院改变过去完全按照诉讼环节设置机构的传统,将原有14个内设机构整合为“三局一办”,即履行审查批捕的公诉局、反贪污贿赂渎职侵权局、诉讼监督局及履行综合职能的检察长办公室,实行扁平化管理。

Z市内设机构改革则经历了重整和变更两个阶段。改革初期,Z市两级院取消了原有内设业务机构,代之以整合后的大部制,实行(主任)检察官办案组织直接对检察长(分管副检察长)负责的办案模式。如市院围绕公诉权、职务犯罪侦查权和诉讼监督权三大职权分类,将原有内设机构整合为公诉部、职务犯罪侦查部、诉讼监督部、业务管理部、业务保障部、综合管理部和政治部(处)等职能部门。除职务犯罪侦查部和政治部(处)沿袭二级局机构设置外,其余各部均为虚拟机构。改革深化调整阶段,Z市市院针对改革起步探索阶段实行扁平化管理后出现的行政管理弱化、执行力下降、办案标准统一把握欠缺等问题,对内设业务机构进行了优化调整,重新组建新的反贪局,整合业务机构,设置公诉部、侦查

---

① 这其中,四市两级试点院的办案组织推进又包括全面型和试点组两种,前者是全院在主要业务部门全体推进,Z市、M市、T市均属此类情况,后者是在公诉或刑检类等业务部门有针对性地建立几个试点组进行探索,O市市院及其下属的D区院就属此类代表。其成立试点组旨在局部范围内通过实践形成关于(主任)检察官办案组织构建的各种规范制度,以及论证这些制度合理性的实践数据。核心问题有二:一是论证(主任)检察官与检察官助理的配搭构成;二是论证(主任)检察官与检察官助理的分工及运行方式。

监督部、刑事执行检察部、业务管理部、刑事申诉部、民事行政检察部及未成年人检察工作办公室,明确市院办案组织归口管理和任命的业务部部长职责,逐步构建适应改革需要的管理新架构。

2. 办案组织形式与类别的划分

各试点单位基本按《若干意见》对办案组织进行了固定办案组、临时办案组、独任制与办案组等形式划分。除此之外,Z 市市院还主要根据各检察业务类型的司法属性、办案流程以及管理模式,实行组织形式划分。其将检察职权配置涵盖的业务范围分为业务执行类(反贪污贿赂、反渎职侵权、侦查监督、公诉、民事行政检察、控告、申诉、监所检察、职务犯罪预防等执行类业务)、业务管理类(案件管理、检察委员会办公室、人民监督员办公室等管理类业务)、业务保障类(举报信息、法律政策研究等保障类业务)三大类,在这三类业务中均实行检察官责任制,即检察官责任制不仅仅局限于办案业务,还有其他法律属性较强的业务。据此,组织类别也包括业务执行类、业务管理类、业务保障类等检察官组别,前者为办案组织,后两者被称为其他检察官组别,在其他(主任)检察官组别的设置上,主要是在业务管理部设置案件管理、人民监督员办公室等组别;在业务保障部设置综合业务、法案研究、举报线索、行动技术、情报信息等组别,实行主任检察官负责制。

3. 办案组织内部人员组配与职责划分

1 名主任检察官到底同几名及怎样的辅助人员搭配,各人员具体分工及按何种方式办案才能实现工作量均衡且办案质效较高? O 市两级试点院的公诉部门通过试点组的构建与运行进行了对比、同比验证。如 O 市 D 区院公诉部门针对组织内人员如何分工问题,开展了“独任制下的主辅分工模式”改革试点探索,即对 A、B 两个试点组进行同比(命名分别为 A 试点组、B 试点组,两组人员构成类似,即 1 名检察官 +2 名助理 +0.5 名书记员,两组共用 1 名书记员)验证,试点组旨在局部范围内通过实践探索关于检察官与助理的搭配构成、分工及运行方式,形成关于办案组构建的各种规范制度。两组办案数量、质量、各人员耗时验证表明,试点分工较科学、均衡,效果良好。试点组主辅人员、书记员权责明晰,各自负责对应的工作内容,和普通办案组比较,除证据摘录由检察官助理分担之外,原本不属于检察官管理的事务性工作如开具换押证、文书公开等也由书记员专职去做,这就将检察官从各种繁杂事务的境况中解放出来,只纯粹干“高技术含量”的活,对于检察官本人来讲也增强了其职业荣誉感和价值认同感,能促使其更加有动力全身心投入“主业”工作。

办案组织内部,一方面,对检察官与助理主办案件范围相对进行了基础性划分,如O市D区院、H区院均按案件复杂程度或适用程序分别将案件分为一类、二类、三类或普通、简易程序类案件,规定在这些案件的办理过程中,办案组内主任检察官与助理各自分工及运作步骤与方式,确保办案分工明确,推进顺畅。另一方面,规定了检察官的“三亲自”原则,要求检察官做到亲自阅卷、亲自审讯、亲自开庭,以体现“亲历性”,提高办案质量。同时规定其他工作由辅助人员在主任检察官的指导下完成,提高办案效率。所有普通程序案件均由检察官亲自出庭,助理按检察官安排对简易程序审理的案件出庭支持公诉。检察官可以在自己的职权范围内,指派本办案组的辅助人员执行有关决定和处理相关事项,并对相关决定负责;辅助人员对指派事项的执行、处理情况负责。

(二)办案组织的运行情况

1.明确各层级检察人员的权限职责

各试点院根据相关法律法规和检察权运行规律,对相关检察人员的权限职责进行梳理并适度进行分级分类授权,制定了权责规定或清单,以明确检察长、检委会、分管副检察长、部门负责人、检察官在各类检察业务中的职权。如Z市市院将678项职权逐项依据相关法律规定进行分级授权,其中检察官职权占整个清单职权的53%,原属于检察委员会、检察长职权下放给主任检察官行使的有34项。O市两级试点院坚持凡能授予检察官自行决定的,尽量下放,并明确相关人员的职权清单。改革以来,Z市全市主管侦查监督工作的副检察长审批文书的数量平均下降49%;主管公诉工作的副检察长审批文书的数量平均下降42%,检察官主体地位得到了突出。

2.业务部门负责人综合性监督管理职责及案件审核权

尚保留内设机构的试点院,内设机构形式上仍作为中层机构存在,但职责上一般已不作为案件审批层级,只是负责行政性综合事务管理和协调。如O市H区院《检察官办案组织形式及人员权责划分办法》将检察官办案组织人员职责清单作为附件,列明了各业务部门的部门负责人、检察官、检察官助理、书记员的岗位职责，规定检察官、检察辅助人员应接受和服从部门负责人的管理和监督，按照安排完成案件协调、学习竞赛、理论调研、会议培训等各项工作。

同时，G省检察院结合改革过渡期特点及本省实际，在权力清单的制定上，明确了"有条件地发挥部门负责人的审核把关作用，平稳有序转变办案模式"这一指导思想。在有关业务部门负责人的职权配置上，在《若干意见》基础上增加了两项内容：一是统一同类案件的认定裁量标准；二是根据检察长的委托，审核其他检察官报请检察长或检察委员会决定的案件和其他经检察长或检察委员会授权的事项，并将审查逮捕、审查起诉和诉讼监督等其他法律监督类案件中业务部门负责人的审核权限制在过渡期。①

其他各地也依照这一规定明确了业务部门负责人的案件审核权。不过，对这一审核权执行情况的调研来看，部分检察官及部门负责人均认为，审核本身是一个管理学或行政学上的术语借用，司法中其具体含义不清，对其形式或内容具体要求怎么样，也还没有明确规定，实践中操作情形也是各异，如对提交检察长决定的案件，一般签写"提交检察长或检察官会议讨论"，也有的会写上明确的同意或不同意意见，到底是否应有实体意见，还是只是走个程序呢？其有否对应的责任或具体怎样的责任？不清楚。但无论是否有规定的责任，对部门负责人而言，还是有一种无形的责任，变相的责任，毕竟案件被法院打回来或被告最终被法院判决无罪，检察官是有压力的，所以在签署或审核时仍然存在隐性压力和责任。

3.检察官联席会议制度

各试点院基本都按《若干意见》的要求建立了检察官联席会议制度，对重大疑难复杂案件或重大事项进行讨论，为承办案件的独任检察官和检察官办案组提供参考意见，同时作为检察官办案内部监督制约机制及检委会前置过滤机制。在人员构成、启动决定、讨论范围、讨论效力等方面，各地规定与操作不尽一致。

人员构成方面，已进行内设机构重整的Z市市院与O市D区院均有院领导

① G省人民检察院《贯彻落实〈关于完善人民检察院司法责任制的若干意见〉的实施意见（试行）》第13条规定：改革过渡期内，独任检察官、检察官办案组需要报检察长（分管副检察长）或检察委员会决定的审查逮捕、审查起诉以及诉讼监督等其他法律监督事项，检察长（分管副检察长）可以委托部门主要负责人先行审核。

参加并召集主持。其他单位则多在某业务部门建立检察官联席会议,由业务部门负责人主持,本部门检察官均应当参加会议。必要时,可邀请其他部门检察官或相关人员列席。

启动决定与讨论范围方面,有的规定只要承办检察官认为属于重大疑难复杂案件,就可提请讨论,由分管检察长或检委会委员、部门负责人决定是否讨论;有的规定各检察官在办案中遇到需要其他办案团队协调配合的重大事项,或需研究确定的某类重大疑难案件的类案法律适用事项,在报分管副检察长决定前,可以提交检察官联席会议讨论,但应当与召集会议的检委会委员取得一致意见,或征得分管副检察长同意;上会的案件应侧重于讨论疑难案件的法律适用问题,以体现检察官办案责任制的司法亲历原则;分管副检察长在审批案件过程中,可以根据实际需要,主持召开检察官联席会议。部分试点院规定,讨论应当分提请讨论和检察官自行决定是否提请两种情况,提请由检察官决定,由检委会委员决定是否列入讨论。

Z市市院的讨论范围主要以案件的程序性处理为划分标准,如拟作不起诉、拟撤回起诉、复议复核案件等。O市D区院公诉局在执行这一制度时特别规定,其讨论案件范围与检委会议案范围相同,经过正向引导和负向排除,可提请讨论的案件范围较小,如疑难、复杂案件不是当然就可以提请讨论,同时还要求有可能作出不起诉处理决定,对于检察官认为疑难、复杂同时又认为可以起诉但难以决定的情况,可否借由检察官联席会议的讨论提供参考帮助?试点组的检察官明确表示,检察官不能将自己拿不定主意、没有能力决策或决定的案件提交讨论,以从他人处获得参考意见,他人没有义务来为其提供参考帮助,检察官应通过自行学习、研究或单独请教他人来进行决策,自主决定是检察官应具备的个体素能,也是司法责任制改革对检察官必备素能的要求。就此,对实践中确实存在的难以决策或个别案件能力不足问题,有些检察官只能通过技术处理,即为符合讨论范围,以违背自我起诉本意的“不起诉初步决定”提请讨论,如果最后的决定是起诉,考核时将对其予以扣分。

各地对讨论效力的规定也存在差异。如Z市公诉部联席会议制度规定,对检察官自行决定是否提请讨论的案件,如检察官拟不采纳多数意见或案件讨论不能形成多数意见的,应当报请分管副检察长审批;其诉讼监督部门的制度规定,联席会议后形成的倾向性意见,仅供提起讨论的主任检察官或分管副检察长决策参考,没有决策效力。就具体案件而言,检察官的处理意见与分管副检察长不一致时,应服从分管副检察长的决定意见。而其他地方则多规定,检察官对职权范围内的案件和事项应当自行决定,检察官联席会议多数意见对其没有约束力,讨论结果仅供参考。检察官采纳检察官联席会议多数意见对案件或事项作出处理决定的,视为检察官自行决定,并承担责任。检察官的意见与检察官联席会议多数意见不一致时,可以由部门负责人报请分管副检察长审查决定。参加讨论的其他检察官对自己发表的意见和理由负责。

4. 检委会讨论制度

司法责任制改革要求强化检委会对检察工作的宏观层面指导决策功能,限缩检委会讨论决定案件案件范围数量,各试点单位对本院检委会讨论案件范围作了一定调整和限制。如Z市市院职权配置清单中,公诉职权方面,检委会职权只有三项:一是决定检察长和公安机关负责人的回避,二是决定重大、疑难、复杂案件的抗诉,三是对检察长认为应当提交检察委员会讨论的不起诉、撤回起诉、附条件不起诉、撤销(不)起诉等案件作出决定。O市市院及D区院检委会讨论案件范围,除要求遵循职能突出原则、法律适用原则、重大分歧原则、普遍指导性原则外,还要求对提请检察委员会讨论的刑事案件,同时有可能作出不起诉处理决定,并具备案情重大,案情疑难、复杂两个条件之一。由此,改革以来,Z市检察委员会审议案件数量平均下降幅度达22.9%,另O市H区院公诉科半年内,全科只有43件59人提交检委会讨论结案,仅占1.4%。

5. 责任分配机制

责任分配是办案组织运行中较受关注但还存在不少争议的问题。各试点单位在办案组织运行的相关制度中均参考《若干意见》及G省检察院的实施意见对相关人员的办案责任进行了规定。如对检察官与检察长、检委会的责任分工,均按《若干意见》第37条规定,属于检察长(副检察长)或检察委员会决定的事项,检察官对事实和证据负责,检察长(副检察长)或检察委员会对决定事项负责。对办案组织内部的责任划分,也基本参照《若干意见》第38条予以规定。O市H区院则在此基础上稍稍予以细化:书记员对协助检察官和检察官助理处理的事项负责。检察官、检察官助理和书记员均有责任的,同时承担各自相应责任。检察官、检察官助理和书记员是否应当承担责任以及承担责任的大小，由第三方进行评定。

总的来讲，办案责任方面，多为原则性、方向性指引，办案组织运行中，对组织内部与组织之间相关人员还暂缺乏工作指引和职责划分，对微观意义上的责任承担与分配仍存在认识不统一、操作难实现及是否清晰、公平合理等归责困惑。如 O 市 D 区院在试点组实践中就发现，在办案组织内部检察官和检察官助理责任分担上就存有认识分歧，检察官担心如果责任全部由自己承担，检察官助理不用担责，可能会导致其责任心下降，影响工作质量；检察官助理则认为其只是按照检察官的要求办理具体工作，不应当承担有关案件责任。

G 省检察院在拟定责任认定与追究办案时，拟在《若干意见》基础上进一步细化，并在全省征求意见，各地对检察官执行检察长明显违法决定的责任分配、部门负责人审核案件的司法责任规定、部门负责人及检察长的监督管理责任追责问题、进一步细化办案组织内部的责任分配等提出了一些要求，讨论时争议较大，由于司法责任是一个极其严肃的问题，为慎重起见，最终没有自行作出新的规定，只对办案组织内检察官、辅助人员的责任稍作明确。

（三）办案组织运行的外在保障方面

1. 绩效考核

各试点单位对办案组织或其成员开展了相关业务考核与绩效激励工作。如 Z 市 F 区院制定了办案组织团队绩效考核办法与实施细则，在各办案团队中形成良性竞争。其他各单位的考核体系多针对检察官，如我们在 O 市 D 区院其中一名试点组检察官 2016 年绩效考核指标表上可以看到，考核分办案数量、质量、法律监督效果、学习能力、创新能力、科研成果、思想政治和党风廉政建设、院党组确定的其他工作目标、主观评价（领导满意度、群众满意度，后者主要由辅助人员打分，其次是参考被投诉情况）、主人翁责任感（事务工作及合理建议）、附加分项（未成年检察案件承办人帮教数、带队伍如带辅助人员的，参与试点组的均加分）等十来项一级指标，每项一级指标下又设若干项二级指标及相应的具体考核标准。如办案数量下设办案人数和公诉案件审结率两项指标，案件质量部分又主要包括：(1)讨论出席率（15 分）：基础分 0 分，每出席一次加 0.5 分，15 分封顶。(2)提交讨论率（15 分）：以全局人均讨论案件数为 15 分，每多一件，扣 0.5

分;每少一件,加0.5分。(3)批捕后不起诉率(15分):基础分15分,捕后作不起诉的,每案扣5分,因证据、法律发生变化以及承办人建议不捕,检察长决定批准逮捕的除外。另有不捕改逮捕率、捕后撤案和诉后撤案数、无罪判决数、错误不起诉案件数、执法办案程序规范等21项内容,即对涉及案件办理的相关事务性表现及质量的各种程序、实体问题,都分正向、负向规定了基础分、加分、扣分细则,激励检察官提升办案的事业性及业务性业绩。

2. 分类管理与职业保障

办案组织建设的基础在"人",检察人员分类管理对办案组织建设具有实质意义。受各种条件制约,相关试点地区还暂未实质性地开展分类管理,只是从身份上将不同检察人员区别开来。Z市检察机关在此进行了探索。其将检察人员划分为检察官、检察辅助人员和司法行政人员三类,建立以检察官等级为职务层次、以薪级对应相关待遇、与行政级别脱钩的单独职务序列和单独薪酬体系,检察官从五级检察官至二级高级检察官8个等级,对应12至68共57个薪级,实现了检察官与其他人员的相对独立、分途发展,同时实行检察官等级与薪级联动晋升,改革以来,检察官工资待遇人均上浮近20%。多个试点单位也在本地政府支持下,以专项津贴形式,为业务部门检察官、检察官助理提供不同标准的职业保障。Z市《检察官管理暂行制度》规定,检察官员额以满足检察工作需要为出发点,检察官不得兼任检察辅助人员和司法行政人员职务序列的职务。

三、基于司法责任制改革目的与规范的对接考察

对接司法责任制改革目标、前期主诉制等相关实践及《若干意见》等规范性制度,当前办案组织试点探索也反映出相关进步以及局限性问题。

(一)推进与突破

总体上看,G省首批试点院办案组织建设取得了一线办案力量增加、检察官主体地位与办案责任意识增强、办案方式改进、办案效率、质量提高等成效,就办案组织运作自身来讲,还有以下几方面进步。

一是对办案组织形式、类型进行了一些开放性探索。这主要是对非典型办案组织构建的尝试。不同于《若干意见》中均以"办案组织"统一命名的制度安排,有些试点院并非仅按案件类型而同时参考业务类型来实行不同的组织形式,

兼顾检察业务类型的复杂性及其对检察官组织形式的影响，对部分业务性较强但并非典型办案业务如案管、法律政策研究的检察官组织形式也予以考量，其办案组织在第一层级上分为典型的业务执行类与非典型的其他组织类，第二层级中再将两者各自细分，非典型办案业务被合理纳入相应的检察官组织或组别，一定意义上直面或解决了非典型办案部门、岗位的组织建设难题。

二是对办案组织定位、运行机制的认识有了相对推进。不同于之前的主诉（办）检察官责任制，后者一定意义上也构建有相应的办案组或办案组织，但其仅被视为单纯的办案机制而没有与人员分类管理、检察官职业化等议题相关联，检察官办案权得不到保证。当前试点改革中的办案组织定位并非仅局限为静态的办案单元，同时也是动态的办案模式，关联并承载司法责任制改革目标及整个检察权运行机制的改善，因此，办案组织置身的生态环境如人员分类管理、检察官对案件处理的决定权及责任分配、内设机构与办案组织的关系处理、考核激励机制等得到了同步推进，办案组织的运行成效得以提升。

三是办案组织的设置与运作方式加强了检察办案的司法属性，一定程度上缓解了检察一体化与检察官独立性、司法责任制之间的张力。“检察院内部权力结构的重构，主要体现在检察院办案组织的重新设置，检察官办案权限的重新配置上。”[①]办案组织设置与运作中，作为普通办案组织负责人的检察官，其与检委会、检察长、部门负责人之间的办案权力与责任关系得到了有效重构，同时通过审核权的特别配置、检察官联席会议、检委会讨论等运行机制，特别关注到了检察官主体地位与监督制约的关系，较好地处理了办案司法属性与一体化下的行政性属性关系。另外，部分试点院在改革中尽管已有主诉检察官制度的前期积累，组建新型办案组织后，工作流程上似乎变化不大，但由于各类检察人员职责权限的进一步明确、清晰，更多办案事项在办案组织内部就能得到处理或决定，在司法责任的归属指向上还是有了相应推进。

（二）问题与局限

一是办案组织实践与相关理论基础还没能进行有效对接，对非典型办案组织工作方式缺乏有效探索。司法责任制改革背景下，根据组织学理论，“新的办

---

① 左卫民、谢小剑：《检察院内部权力结构转型：问题与方向》，载《现代法学》2016年第6期。

案组织应该有两个基本特点,其一是案件承办权和决定权的统一;其二是与任何组织一样,办案组织也是责任实体”。[①] 对于检察官职权范围以外的案件办理,即审定分离时,如何实现责任实体与办案实体的统一并据此明确此种状况下,检察长与普通办案组织联动的复杂类型办案组织构建,还是一个难题,试点实践中尚无理会和应对。另外,非典型办案业务中虽有组织构成与类型实践,但其工作方式还不清晰。员额配备至办案组织后,要按照司法责任制要求,对其工作机制和工作方式作全新的审视和变革,对相关非典型办案业务,要更加清晰认识和科学分析司法责任制对其提出的新要求,对相关工作要区分岗位责任和司法责任,突出主业和司法属性,行使司法性质权力要切实做到权责相统一。[②] 就此,我们的试点实践中,非典型办案组织业务工作方式的探索还极为欠缺。

二是办案组织建设与员额制、分类管理制度还不能有效衔接。员额制、分类管理制度是健全办案组织的前提基础,是办案组织中检察官主体地位的“人力素能”保障和组织发展的内生动力。员额制的主要目的是以“精兵简政”向精英化、职业化发展,其应选任出具有担责资格的高素质主体,但受制于办案压力,目前的入额人员还无法较好地达到这一要求,与员额制的预期存有差距。人员分类管理主要聚焦于检察官,对辅助人员特别是检察官助理的管理机制及组织动员力量欠缺,“有分类无管理”使其对自身发展感到迷惘。无论是Z市的全面型建设还是O市D区院的试点组建设,办案组织的可持续发展均存在问题,辅助人员能否得到适时、合理补足,还暂无制度性保障。[③] 另外,部分试点单位员额人员与行政人员持有双重身份,而部分业务部门、业务岗位人员“两不靠”,一方面员额有限制,另一方面又被限制在行政发展通道之外,人员发展、晋升空间受限,职业化推进难。

三是对办案机制与管理机制的复合性、关联性探索不够深入。“新型的检察办案组织形态符合扁平化管理的价值诉求,实际上也被赋予自我管理、自我完善

---

① 郑青:《我国检察机关办案组织研究与重构》,载《人民检察》2015年第10期。

② 参见最高人民检察院姜建初副检察长《在全国检察机关法律政策研究室工作座谈会上的讲话》(2016年10月18日)。

③ 如O市公诉部门的试点组当前运行良好,但该办案组织负责人却对此忧心忡忡:试点组工作模式能否延续?随着时间推移,本组织内的检察官助理任命满3年,他们是否还满足于在组内做助手?组织的运作状况能否满足其成长渴望?

的使命,具有重要的管理学意义”,[①]尽管办案组织中检察官有一定的主导作用,但表现其团队合力、共同体目标打造方面的自我扁平化管理还较欠缺。在办案组织团体、组成人员业绩考评如何设定更为科学、更具有可操作性的标准,如何确定不同业务条线检察官的合理工作量,非典型性、边缘性业务工作如何纳入业绩考核等方面,还亟待构建、完善相关机制和措施。

四是既有的责任机制模糊。无论是制度上还是实践中,司法责任机制都还尚不清晰。《若干意见》中对事实和证据负责与对决定事项负责的责任分离问题如何操作?如事实和证据的问题在实践中极为复杂,其也可以成为案件办理中的重大、疑难问题,超出检察官个人能力范围时,是否属于检察官决定事项范围,检察官是否可就此报请检察长(副检察长)或检察委员会决定,检察官对此究竟应如何负责,其也担心在事实方面的责任风险要远大于法律方面的,[②]怎样的责任分配机制才科学合理,检察官会存有疑虑。审核对应的责任怎样?监督管理的追责机制如何构建?岗位责任与司法责任主要表现及如何区分?辅助人员司法责任分配的正当性与公平性如何体现?《若干意见》中,检察官执行检察长(分管副检察长)明显违法的决定的,应当承担相应的司法责任,这里是否隐含检察官的抗命权?[③] 试点单位对这些问题都存在认识分歧。而目前的办案组织运行中,检察官的责任意识虽有提高,但实际上仍是一种抽象认识,真正在微观上起显性作用的,是考核机制,责任机制暂时是其次的、隐性的,其虽引而不发,但其法律意义上的评价、预期功能必须得到彰显,因此对责任机制的认识仍有需求,仍需要明确。

五是检察官的主体地位、办案组织运行的制度及机制保障还较为欠缺。如部门负责人、检察长对检察官办案的审核还缺乏规制,各试点单位办案组织运行微观制度规定一方面存在多样性、差异性,另一方面规范性、缜密性不够,如检察官联席会议制度、考核机制、检委会讨论范围、组织内人员职责分配、权限划分、内设机构调整内部办案监督制度等均存有差异,但从各自的体系性要求来看,还

---

① 张亮:《四个层面强化检察办案组织扁平化管理》,载《检察日报》2016年5月13日,第3版。

② 杜磊:《检察官办案责任制改革探索》,载《环球法律评论》2015年第3期。

③ 有观点认为这里其实隐含着检察官的抗命权。参见检察官办案责任制改革实证研究课题组:《检察官办案责任制改革实证研究》,载王守安主编,谢鹏程、单民、陈波副主编:《中国检察》(第25卷),中国检察出版社2016年版,第194页。但G省检察院在制定本省检察机关司法责任认定与追究办案时,对该问题的认识分歧较大。

是存在一些疏漏,[①]如何建立体系缜密又符合改革目的的办案组织运行制度,还有较大的探索空间。

四、办案组织的建设方向之考量

“检察机关办案组织体系的改革并不是检察机关内部组织机构的简单调整,而是检察制度改革目标在办案组织体系中的落实和体现。”[②]因此,对办案组织的理解与认识还需要在更开阔的视野下,研究其实践类型和理论基础,明确其是司法责任制改革背景下,检察官实现自身办案权力与相应责任有机组配、有效联动的组织形式和办案方式。结合试点改革呈现出的相关问题,可以从以下几方面思考办案组织建设的努力方向。

(一)相对强化“司法责任”因素对办案组织建设的意义关联与价值导向

与前些年实行主诉检察官办案责任制的主要目的就在于提高办案效率不同,本轮司法责任制改革的出发点并非仅在效率,而是强力推进检察院内部权力结构转型,实现案件办理的去行政化,明晰和强化办案责任,因此办案组织建设一定要相对突出这一“责任”因素。本轮司法改革意味着权力、资源和责任的重新分配,而且再分配的重点直接放置到了检察官等微观主体层面,而不同类别的司法工作人员将会各自承担何种或多大的责任等更为关键也更为困难的问题,却没有得到充分的关注。[③] 因此,要特别注意本轮司法改革对于司法责任的强调,那么具体从哪些方面来加强责任建制呢?

一是进一步明晰办案组织内外的责任机制。办案组织内部,要明确辅助人员的司法责任主体资格及与办案组织中检察官的责任划分,包括检察官对辅助人员参与办案的审核责任及自身的办案责任;办案组织外部,则是针对审核权的意义模糊,进一步明确其在不同情况下的内涵及是否存在或存在怎样的对应责

---

① 如放权与监督关系的处理是司法责任制改革中的一个关键问题,G 省就发现试点部门有检察官对个别特殊案件作了不起诉处理,而院领导不知情,影响了案件办理的社会效果,所以在确定需集体讨论或报告的案件范围方面,还要仔细斟酌,以免在放权的同时出现不应该的疏漏,同时也提醒我们在制度构建中,关注制度在监督考量上的缜密性。

② 孙剑明:《检察机关办案组织体系及办案责任制完善》,载《人民检察》2013 年第 22 期。

③ 王亚新、李谦:《解读司法改革——走向权能、资源与责任之新的均衡》,载《清华法学》2014 年第 5 期。

任,如部门负责人、检察长的审核责任问题等。[①]

二是补强制度上责任问题的薄弱与疏漏。加强对事实、证据与决定问题分别配责的理论与实践研究,指导其在实践中的具体运用;在制定权力清单的基础上,制定检察人员办案责任清单;监督管理责任的表现需要细化,[②]《若干意见》对监督管理责任的认定与追究尚未作出具体规定,需要予以明确。

三是加强办案组织中检察官权力的独立性,推进责任机制的现实性与可操作性。这主要是从重构办案组织运行机制的角度,进一步理顺检察一体化与检察官办案责任制或司法责任制之间的关系。如为弥补当前容易抽象地讨论检察官的独立性而不知在实务中如何落实的不足,可优化、规范检察指令权,明确我国检察指令权的适用条件、界限及其效力,包括检察长的审批权及《若干意见》中检察首长保留的随时可以抽查、审核的监督权。

(二)推进办案组织运作机制的精细化设置

办案责任制所要求的"谁办案谁负责、谁决定谁负责"作为一项抽象原则,只有通过一系列具体可操作的制度机制设计及运作,包括检察机关内部的业务工作机制和管理机制,才能真正实现。当前的办案组织建设中,基本的制度框架已经搭建,精细化方面仍需加强。如入额院领导、部门负责人办案的组织构建与具体办案要求,建立体系缜密又符合改革目的的内部办案监督制机制,检察官在强化自身独立办案意识的同时如何建立起与关联办案部门之间的沟通协调机制,不同业务类型、不同办案组织的业务考核,检察官助理单独职务序列的管理机制等,均需要精细规划,同时需要对检察官联席会议制度、检委会讨论过滤机制等配套制度进行完善,以引导办案组织改革工作做细做实。

(三)以渐进式改革思路做好与办案组织关联制度的衔接与过渡

试点改革本身就是一个矛盾缓冲期,其一方面通过积累经验、探索道路,为立法、修法提供实践基础,另一方面或者说更重要的方面在于培育司法责任的观

---

① 最高人民检察院对权力清单指导意见也做了如此努力,参见《关于就〈关于制定检察官权力清单的指导意见(征求意见稿)〉征求意见的通知》(高检办字〔2016〕420 号)的附件说明部分,但这种非正式文件尚不能让全国检察人员都知悉并对司法责任作相应的预期判断。

② 这一方面已有相关理论研究,如朱孝清:《试论"监督管理责任"》,载《人民检察》2016 年第 12 期,但制度表现仍较欠缺。

念和理念，允许试错，允许反复，允许过渡性的缓冲，也允许追求彻底性的较真。因此，一方面我们看到了某种调和与过渡，如多地保留了部门负责人的审核制；另一方面也看到了O市D区院在改革上的严格要求和彻底性努力，但基于试点组高素质检察官的特殊性，使其改革步伐较大的做法暂不能被普通办案组织建设所复制。“目前检察院的状况能不能支撑一个司法化改革？能不能支持检察官负责制或检察官责任制的有效运行？我认为条件不是十分具备，当前的情况是，人员多、素质较低导致管理模式上以数量换质量，以强化审批权代替独立性，这里讲的以审批权代替独立性实际上就是以行政化代替司法化。”①应该说，这一研究判断与我们的样本观察基本相符。所以我们的思路就是在检察官责任制与检察长负责制之间尽可能寻求操作平衡，而非急于从形式上直接达至。在这一司法性与行政性关系的协调中，目前在关乎办案组织去行政化运作的相关制度上，还有两点需要稍稍示弱：

一是集体讨论作为决策参考仍需慎重对待。各地集体讨论案件量减少，表明检察官主体地位一定程度上得到突出，但同时，即便在O市D区院的试点组检察官中，尽管制度约束了其对集体决策的启动，但事实上，其内在的需要仍然存在，在新的办案责任制中，虽然办案人的办案权能扩大，但对案件质量的要求也随之提高。如果办案人的办案能力不能立刻适应新的要求，对其能力不足的保障需求及监督保障需求必然不能弱化。在案件情况变化不大、入额人员与原有资格人员变化不大的情况下，办案权力的授出，必然要求集体决策与监督，“所以在司法改革初期，我们有理由推断集体讨论不但不会弱化反而会加强”，②因此，不能过激地限制检察官对检察官联席会议、检委会等集体讨论的能力补足功能。

二是内设机构改革应区分情况展开，根据各层级检察院的职能特点量力整合、调适内设机构。改革背景下，内设机构已不再是基本办案组织，其本质上是为办案组织工作服务的，办案组织建设中，由于业务划分、人员素质的过渡性等，内设机构及其负责人的业务管理、特殊审核职能仍然具有必要性，所以不

① 龙宗智：《加强司法责任制：新一轮司法改革及检察改革的重心》，载《人民检察》2014年第12期。

② 董玉庭：《检察机关去行政化审批模式改革探析》，载《吉林大学社会科学学报》2015年第6期。

能一统性地采取大部制。“内设机构和部门的多少其实并不是问题,关键在于每个内设机构的人力资源和案件饱和度是否充足”,[①]而这一点,与检察机关层级及其职能特点关系密切,基层检察院的内设机构设置在这方面问题(如一人科室、官多兵少问题)相对突出一些,基层检察院的职能主要是办案,机构可以少一些,按“大部制”整合是可行的思路;市级检察院的职能兼顾办案和对下指导,机构设置应当适中,业务分工应当比基层检察院更细一些;省级检察院的职能主要是业务管理和综合指导,机构设置应当与最高人民检察院相对应,确保最高人民检察院的各项决策部署在本地得到贯彻落实。[②] 这样也符合管理幅度原理。

(四)增进办案组织职能与司法责任配置的制度刚性保障

司法责任制不是简单平行于法律责任、行政责任等的责任承担形式,而是一种全新的、特殊的囊括责任原则、责任类型、责任范围与划分、责任调查与追究等的责任体系。[③] 因此,其运行与落实中,更需要有相关明确、规范、权威的制度指南。一直以来,由于在法律上缺少系统的、现代化的检察官办案责任制,检察机关在履行职责时,通常沿用职权高度集中的管理思路,对内设机构及办案人员普遍以行政化思路进行管理,使检察工作的行政色彩过强而司法属性不足。现今改革试点中,各地认识不一,责任机制不一,在检察机关内也未能形成系统的办案责任制。不同于考核,各地可在相关项目的得扣分配比上按工作侧重点施行个性化操作,司法责任的科处本应具备高度权威性、规范性,司法责任本身应有法律、制度依据,这是检察官办案责任制在法律层面应当解决的问题。

[原文发表于《人民检察》2017 年第 13 期]

① 万毅:《主任检察官办案责任制改革述评——以 S 区人民检察院的改革方案为中心》,载《中国刑事法杂志》2015 年第 3 期。

② 王玄玮:《检察机关司法责任制之规范分析》,载《国家检察官学院学报》2017 年第 1 期。

③ 葛琳:《追究意义上的司法责任有三个特点》,载《检察日报》2016 年 3 月 30 日,第 3 版。

“去行政化”以外的真实困局

——审视主任检察官制度改革的其他视角

刘　晨　张　惠*

摘　要：目前我国正在进行的主任检察官制度改革试点工作，其意义并不在于“去行政化”，改革所面临的矛盾其实在于“行政化”的不科学，即以基层检察院管理跨度过大、职务和级别层次幅度过窄为突出矛盾的层级管理不合理问题。无论是为了设计合理的管理跨度，还是实现“传、帮、带”的人才成长路径，客观上都需要为基层检察院设计更多的人员层次，这才是当前主任检察官制度改革所面临的真实困局。从这两个视角来考虑问题，当前主任检察官制度改革试点从增量改革入手，尽可能在基层检察院进行管理跨度重构，并努力争取机构、职务编制的扩张，对此应当充分予以肯定。

关键词：主任检察官　管理跨度　成长路径　层级管理　基层检察院

一、引子

2013 年 12 月，最高人民检察院印发《检察官办案责任制改革试点方案》，我国正式开展主任检察官制度改革试点工作。不少学者认为，“去行政化”是此轮改革的主要目的，[①]甚至认为“去行政化”是我国“检察体制和工作体制长期以来

---

* 刘晨：中共广东省广州市委办公厅干部；张惠：广东省广州市荔湾区人民检察院检察官。

① 例如，谢佑平、潘祖全：《主任检察官制度的探索与展望——以上海闵行区人民检察院试点探索为例》，载《法学评论》2014 年第 2 期；张庆立：《检察人员分类管理制度改革探析》，载《上海政法学院学报》（法治论丛）2014 年第 4 期；王一超：《检察官办案责任制改革的进路分析——兼对主任检察官制度的反思》，载《西南政法大学学报》2014 年第 3 期；万毅：《主任检察官制度改革质评》，载《甘肃社会科学》2014 年第 4 期。

的改革重点”。[①] 然而，何为“行政化”，何为“去行政化”，却在这些学者的论述中看不到哪怕一丁点的展开探讨，如果非要说哪里体现了“行政化”，无非是把矛头指向了现行的三级案件审批制度。

笔者认为，强调主任检察官制度改革要强化检察官的职业化、专业化，无疑是正确的，甚至，要强化检察官办案的独立性，也是应有的目的；[②]但是，这与“去行政化”没有什么关系，“行政化”既不是检察体制的主要矛盾，更不是检察体制改革、主任检察官制度改革要消灭的对象。恰恰相反，改革的关键，是要重构“符合检察工作规律、检察职业特点、检察队伍管理和法律监督运行要求的组织结构、责任体制和运行机制”，[③]这绝不是一个简单的可以标签为“去行政化”的工作。

笔者试图从两个不常见的视角来审视主任检察官制度，进而展现隐藏在“去行政化”伪命题背后的真实困局。

二、从组织的视角审视“基本单元”设计：关注符合检察工作需求的管理跨度问题

检察院是一个组织，而非仅仅是一个个检察官的集合体。同样，如果把主任检察官办公室当做一个从事具体检察工作的基本单元（又称办案组织），其也并非仅仅是几个检察官的集合体，而是一级组织。因此，研究主任检察官办公室这一基本单元的合理构造，并不是一个“去行政化”的问题。相反，从组织的视角来审视这一基本单元的内部结构，乃至审视检察院、检察官集合体的组织管理，如

---

① 王一超：《检察官办案责任制改革的进路分析——兼对主任检察官制度的反思》，载《西南政法大学学报》2014年第3期。

② 面对新形势新任务，最高人民检察院在各地探索和实践的基础上，研究提出了以突出检察官办案主体地位为核心的检察官办案责任制改革方案，以适应检察权运行需要，促进检察队伍专业化职业化建设。最高人民检察院政治部负责人告诉记者，建立检察官办案责任制，通过整合内设机构、优化办案组织、明确执法权限责任等措施，调整和完善办案机制，能够有效减少案件审批层次，增强主任检察官办案独立性、责任心，强化检察职业特点，有利于进一步提高办案质量效率，进一步提升检察队伍素质能力和法律监督效能。参见徐盈雁、许一航：《依法赋予主任检察官执法办案相应决定权：最高人民检察院在全国7个省份17个检察院试点检察官办案责任制》，载《检察日报》2013年12月27日，第2版。

③ 徐盈雁、许一航：《以主任检察官为基数组成办案组织：检察机关将试点开展检察官办案责任制改革》，载《检察日报》2013年12月27日，第1版。

何确定符合检察工作需求的管理跨度,才是一个需要认真对待的重要问题,并且,恰恰是这个如何实现良好"行政化"组织管理机制的问题,才能展现主任检察官制度改革的重要效用。

法官专司判断,判断的工作可以交由一个人来做,这是古今中外法官审判均以独任制为主体的根本原因,即便引进合议制、陪审团,也不是因为判断工作本身需要多人分工协作,而是出于尽可能保障裁判标准统一、裁判结果合公意甚至是司法民主的考虑;侦查、审查起诉等各类检察工作的性质决定了,除简单案件可以由较少人员进行处理外,大部分案件都需要多人分工协作,大案要案甚至还需要大兵团协同作战。例如,对于集团犯罪,不可能交给两个检察官去逐个讯问数十个犯罪嫌疑人,对于同一案件中各个犯罪嫌疑人、各宗犯罪事实,必然是交给多个侦查人员同时分头跟进,这才符合办案规律。因此,如同公安机关的"办案小组""专案组"通常会根据案件难易程度等具体情况灵活设置,从事具体检察工作的基本单元其实也应该因案而异,具体案件设置具体人数较为适宜。

由此观之,将主任检察官办公室作为一个个人员固定的基本单元(办案组织),似乎并不符合检察工作具体事务对所需人员数量的客观要求。事实上,主任检察官制度改革的意义也确实并不在于仿照法院合议庭这一基本单元(又称审判组织)新设主任检察官办公室作为一级基本单元(办案组织)本身,而在于其通过这一方式调整了管理跨度。

对于国家机关来说,科层化的管理体制是层级管理结构的具体载体,受制于"扁平化"的有限性,必须根据具体情况设计合理的管理跨度。按照《人民检察院组织法》的规定,检察院可以设立厅、处、科、室一级内设机构。对于一个百余人的基层检察院,假设有内设机构10个,那么大概每个内设机构约有10人,管理跨度为10左右,基本上都是合理的。然而,部分业务繁重的发达地区基层检察院,内设机构可能仍然是10个,但全院人数可能达300人,在检察长对中层领导的管理这一结构中,管理跨度为10也许仍较合理,但考察每个内设机构,如公诉部门,一个中层领导极可能管理二三十个人员,管理跨度超过20,对于承担具体案件审核工作的中层领导来说,就是不合理的。

在良好的"扁平化"管理中,管理跨度并不是越大越好,不可能不顾实际情况、不分层级、不管人的能力极限一律都往大了设计,而应该是自上而下逐渐缩小,越是高层次的管理者,可以对应管理越多的次级管理者,越是低层次的管理者,管理的人和事都更为具体,管理跨度就应当较小,相应就应该管理更少的人。因此,对于那些承担具体办案任务的检察官们,应当为其设计更为符合检察工作需要的合理管理跨度,比如,由1个科长管理20个人,改为1个主任检察官负责5~7个办案人员的工作,这才是在检察机关内部设立主任检察官办公室这一新的基本单元(办案组织)、实行主任检察官制度改革的最重要意义。

三、从人的视角审视检察工作的动态传承:尊重"传、帮、带"的人才培养规律

优秀的检察官从哪里来?不可能直接从大学里培养出成熟的优秀检察官,法官、律师直接转而从事检察工作也不可能就一定能胜任甚至是优秀的检察官。优秀的检察官,只可能在检察工作的历练中成长起来。

笔者认为,在讨论主任检察官制度改革时,不能仅仅从静态的检察权的理想分配模式这一个维度来看问题,还应当从人的视角来看待检察工作的动态传承,以人为本考虑优秀检察官的培养问题,充分尊重"传、帮、带"的人才培养规律。

目前,我国对于检察官任职条件的规定还是过于宽松,造成我国初任检察官对检察工作的熟悉程度、经验水平可能都比较低,距离一个优秀检察官差距还很大。难以想象,一个从大学毕业刚刚23岁的青年,仅仅因为在检察院、法院、司法局、政法委等单位工作了两年,就能完全胜任检察官的工作;其必须还要经历检察工作实务的充分历练,对社会生活、检察工作都要有更为成熟的认识和理解,掌握更多的关于检察工作本身的经验,才能形成符合检察官职业要求的专业洞察力。

相较于大幅提高检察官的门槛,像发达国家一样,让检察官在任职之前就先经历充分的培养,比如将年龄下限从23周岁提高至30周岁,或者设置必须从事检察官助理满5年等工作年限限制,甚至降低司法考试的通过率,但这对现有制度的改动过大,牵扯面过于广泛,引发的阵痛可能超出了社会能够承受的范围。比较明智的做法是通过增量改革的方式,不改动现有检察官的任职条件,而是通过增设核心检察官这一更专业的主体,实现与提高检察官任职门槛相同的效果。比如,曾经尝试的主诉(办)检察官制度改革,在检察员、助理检察员、书记员工作内容雷同、层次缺乏差别的情况下,试图通过重新选拔一批年

富力强、业务水平较高的中青年检察官为主诉(办)检察官,从而实现打造以主诉(办)检察官为主体的高素质核心检察官群体;主任检察官制度改革,也有增量改革的意义,进一步在主诉(办)检察官之上再打造一个更高水平的主任检察官群体。

因此,理所当然,对于核心检察官群体,赋予其高度的办案独立性,使之称为检察官办案责任制的当然主体,正是改革所希望达到的效果。然而,对于非核心检察官,尤其是初任检察官,既然本来就不应该提拔为可独立承担工作的检察官,因此,不赋予其独立的定案权,也就是增量改革的应有之义,这绝不是"检察独立"的倒退。在打造高素质核心检察官群体的同时,必须要考虑检察官培养的问题,即要为非核心检察官,尤其是初任检察官,提供一个提升、成长的合理渠道。在法院,法官的培养是由"书记员—助理审判员—审判长(—庭长—院长)"这样一个兼具"传、帮、带"功能的成长结构所维系的,与之类似,检察官的培养也同样需要遵从"传、帮、带"的传统,"书记员—助理检察员—主诉(办)检察官—主任检察官(—厅、处、科、室领导—检察长)"的结构既是管理层级,也是成长路径,核心检察官对初任检察官的指导、帮助,尤其体现为对案件的把关、审核,不但是无可指摘的,更是非常必要的。

检察官这一职业与其他一切经验技术工作一样,除了脱产的专门培训外,最重要的莫过于有个好师傅。在设计主任检察官制度时,必须考虑到形成合理的资深检察官对初任检察官、书记员(检察官助理)的"传、帮、带"培养方式的问题,应当继续坚持和发扬主任检察官、主诉(办)检察官等资深检察官与初任检察官(助理检察员)、书记员(检察官助理)之间相对固定的工作搭配以及案件审批关系的工作架构,进一步加大主任检察官、主诉(办)检察官对初任检察官(助理检察员)、书记员(检察官助理)的指导、培养之责;应当继续坚持和发扬案件讨论的传统,通过把个案拿出来向大家介绍,大家一同思考、相互启发提点,使每一名办案人员不是只能经历自己亲自经办的有限案件,而是尽可能多地把别人经办案件的经验吸纳为自己的经验,这是非常高效的提升全体办案人员经验、水平的方式。

四、检察院组织的层级管理重构：建立以检察官等级制度为核心的新的机构、人员管理序列

如前文所述，为了在检察机关内部设计更为合理的管理跨度，需要新设主任检察官办公室这一人数较厅、处、科、室等内设机构更少的基本单元，然而，如果保持检察长对中层领导的管理跨度为10，主任检察官对其他办案人员的管理跨度调整为5～7，我们会发现，对于一个超过300人的基层检察院来说，仅仅设计一级内设部门，层级太少，不够用了。

同时，出于形成合理的资深检察官对初任检察官、书记员（检察官助理）的“传、帮、带”培养方式的考虑，有必要为检察工作人员设计“书记员—助理检察员—主诉（办）检察官—主任检察官（—厅、处、科、室领导—检察长）”的成长路径。但是，如果这一路径要在广大仅仅为正科级的基层检察院实现，我们也会发现，人员级别根本不够用。

分析至此，不用笔者多说，横亘在主任检察官制度改革中的最大障碍已经显现，那就是必须为检察院内部引入更多的职务和级别层次。

非常遗憾，目前我国检察院的编制管理权限都在同级编制委员会，出于对地方财政供养人员数量的限制、与其他财政供养机关的对比、人员内部流动的公平等现实考虑，各级编制委员会未对检察院作出特殊设计，导致检察院人员编制、内设部门、职务职数的设置不符合检察工作的客观需要。按照层级管理的规律，工作量越大，就应该配备越多的人员；人员越多，便应当设置更多的管理层级。可是，不少上级检察院工作总量没有基层检察院多，人员编制却比基层检察院多；一些人员数量特别多的基层检察院，内设部门的数量却不多，可以设置的人员层次也很少。公允的说，各级检察机关都至少需要设置一级内设部门，都需要区分资深检察官、初任检察官、书记员（检察官助理）等层次，在现行行政机关机构、人员职务、级别管理的规则下，如果仅有较高级别的检察院才拥有足够的人员职务、级别层次幅度来合理实现这些层次递进，而基层检察院却无法实现，那么，这对于承担了绝大部分办案任务以及占绝对多数的广大基层检察院、基层检察官来说，是非常不公平的。

按照《人民检察院组织法》的规定，各级人民检察院都可以设置至少1层内

设机构，算上正、副职领导，检察官和非检察官的区别，则意味着即便最基层的检察院，至少应当有正、副检察长，中层正、副职，一般检察官，书记员6个人员层次。然而，目前，基层检察院的机构级别仅为正科级（除直辖市、副省级城市等特殊情况外），即便通常检察长可以高配至副处级，人员层次也仅为副处级、正科级、副科级、科员这么狭窄的4个层次，[①]怎么能够适应至少6个人员层次的层级管理需求呢？更何况，如果实行主任检察官制度改革，为了减小管理跨度、保持"传、帮、带"的人才培养方式，还需要进一步增加层级，在中层正职、副职以下还要设计资深检察官、初任检察官、尚未任命为检察官的书记员（检察官助理）等层次，这么多的层次，根本无法在仅为正科级的基层检察院现有的狭小人员职务、级别层次幅度内实现。

综上所述，为了打破主任检察官制度改革所面临的这一困局，实现检察院组织的层级管理重构，最重要的突破口便是按照《公务员法》关于公务员分类设计职务序列的思路，推动检察院机构、人员管理从行政机关序列中剥离，建立以检察官等级制度为核心的新的机构、人员职务、级别管理序列。通过这一改革，才有可能使基层检察院拥有足够的层次幅度来安排"书记员—助理检察员—主诉（办）检察官—主任检察官（—厅、处、科、室领导—检察长）"的人才成长路径，同时通过层级管理的重构，来实现管理跨度的合理化设置。

结合主任检察官制度改革，笔者认为，综合考虑设置合理的管理跨度以及"传、帮、带"人才培养规律，可以为一个主任检察官办公室设计5个层次：(1)1名主任检察官；(2)1名相当于主任检察官后备人选的主诉（办）检察官，负责辅助主任检察官进行管理，并在检察长的授权下，于主任检察官休假、缺位时代行主任检察官职权；(3)3名左右主诉（办）检察官；(4)1～2名非主诉（办）检察官（助理检察员）；(5)1～2名书记员（检察官助理）。其中，主任检察官相当于中层正职，任职条件可以参照国外对正式检察官提出的如年龄下限、工作经历及年限等积极条件限制来设计，确保其"少而精"，属于最优秀和核心的检察官群体。可以代行主任检察官职权的主诉（办）检察官，相当于中层副职，应当从高水平的主

① 按照《公务员法》的有关规定，科员以下还有办事员，但是，由于目前检察机关招录公务员基本上都要求为本科或以上学历，按照有关人事管理规定，本科生转正定级即为科员，事实上办事员这一职级已经在大部分检察机关消失。

诉(办)检察官中选任,是后备主任检察官的主要人选。除可以代行主任检察官职权的主诉(办)检察官只配备1名尚未任命为检察官的书记员(检察官助理)辅助工作,其他2名主诉(办)检察官每人与1~2名资历较浅的非主诉(办)检察官(助理检察员)或尚未任命为检察官的书记员(检察官助理)组成相对固定的工作搭配;主诉(办)检察官对非主诉(办)检察官(助理检察员)、书记员(检察官助理)有传授、培养之责。

与之配套,或可继续沿用目前12级检察官等级,但不再与原有行政级别挂钩,对等级与具体人员层次的对应关系也必须作优化调整,确保基层检察院至少有8个或以上的检察官等级幅度来合理安排职务层次、人员级别。

五、结语:把关注的目光从"去行政化"上移开

谈论"去行政化",无论是在"检察独立"还是"检察一体"原则上纠缠,对于目前我国的主任检察官制度改革,并无效用。原因在于,主任检察官制度改革所面临的矛盾其实在于"行政化"得不科学,即基层检察院管理跨度过大、职务和级别层次幅度过窄为突出矛盾的层级管理不合理问题。因此,我们需要做的不是"去行政化",而是要设计更为符合检察工作规律、适应检察工作需要的层级管理结构,这一任务艰巨的工作,绝不能因为某些学者对现实问题的把脉错误,以简单的一句"去行政化"而被无视甚至否定。

事实上,回到我国主任检察官制度改革的原初参照,认真研究我国台湾地区的主任检察官制度,其设计初衷便是更好地进行组织管理,因而进行了减少管理跨度、增加管理层级的改革,即"各级法院及分院检察署检察官员额在6人以上者,得分组办事,每组以一人为主任检察官",①这跟"去行政化"没有关系,相反,恰恰是在建立科层化的层级管理结构,每一个小组相当于一个内设机构,主任检察官相当于中层领导,若要与法院相对应,则主任检察官相当于法院业务庭的庭长而非一个合议庭的审判长。

在现阶段,虽然以检察官等级制度为核心的新的机构、人员职务、级别管理

---

① 我国台湾地区"法院组织法"第59条,转引自万毅:《主任检察官制度改革质评》,载《甘肃社会科学》2014年第4期。

序列尚未建立,主任检察官制度改革在试行过程中仍面临极大困局,但这一改革是有意义的。通过设置主任检察官(中层领导职务)以及主任检察官办公室来进行管理跨度重构,让那些人员多、案件繁重的发达地区基层检察院,能够事实上成立更多的内设部门、配备更多的中层负责人(主任检察官),在无法改变现有编制局限的前提下,尽可能改善基层检察院的层级管理,这种通过增量改革实现的方式,应当充分肯定其合理性。

[原文发表于《法治论坛》第38辑]

《人民检察院组织法》修改与“纲目型”检察组织规范体系之构建

刘宗武　刘　毅*

摘　要：主体权限的混乱、内容比例的失衡和规范协调的缺失是当前检察组织规范存在的主要问题。由组织规范的庞杂性与立法资源的有限性、检察体制的变动性与规范制定的灵活性所决定，“纲目型”检察组织规范体系的构建实则具有必然性。这一体系的构建应沿着两大路径展开：一是对《人民检察院组织法》内容、结构体系的反思与整合，二是对单行检察组织规范的丰富和完善。

关键词：人民检察院组织法　检察组织规范　规范体系　纲目型

在立法滞后与规范脱节的背景下，《人民检察院组织法》的修改问题顺时应势地成为检察学与立法学双重目光的聚焦点，其修改已经箭在弦上。站在国家法律体系的全局性视野下，这一研究态势的形成无疑充满了必要性与紧迫性；然而，立足于检察规范体系本身，以《人民检察院组织法》的修改为契机，似乎也更需要唤醒对《人民检察院组织法》所归属之检察组织规范体系的深入思考。笔者将从《人民检察院组织法》的修改入手，对《人民检察院组织法》内容、结构体系进行反思与整合，并以对单行检察组织规范进行完善为路径，探讨构建“纲目型”检察组织规范体系。

一、问题的提出：《人民检察院组织法》修改的必要性

我国现行的《人民检察院组织法》是1979年颁布的，1983年进行了修正、

* 刘宗武，广东省人民检察院检察官助理；刘毅，江西省吉安市人民检察院检察官。

1986年进行了修改,它从颁布到现在已有37年之久,亟须修改完善,以适应我国法治发展形势和检察工作需要。

1.《人民检察院组织法》的修改是将检察改革成果制度化、法律化,完善中国特色社会主义法制体系的必然要求。中央从党的十六大提出"推进司法体制改革"的战略决策开始,历经2004年《中央司法体制改革领导小组关于司法体制和工作机制改革的初涉意见》、2008年《中央政法委员会关于深化司法体制和工作机制改革若干问题的意见》到党的十八届三中全会《中共中央关于全面深化改革若干重大问题的决定》的出台,经过几轮的司法体制改革,司法实践中检察改革已经取得了显著的成效,《人民检察院组织法》的修改正顺应了这种现状,即将检察改革成果制度化、法律化的需要。例如,最高人民检察院司改办王洪祥主任指出:"已经建立的中国特色法制体系是初步的,适应形势的发展和时代的需要,修改、完善已有法律的任务还很繁重……从某种程度上讲,组织法处于一个休眠状态……司法改革的成果丰硕,需要上升到立法;人民检察制度历经沧桑,薪火相传,日臻成熟完善,如果仅停留在实践层面,没有上升为法律,创新发展和司法改革的成果就得不到巩固。"①

2.《人民检察院组织法》的修改是由其根本性、组织性和先进性性质决定的。一是由《人民检察院组织法》的性质所决定的。从宪法的内涵和《人民检察院组织法》对于检察机关的意义来说,把《人民检察院组织法》定位为"根本法"并无不妥。② 二是由《人民检察院组织法》的组织性质所决定的。《人民检察院组织法》是规定国家重要权力检察权的组织法。其主要规制的是检察权的规范行使,是检察权行使的前提。三是由《人民检察院组织法》的先进性所决定的。《人民检察院组织法》的先进性又主要体现在以下两个方面:一方面是立法的科学性。《人民检察院组织法》规定的内容必须科学、合理,否则难以发挥检察职能,与立法目的相悖;毋庸置疑,我国现行的《人民检察院组织法》曾为检察事业的健康发展提供了法制保障,③它从颁布至今已有37年,其立法科学性是值得肯定的,因而具有先进性。另一方面是与时俱进性。诚然,法律应保持稳定性,不宜朝令夕

① 陈国庆:《检察院组织法修改的紧迫性与必要性》,载《国家检察官学院学报》2011年第6期。
② 吴美满:《人民检察院组织法修改的若干基本问题匡正》,载《中国检察官》2011年第23期。
③ 孙谦:《关于修改人民检察院组织法的若干思考》,载《人民检察》2011年第12期。

改,作为根本法性质的组织法更应保持稳定性。但当社会经济和法治环境发生了深刻变化时,《人民检察院组织法》必须进行修改,这也是由其先进性所决定的。

3.《人民检察院组织法》立法严重滞后,其"内容、结构体系都需要丰富和发展"。[①] 如前所述,我国现行《人民检察院组织法》是1979年颁布的,历时37年之久,其内容、体系结构已经严重滞后,需要进行"大修"。主要表现在以下几个方面:一是《人民检察院组织法》第5条设置的检察职能和保护任务是片面的。例如,在法律监督方式方面,其没有规定民事行政检察监督的职权。再如,在检察保护任务的规定方面,其只规定了保护公有制经济形式,而对其他非公有制经济形式保护没有作出规定。二是《人民检察院组织法》结构体系安排比例失衡,"头重脚轻",法条之间存在交叉、重合的现象,条文设置不够科学、合理。例如,《人民检察院组织法》整部法律共28条,总则却有10条,涵盖面广,包含的内容多,因而形成总则部分一头过"重",分则一头相对过"轻"的格局。又如,《人民检察院组织法》对检察领导体制方面的规定分散在第3条和第10条,而第4~9条又夹杂职权、原则等内容,法条之间存在交叉、重合。三是《人民检察院组织法》的有些条文规定得过于原则、单薄,有失严谨,有些内容未有专章单列。例如,《人民检察院组织法》不加区分地将机构设置与人员任免设置在一章中,对军事检察的规定未单列,对派出机构职能、规格等内容没有明确界定。四是《人民检察院组织法》存在过时表述,如"敌我矛盾""反革命"等。

4.《人民检察院组织法》修改是维护法制统一性的需要。随着我国《刑事诉讼法》《民事诉讼法》等部门法律的相继修订,我国现行《人民检察院组织法》与《刑事诉讼法》《民事诉讼法》等法律的规定有许多不一致的地方。例如,《刑事诉讼法》《民事诉讼法》在多次修改时对检察职权所作的诸多调整,《人民检察院组织法》均未作出相应的调整,"致使检察机关在行使职权时面临尴尬的境地"。[②] 又如,根据《人民检察院组织法》第16条的规定,在证据不足的情况下,法院可以将案件退回检察机关补充侦查。而根据现行《刑事诉讼法》的规定,依

① 庄永廉:《人民检察院组织法颁布35年需大修》,载《检察日报》2014年6月6日。

② 杨柳、王新友:《尽快修改人民检察院组织法》,载《检察日报》2013年3月15日。

据疑罪从无的原则,在这种情况下法院应当作出“证据不足、指控的犯罪不能成立”的无罪判决。

5.《人民检察院组织法》修改是构建“纲目型”检察组织规范体系的客观需要。现有以《人民检察院组织法》为主要法律规范的检察组织规范存在主体权限混乱、内容比例失衡和规范协调缺失等诸多问题,极为混乱,难以称为规范、完整和完善的检察组织规范体系。而笔者提出的“纲目型”检察组织规范体系的构建,需要对《人民检察院组织法》的内容、结构体系进行反思与整合及对单行检察组织规范进行完善,因此,《人民检察院组织法》的修改既为构建“纲目型”检察组织规范体系带来了契机,也顺应了构建“纲目型”检察组织规范体系的客观趋势。

二、检察组织规范之制定现状与反思

(一)我国检察组织规范之现状

检察组织规范是指以检察机关组织体系、组织目的、组织职权、组织人员、组织管理和特殊检察组织等内容为调整对象的规范。以调整范围为标准,可将其分为综合性检察组织规范和单行检察组织规范;以是否为有权立法主体所制定为标准,可分为检察组织法律规范与非法律规范。前者是立法的产物,而后者在我国主要由最高人民检察院来制定,因而并不能被纳入立法体系。从检察制度的初建到检察体制改革的深入,检察组织规范也不断得以完善,这一脉络可以从一系列检察组织规范的出台得以集中展现。

1979 年至 2002 年的 24 年间,我国共制定检察组织规范 6 部,其中包括一部综合性检察组织规范即《人民检察院组织法》,以及《检察官法》《人民检察院检察委员会组织条例》等多部单行检察组织规范。

(二)体系性的缺位:基于制定情况之反思

尽管规范体系的建立需要以一定数量的规范为载体,但这并不意味两者之间即为正比关系。规范体系的形成在规范制定的有序性和规范之间的逻辑性上提出了更高的要求。反观我国检察组织规范的制定,体系性的缺位实为其最鲜明的特征。

1. 主体权限的混乱。检察组织规范的制定主体包括全国人大及其常委会、最高人民检察院和中央组织部。值得注意的是,尽管国家公职人员编制管理和职级确定是中央组织部职司所在,但由其以发文形式对检察官等级问题进行规定实有不妥。1995年《检察官法》设专章规定了检察官的等级,同时规定“检察官的等级编制、评定和晋升办法,由国家另行规定”,1997年中央组织部在依此制定《检察官等级暂行规定》的同时,继续指示“本规定的实施办法由最高人民检察院制定”,使对检察官等级这一问题先后需要三个主体参与规范。不仅影响规范制定的效率,更易催生出规范内容上的冲突。况且,由中央组织部这一党委机关来对这一问题进行规定,不仅有违党政分离的原则,也不符合《检察官法》所提出的“由国家另行规定”的要求。因此,明确各类检察组织规范的制定主体,是实现检察组织规范体系化的基本路径。

2. 内容比例的失衡。检察内部领导机构和检察人员管理体制是当前单行检察组织规范所主要致力于调整的两大领域。除《人民检察院检察委员会组织条例》对检察机关业务决策机构进行规制之外,其余四部单行检察组织规范均针对检察人员管理中的各类问题而制定。这就诱发了在规范制定上的“畸形”:一是在某些检察组织事项上的调整力度尚属不够。如在检察派出机构方面,缺乏有关派出机构运作程序、人员配给以及经费职级保障等方面的规范;[①]二是针对某些组织事项的规定尚属空白。如检察直属机构的相关问题,尚无专门针对这一问题的有效规定。内容比例上的设置不均,将使一个有序而稳定的检察组织规范体系丧失建立的根基。

3. 规范协调的缺失。“因事而立”是检察组织规范制定过程中的另一个重要特色。这一模式虽能及时应对检察实践中不时出现的新问题,但同时也极易导致规范制定上的各自为政。规范协调性的缺失主要体现在:一是作为综合性检察组织规范的《人民检察院组织法》与各单行检察组织规范之间缺乏照应,《人民检察院组织法》中还有很多内容未能有效借助单行检察组织规范予以进一步细化。例如,受法律文本结构的限制,对派出机构的人员只能借助单行检察组织规范进行有效规制,否则检察派出机构怕是寸步难行甚至陷于“有名无实”的窘境。二是单行检察组织规范之间缺乏衔接与配合。如针对检察官等级这一问题,制

① 广东省广州市人民检察院课题组:《检察机关派出机构体制研究》,载《人民检察》2010年第9期。

定权限赋予的分散性极易引发规范内容上的冲突和衔接上的不畅,使规范之间的协调性大打折扣。

三、"纲目型"检察组织规范体系的提出及必然性分析

(一)"纲目型"检察组织规范体系的内涵

纲与目是在种属关系确定与划分中所使用的两个概念。在《现代汉语词典》给出的解释中,纲为"提网的总绳,比喻事务最主要的部分",[①]目为"网眼,为大项中再分的小项"。[②] 这组概念在检察组织规范结构的探讨层面显得尤具价值,要言之,在对《人民检察院组织法》这一综合性检察组织规范与《检察官法》等单行检察组织规范关系的把握上应树立纲目关系的认识。其中《人民检察院组织法》为"纲",单行检察组织规范则作为"目"在具体内容上对前者予以延伸和细化。也正是在此意义上,《人民检察院组织法》在检察规范体系中素享"根本法"[③]或"小宪法"[④]之美誉。这也决定了《人民检察院组织法》应尽可能对检察组织的原则性和纲领性问题予以规定,属于检察组织规范体系的"顶层设计部分";而单行检察规范则在具体区域发挥其承载作用,属于检察组织规范体系的"砖石构造部分"。

(二)构建"纲目型"检察组织规范体系的必然性分析

1. 组织规范的庞杂性与立法资源的有限性。首先,检察组织规范在内容上主要包括:(1)源于机构设置、人员组成、纵横关系的检察体系构造;(2)源于职责权限、活动原则的检察权配置和运作;(3)源于诉讼和非诉讼活动的具体制度设计。因此,检察组织规范的庞杂内容远非一部《人民检察院组织法》或单行检察组织规范所能包举,这就决定了检察组织规范的制定必将朝着多文本的方向发展。其次,在面对纷繁复杂的检察组织关系时,考虑到其难以为有限的立法资源所全面覆盖,立法者就只能选择放弃在某些细微层面上的目光投入,而借助检察组织系统的内部约束力来实现规范的普及与适用。因此,最终所形成的必然是

---

① 中国社会科学院语言研究所词典编辑室编:《现代汉语词典》,商务印书馆 2002 年版,第 412 页。
② 同上书,第 903 页。
③ 吴美满:《人民检察院组织法修改的若干基本问题匡正》,载《中国检察官》2011 年第 23 期。
④ 庄永康:《人民检察院组织法颁布 35 年需大修》,载《检察日报》2014 年 6 月 6 日,第 4 版。

“检察组织规范体系”而非“检察组织法律规范体系”。

2. 检察体制的变动性与规范制定的灵活性。在深化检察体制改革的背景下，组织体制和人员管理等体制性问题的妥善解决需要经历持续性的调试，这就决定了检察组织规范体系的形成与完善并不能一蹴而就。检察组织规范也会因此在时间效力上被打上阶段性的烙印，体现为单行检察组织规范制定的“快频化”，在规范名称的确定上或更倾向于使用“暂行”“试行”等语词。就这个意义上而言，将细则性内容交由最高人民检察院制定更能够适应检察体制改革的需要。但必须指出的是，有关检察组织的原则性和纲领性规范必须由组织法来加以规定，单行检察组织规范只能在其既定的制度框架内发挥细化和完善的作用。换言之，后者在制定过程中应牢固遵从体系化这一标准指引，以期在顶层设计之下形成纲目对应的规范体系。

四、“纲目型”检察组织规范体系的构建设想

“纲目型”检察组织规范体系的形成，既需要对作为“纲”的《人民检察院组织法》的内容、结构进行修改与完善，也离不开对作为“目”的单行检察组织规范的制定与丰富。

（一）《人民检察院组织法》内容结构的重新整合

作为一个完整的组织系统，《人民检察院组织法》的“各个组织要素要能够构成纵向的层次结构和联系、横向的分工结构和联系，这种横向和纵向的组织体系构成要科学、合理方能有效发挥检察机关作为国家政权组织的功能，达到其组织的目的”。[①] 现行的《人民检察院组织法》在内容结构上存在较大程度的滞后性，对此，需要通过规范条文的块状化和集中化、章节架构的层次化和递进化予以优化，形成“块状化、递进式”的结构体系。修改后的《人民检察院组织法》内容结构体系应由如下五大板块所构成：(1)总则部分，即关于立法依据、立法宗旨、组织性质、组织任务、组织活动原则、基本法定制度等方面的内容。(2)检察组织体系，具体又包括检察层级设置、检察内设机构、检察直属事业机构、检察派出机构等问题。其中，检察内设机构可以区分为内部领导机构、职能机构和管理机构。

① 卞建林、田心则：《论我国检察院组织法结构体系的立法完善》，载《人民检察》2007 年第 2 期。

(3)检察管理体制,分为检察领导体制以及检察人员和经费管理体制。(4)检察职权体系,由诉讼职权、监督职权和其他检察职权所组成。(5)特殊检察机关。只有在对《人民检察院组织法》内容体例予以明确的基础上,才能为单行检察组织规范制定方向和调整领域的确定提供重要依据。

(二)单行检察组织规范的制定方向

单行检察组织规范的制定并非是盲目的,检察体制改革的方向应作为一项重要参考。由于检察体制改革的实质在于为检察职能的有效履行提供体制上的保障,因此,单行检察组织规范的制定和丰富应适应检察体制改革的需要,主要集中于检察组织体系与检察管理体制两大层面。

1. 检察组织体系层面的规范制定。一是顺应检察内设机构改革的方向与需要,及时制定《检察机关内设机构组织条例》。具体而言,该条例内容的确定可遵循如下思路:其一,设三章分别就检察领导机构、检察职能机构、检察管理机构进行规定。结合检察体制改革的趋势,检察职能机构一章主要规定刑事检察部门、职务犯罪侦查部门、诉讼监督部门的设置和职权,检察管理机构一章则主要规定办公室、政工部门、机关党委、计财装备处等部门的设置和职权。其二,由于检察委员会只是业务领导机构,故应对《人民检察院检察委员会组织条例》进行修改与整合,将其纳入检察机关内部领导机构一章进行系统规定。

二是尽快制定出台《检察直属事业单位组织条例》,填补检察直属事业机构规范上的空白。从当前的设置情况来看,检察直属事业单位设置主要集中于省级院和最高人民检察院,主要包括机关服务中心、信息中心以及检察官学院,其中最高人民检察院还设有检察日报社、理论研究所和中国检察出版社。然而当前却缺乏一部统一的单行检察组织规范集中对其组织与管理进行系统的规定,相应的规范制定仍停留在一些内部的规章制度层面。这就需要尽快制定一部《检察直属事业单位组织条例》,根据是否属于全额拨款为标准,分别就其机构设置、人员招聘、辞退以及工资待遇等问题进行详细规定,在某种程度上实现人、财、物的统一调配。

三是制定专门的《检察机关派出机构组织条例》,为检察派出机构的切实有效运作提供制度上的保障。设置混乱、审批权限不清、缺乏人员经费保障是派出机构在组织层面所存在的三大主要问题,因此这一条例应着重解决如下问题:

(1)明确派出机构的审批权限,采用归口审批制,并对当前的派出机构进行精简和规范。如派出地级院由最高人民检察院审批,派出基层院和检察室由省级院审批。(2)人员编制和职级的统一。(3)经费保障机制的建立,将其纳入检察经费改革进程中加以解决。(4)明确派出机构的职权,引导其有效执法、规范执法。

2. 检察管理体制层面的规范制定。首先,在人员管理层面,尽快制定《检察人员分类管理办法》,同时修改《检察官法》,推动人员分类管理制度的实施。其一,明确将检察人员分为检察官、检察辅助人员、检察行政人员,并对其职责、编制和员额进行系统的规定;[①]其二,对《司法警察暂行条例》进行整合,在《检察人员分类管理办法》中设专节予以规定;其三,修改《检察官法》,将《检察官等级暂行规定》和《检察官培训条例》的相应内容分别纳入《检察官法》的第七章和第九章之中,改变政出多门的规范制定模式,通过规范清理实现规范内容上的协调。

其次,在经费保障问题上,探索制定《检察机关经费管理条例》,为省以下检察经费统一管理提供有效依据。其一,由于检察经费保障问题并非纯粹意义上的检察机关内部事项,因此,对于经费保障的外部性和原则性问题必须要在《人民检察院组织法》中得以明确的规定,以减少检察经费改革的阻力;其二,由于《检察机关经费管理条例》属于最高人民检察院制定的内部规范,故其应着重就检察系统内部区域性的经费保障标准、经费拨付、经费使用和审计进行规定,以规范检察经费在检察机关内部的审批、流转和使用活动。

此外,在是否应针对特殊检察机关另行制定单行检察组织规范这一问题上,学界存在较大的争议。笔者认为,借鉴国外的立法经验,由《人民检察院组织法》设立专章的方式对特殊检察机关进行规定,在有效避免重复立法的同时,也足以凸显专门检察机关在组织规范上的特殊性,因此,另行制定规范似无太大必要。

五、结语

检察组织规范的完善绝非一朝一夕之功,立法者断不能寄希望于“毕其功于一役”。易言之,“纲目型”检察组织规范体系的构建在具体路径上呈现出双向的互促性:一方面,《人民检察院组织法》的修改并非旨在“拾遗补缺”,而更应通过

---

① 姜微、杨金志:《上海启动司法改革试点》,载《人民法院报》2014 年 7 月 13 日,第 3 版。

确立“纲”的标尺，以把握“目”的完善所应致力的方向，避免在制定单行检察组织规范时只顾“各扫门前雪”；另一方面，对作为“目”的单行检察组织规范的制定与展望，也可以为《人民检察院组织法》这一“纲”的修正提供必要的参考。

[原文发表于《法治论坛》2016 年第 4 辑(总第 44 辑)]

基础理论

论职务犯罪中自首认定问题及其对策

王　静*

摘　要:自首作为刑罚制度,应符合刑罚的价值取向——公正与功利;并具有节约司法资源、一般预防的功能。然而2009年最高人民法院、最高人民检察院《关于办理职务犯罪案件认定自首、立功等量刑情节若干问题的意见》,既与之前司法解释相冲突,亦给职务犯罪的侦查、审查起诉工作带来诸多问题。为解决上述冲突,亟待修改立法——职务犯罪自首应以刑罚目的作为解决刑罚合理性问题的根据,为实现一般预防,建立"以节约司法资源为衡量标准,采取阶梯式刑罚:不同梯度对应不同减免程度"的自首制度。同时,上述司法解释未明确职务犯罪自首的证明责任,在实践中亦应坚持谁主张谁举证的一般原则,并兼顾职务犯罪的特殊性,司法机关应履行客观、公正义务。

关键词:职务犯罪　自首　刑罚目的　量刑情节　证明责任

自首作为法定从轻、减轻情节,在职务犯罪案件的量刑中起着重要作用,但关于自首的认定与证明,在实践中存在很大争议。主要问题有二:一是职务犯罪中认定自首时,"自动投案"的标准不统一,反映了立法者在公正与功利、报应与预防之间的徘徊;二是职务犯罪中自首的证明主体是谁?

一、职务犯罪自首的现有规定及其冲突

(一)职务犯罪自首的现有规定

《刑法》第67条对自首的认定有明确的定义,其中指出犯罪者若主动投案并

*　王静:广东省人民检察院检察官。

交代罪行可认定为自首;若犯罪者已经被司法机关强制管控(包括嫌疑人、被告和已服刑的犯人),主动交代司法机关还未掌握的其他罪行,也可作自首论。该规定将自首分为两种情形,一是标准自首,其要件是"自动投案+如实供述";二是准自首,其要件是"已被采取强制措施+主动交代司法机关还未掌握的其他罪行"。

1998年,最高人民法院《关于处理自首和立功具体应用法律若干问题的解释》(以下简称1998年《解释》)规定,自动投案的前提是在司法机关尚未发现或已发现但还未讯问之前,犯罪者主动向公安、检察院等司法机关投案。若犯罪嫌疑人在被追捕期间投案,或是在被逮捕之后证实其准备投案也可视为自动投案。

而2010年最高人民法院《关于处理自首和立功若干具体问题的意见》(以下简称2010年《意见》)对自首的范围有所缩限,具体体现为"犯罪嫌疑人若没有自动投案,也没有主动交代罪行,而是在公安机关依例询问、调查期间,主动交代公安机关已掌握的有关事实,不以自首论。"在"自动投案"的认定上,2010年《意见》较之于1998年《解释》的主要变化是:2010年《意见》对"自动投案"的时间限制更严格。1998年《解释》中在行为人被调查、谈话之后到被"采取强制措施"之前这段时间内,只要是主动交代调查机关尚未掌握的犯罪事实都可认定为自首。而根据2010年《意见》,行为人在被调查访谈后,办案机关已掌握犯罪嫌疑人罪行,即使犯罪嫌疑人承认自己的罪行,也不认定为自首。

(二)规定之间的冲突

1998年《解释》与2010年《意见》关于自动投案存在下述冲突:

1."自动投案"的标准不统一

普通犯罪认定自动投案的条件,根据1998年《解释》、2010年《意见》,可以概括为:一是时间条件,犯罪嫌疑人未被采取强制措施或被讯问之前。二是行为条件,犯罪人自发地向有关机关自首投案。三是心理条件,2010年《意见》进一步细化,规定"犯罪人在行使犯罪事实后,并未离开现场,等待他人报案并无拒捕行为……"亦被认定为自首。2010年《意见》进一步扩大了自动投案的范围,即使犯罪嫌疑人的行为方式被动、不作为,但只要有主动归案的意图且确实归案了,就可以认定自动投案。这里需要注意的是,认定自动投案并不需要三个条件同时具备,而是"条件一+条件二",或者"条件一+条件三"即可。

职务犯罪认定自首的条件,根据2010年《意见》,可以概括为:一是时间条件,在办案机关调查谈话、讯问、采取调查措施或者强制措施之前。即使行为人没有被立案、没有被采取强制措施,但只要纪委已经找行为人调查、谈话,那么行为人就纪委已掌握的线索交代就不能认定自首。二是行为条件,向办案机关投案或者向所在单位等单位、组织、负责人投案。条件一与条件二均必须具备。

表1 普通犯罪与职务犯罪的"自动投案"条件对比

普通犯罪	情形一	时间条件:未被讯问且未被采取强制措施	行为条件:自动投案
	情形二	时间条件:未被讯问且未被采取强制措施	心理条件:不拒捕、愿归案
职务犯罪	仅一种情形	时间条件:未被讯问且未被采取强制措施且未被调查、谈话	行为条件:自动投案

2. 不公平——"坐等调查"不如"先行逃跑"

在职务犯罪中,行为人如果没有逃跑,但心存侥幸期待纪委不会调查,而纪委一旦找其调查、谈话,即使行为人一归案就如实供述犯罪行为也不能成立自首。但是由于2010年《意见》没有规定犯罪嫌疑人逃跑以后又去归案的问题,则应按照1998年《解释》,1998年《解释》中将犯罪人逃逸,在追捕过程中投案也认定为自首。这样就形成一个悖论——"坐等调查"不如"先行逃跑",犯罪嫌疑人逃跑被通缉之后再在某地找一个公安机关、纪委等单位、组织投案,还可以认定自首。2010年《意见》给实践造成了负面影响,一是加大了职务犯罪侦查难度,侦查违规承诺渐成常态;二是侦查"倒逼"公诉,公诉部门认定自首不统一。

二、立法在公正与功利之间的徘徊

自首制度在立法层面之所以出现如此明显的冲突,体现了立法者在立法意图方面的不明确与摇摆。李洁教授指出"法定刑设定模式虽然是立法技巧问题,但却直接影响到立法意图的实现程度,同时也折射出立法思想问题"。① 笔者认为自首制度作为犯罪后情节在刑罚上的体现,若要在立法做到科学完备,应考虑刑罚本质与刑罚目的、刑罚价值等多个因素。

---

① 李洁:《不同罪刑阶段罪与刑设定模式研究》,载《中国法学》2002年第3期。

（一）刑罚本质与刑罚目的

关于刑罚目的，西方学说主要有三类，一是报应主义，也叫绝对主义，是指刑罚的意义只是为了惩罚犯罪，不具有其他目的。二是功利主义，认为刑罚是为了避免犯罪，并不是有犯罪而惩罚，而是希望用惩罚来避免犯罪。在功利主义看来，刑罚不是处理犯罪的唯一结果，所以对犯罪的处罚情况应以维护实际利益为目的，而不是以罪责的大小来定义，因此也被称为相对主义。三是折中主义，该学说认可报应主义，同时也承认功利主义中说的目的性，主张以刑罚实现预防犯罪的目的。①

我国《刑法》中刑罚的目的，有学者认为应分为根本目的和直接目的，根本目的是保护社会主义建设的顺利进行；直接目的是预防犯罪，包括特殊预防（预防犯罪分子本人重新犯罪）和一般预防（预防社会上可能犯罪的人实施犯罪）。②也有学者认为刑罚的根本目的实际上是《刑法》的目的，没有必要再单独讨论刑罚的目的。这种观点认为：刑罚的制定与执行不仅对犯罪人本身有影响，对其他的普通人也有警示作用，刑罚能够预防犯罪是当前社会认可的一种普遍事实。因此，从这个角度来说，刑罚的主要目的是预防犯罪。《刑法》第2条规定刑罚的职能是要打击一切犯罪行为，这一规定为上述观点提供了有力的证据支撑。从本质上来看，刑罚是犯罪者触犯法律之后的惩罚，也是法律对付犯罪者的手段，由此可以说明刑罚的目的是预防犯罪。③ 对于刑罚的目的是否有根本和直接的区分，我国学者的观点并不统一。但关于刑罚是否能够起到预防犯罪的目的，学者们都予以认可。

（二）自首制度所应体现的价值追求

自首制度是根据犯罪人事后表现情况进行的酌量减刑，也是刑罚预防犯罪目的的体现。如何通过自首来预防犯罪呢？预防犯罪可以考虑的因素有再犯可能性、是否真心悔罪、是否节约司法资源等。

先反观1998年《解释》与2010年《意见》中关于自首情况的认定：1998年《解释》规定只要犯罪者逃跑后归案，如实交代罪情即认定为自首；而2010年《意

① 马克昌：《刑罚通论》，武汉大学出版社1999年版，第53～58页。

② 同上书，第60～63页。

③ 张明楷：《刑法学》，法律出版社2007年版，第4页。

见》中规定犯罪者在被调查、审讯及强制控制的期间,如实向办案机关交代已掌握的犯罪事实,不被认定为自首。这两种认定哪种情况更节约司法资源?显而易见,2010 年《意见》中的规定与 1998 年《解释》中的规定相比要更节约司法资源,而这两个规定的冲突与自然法公正的理念是相悖的,也不符合刑罚功利性目的。

笔者认为,自首制度是为了减少司法资源的浪费,同时更好地分化和侦察犯罪分子。认定自首的条件应该以是否节约司法资源为判断标准,至于犯罪者的悔过、再犯等态度与自首之间并无直接的联系。原因有二:一是从司法实践来看,《刑法》所规定的自首二要素"自动投案"+"如实供述"客观上都节约了司法资源。但满足上述条件的行为人,未必是真心悔罪,其完全可能是为了减轻处罚,并没有足够的数据或者理论可以说明行为人的再犯可能性是否降低。二是从与刑罚幅度的对应性来看,节约司法资源易量化,节约程度不同则减免幅度不同,而真心悔罪不易量化。

三、以比较法为视角,论职务犯罪中建立阶梯式自首的必要性

我国现有司法解释的缺憾正在于没有规定不同自首情形与量刑的对应关系,这也是造成职务犯罪中一旦认定自首则必然减轻处罚的深层次原因,笔者拟各国(地区)关于自首与量刑的关系,以期对我国有所借鉴。

模式一未明确"自首"这一概念,但将自动投案、如实供述,视为行为人犯罪后表现予以考量。英美刑法中并没有自首的定义,但有从宽处罚的说法,法庭可以根据犯罪者的有罪答辩从宽处理。有罪答辩即被告人对检察官提出的部分或全部指控进行回答。关于有罪答辩的时间,英美刑法的规定十分宽松,但通常来说越早进行答辩,法庭越会对其进行减刑处理。因为英美法庭认为,被告较早进行有罪答辩能够节省法庭很多诉讼时间,使司法效率提高很多,还能省去证人作证等步骤,加快了案件的审理。《德国刑法典》第 46 条规定了量刑的基本原则,其中指出,法院在量刑时,除了要权衡行为人情况之外,还要注意犯罪人的行为后果,特别是有没有做出补偿损害的努力。

模式二明确规定自首制度,在《刑法》中将自首作为独立的量刑情节予以规定。《日本刑法典》第 42 条规定,犯罪者在调查机构还没有找到证据之前主动自

首的,可以适当减轻刑罚。日本关于自首减罚的定义有两种不同的观点:一种观点认为案件调查更容易作为政策理由,也就是犯罪者在调查机关发觉之前自首即自首成立,犯罪者的悔悟与否并不考虑在内。另一种观点认定自首减罚的依据是犯罪者事后主动申告自己的罪行和悔悟情况良好才认定为自首。[①] 大塚仁解释所谓"在搜查机关发觉前",既包括犯罪事实完全未被搜查机关发觉的场合,也包括虽然发觉犯罪事实但是没有发觉其犯人是谁的场合。发觉了犯罪事实和犯人是谁,只是犯人的所在不明时,判例和通说都认为不包括在内。[②] 我国台湾地区"刑法"第62条规定:对于未发觉之罪自首而减轻其刑,但有特别规定者依其规定。根据该规定,一般情况下成立自首的时机条件是"犯罪发觉之前"而不是"归案之前"。具体而言,"行为人必须于刑事诉讼机关尚未发觉其犯行之前,自行申告其犯行者,始有可能成立自首;否则,刑事追诉机关若已发觉,始自动到案者,则为投案,而非自首。此时,假如出于自愿而供述不利于己之犯罪事实,则为自白"。[③]

对比上述国家(地区)关于自首(类似自首)情节的规定,均体现了弹性化、精细化理念——根据不同情形,规定不同的减免幅度,从而使不同自首情形与量刑具有最佳、最公平的对应关系。可以得出如下异同:

一是对自首认定的宽严尺度不同。仅将自动投案、如实供述视为犯罪后态度的国家,其认定一般也较为宽泛。例如,德国量刑时注意"行为后的态度""为补救损害所作的努力";又如,英美法系,将有罪答辩的时机条件放宽到定罪之前,时间跨度更长。而日本和我国台湾地区将"犯罪事实和犯罪人发觉之前"作为自首的时机条件,较为严格。

二是对上述量刑情节,量刑时的自由裁量幅度不同。规定得越宽泛的国家,量刑时的自由裁量幅度更高。如德国,只是规定量刑时应该注意上述情节,但究竟是从轻、减轻抑或不予从轻,并没有明确规定,完全交给法官自由裁量。而英美法系将量刑从宽幅度与有罪答辩的迟早相对应,亦比较灵活。日本和我国台湾地区认定自首严格,但一旦认定自首,就可以减轻处罚。

---

① 张明楷编著:《外国刑法纲要》,清华大学出版社2007年版,第409页。

② [日]大塚仁:《刑法概说》(各论),冯军译,中国人民大学出版社2003年版,第535页。

③ 林山田:《刑法通论》(下),北京大学出版社2012年版,第340页。

三是上述关于自首规定的相同处在于对自首认定的宽严与量刑存在对应关系。为了在刑罚上有阶梯度,自首情节(或类似自首情节)认定越宽泛,法官自由裁量权亦更宽泛。

我国关于职务犯罪自首的具体规定,既应体现刑罚的功利性,即节约司法资源程度不同,刑罚减免不同;亦应体现法律的公正性,即同等情况应同等对待,不同情况应区别对待。具体而言,借鉴以上国家关于自首的认定,我国自首情形可设计三层阶梯:第一梯度,主动投案并供述自己犯罪行为的,予以减轻处罚;第二梯度,犯罪后没有逃跑,在纪委调查阶段即如实供述的,一般予以从轻处罚,对案件侦查起到重大作用的亦可减轻处罚;第三梯度,在被通缉、抓捕过程中自首的,可从轻处罚(是否从轻,还要具体分析)。

四、职务犯罪中自首情节的证明责任

职务犯罪案件中自首认定的另一问题是证明责任不明。实践中,办案机关出具的破案经过往往语焉不详,使公诉部门无法判断犯罪嫌疑人是否构成自首,是标准自首还是余罪自首,且并未按照2010年《意见》要求附有办案机关(主要是纪委)的原始问话笔录作为证据。此时能否认定嫌疑人自首?谁负有举证责任,谁负有说服责任?

(一)国外关于自首证明责任的规定

自首情节作为量刑事实与定罪事实不同,具有其独立性,各国立法例基本遵从"谁主张,谁举证"这一原则。

大陆法系对定罪事实与量刑事实并没有区分,因此定罪事实的证明主体即为量刑情节的证明主体。又基于法官职权主义,法官可以主动查明真相,如《德国刑法典》第46条中规定了法院量刑应考虑对犯罪者的利弊情况及一些注意事项。但与中国面临相同的情况是,当有利于被告人的量刑情节真伪不明时,能否认定该情节?其实其对证明标准的规定,已隐含了答案。大陆法系讲究"内心确信",并以此作为诉讼证明标准。例如,《德国刑事诉讼法典》中规定了证据调查的有关结果要根据其在审理中建立的内心确信而定。又由于大陆法系国家并没有将定罪与量刑区分开来,故"内心确信"的标准既适用于于定罪事实,也适用于量刑事实。当自首情节真伪不明时,法官无法形成内心确信,从而不能认定自首。

在对抗制诉讼模式国家,量刑的标准是责任分明,奉行"谁主张,谁举证"原则。例如,在澳大利亚 R. Volbrich(1999)一案中,多数人认为如果检控方希望法官在量刑时将某些事实考虑在内,则需对其负证明的责任。同样,如果是被告方提出的希望量刑法官注意,也同样需要对提供的事实负证明责任。在美国 1898 年 Urrego-Linares 一案中,由于被告人所提出的希望从轻量刑的事实与实际情况存在不符,第四巡回法院要求被告对这一事实负证明的责任。其他巡回法院在判例中也确立了这一观点。目前,在美国的司法实践中多奉行这样的做法,即量刑事实的证明责任由可能因这一事实获益的一方当事人负担——关于罪重事实的证明责任由控诉方负担,关于罪轻事实的证明责任由被告方负担。①

(二)笔者对于我国关于职务犯罪中自首情节证明责任的建议

由于我国并未明确规定职务犯罪中自首的证明主体,有观点认为我国《刑事诉讼法》第 50 条规定"审判人员、检察人员、侦查人员必须依照法定程序,收集能够证实犯罪嫌疑人、被告人有罪或者无罪、犯罪情节轻重的各种证据……"因此,量刑事实的证明责任已分配给控诉方。笔者认为,这完全是对《刑事诉讼法》的误读,若按上述观点的逻辑,则证明责任主体还包括"审判人员",他们也要收集证据。但理论界、实务界一致认为证明责任主体从来不包括审判人员。《刑事诉讼法》第 50 条的规定只是为了强化司法人员的客观义务,并非将审判人员也纳入证明责任主体,因为其从来不需承担证明不力的后果,收集证据与证明责任主体是不同的问题。

笔者建议我国自首等法定减量刑情节应规定如下原则:

1. 证明主体为辩方。理由是:第一,符合各国立法例中"谁主张,谁举证"的证明原则。第二,量刑事实主要是对刑罚方式、轻重的规定,且通常在一个案件中涉及多个量刑情节,这些情节互相不关联,所以不存在牵一发而动全身的情况。例如,即使在自首的认定上出现了错误,也不会影响对立功情节的认定和量刑。

2. 从证明标准来看,被告人及其辩护律师的举证、取证能力上与控方不可同

---

① 龙宗智主编:《刑事证明责任与推定》,中国检察出版社 2009 年版,第 243 ~ 244 页。

日而语,可以设定低于"确实、充分"的标准。但如果辩方连该标准都未达到,则不利后果应由辩方承担,不予认定相应从轻量刑情节,此时不适用"存疑利益归于被告"原则。理由是:在定罪阶段,被告人受到无罪推定等原则的保护,应受到特殊对待,即如果在案情中有对事实存疑的情况,通常认定为是对被告人有利的解释。但是,在量刑时,一旦被告人已被定罪,那么他的身份就会发生转变,将不再受上述原则的保护,也没有了被错误定罪的可能。在这样的情形下,并不存在被告人、国家、被害人利益冲突的情况,也就是说,被告人在量刑阶段并不再享受特殊保护。

3. 应兼顾职务犯罪中自首认定的特殊性,司法机关虽没有证明责任,但应切实履行其客观公正义务。职务犯罪中自首的特殊性在于:一是职务犯罪的自动投案对应机关、单位范围窄,一般仅限于纪检监察机关、检察院。二是自动投案难判断、难证明。普通犯罪,如故意杀人案行为人是谁侦查机关一般不掌握,因此行为人是否自动投案、是先供后证还是先证后供较易判断。而职务犯罪如贪污贿赂类案件,即使行为人不自动投案,侦查机关也可以依靠已掌握的线索抓获行为人,较难判断行为人投案与侦查机关调查的先后关系。因此,职务犯罪中自动投案等事项的证明,基本上由公权力机关掌握;虽然证明责任由被告人自行承担,但被告人提出一定线索后,司法机关亦应履行客观公正义务,调取证据、查明事实。

[原文发表于《学术交流》2016 年第 3 期]

商业欺诈案件非法占有目的之推定

马谨斌*

摘　要:司法实践中,商业欺诈类案件犯罪嫌疑人最常见的辩解理由可谓是"没有非法占有目的",即便有充足的客观证据证实财物已经完全脱离所有人控制、在其支配下,也鲜有犯罪嫌疑人承认想将涉案财物据为己有。对此主观要素的认定,基本依靠推定。在适用推定判断此类案件行为人时,应避免过度干预而成为市场交易活动创新和发展的阻力,因此应坚持谦抑的司法理念、坚持具体案件具体分析、坚持对事实的多维分析、兼顾法律和情理、遵循有利于行为人立场并允许反驳。同时,应从完善立法、规范推定司法适用两条路径,进一步完善商业诈骗犯罪非法占有目的推定。

关键词:非法占有目的　推定　谦抑　多维分析

本文所称商业欺诈案件,是指涉嫌触犯《刑法》第192条至第198条、第224条规定的犯罪案件。在这类案件中,行为人是否具有"非法占有之目的",往往是区分罪与非罪的关键要素。但司法实践中,鲜有商业欺诈类案件犯罪嫌疑人承认想将涉案财物据为己有,相反,即便有充足的客观证据证明财物已经完全脱离所有人控制、在其支配下,也总要寻找各种似是而非的理由声称自己"没有非法占有目的"。因此,此类案件中非法占有目的的判定基本依靠推定。而在嫌疑人回避或否认的情况下,如何准确推定非法占有目的,一直是司法实践中的证明难点。

---

* 马谨斌:广东省人民检察院检察官。

一、商业欺诈案件中的非法占有之目的

(一)非法占有目的与故意的关系

非法占有目的,属于犯罪目的范畴,是指“行为人意图通过非法方式拥有财物的所有权,并使原所有人不能对财物行使各项所有权能”。

在各国的法律规定及司法实践中,非法占有目的往往是被作为侵财罪的主观成立要件加以规定的。有些国家的刑法有明文规定,如《德国刑法典》第242条把“意图自己不法所有”作为盗窃罪的构成要件要素;英国1916年《盗窃法》也把永久取得他人财物的意图,作为盗窃罪的成立条件。日本过去大正时期的判例认为,非法占有目的是盗窃罪的故意成立的一个要素。但是,现在的通说认为,非法占有目的是超出了构成要件的客观要素范围的所谓“超过的内心倾向”,与故意的性质不同。

我国刑法理论界也有两种不同的认识,有学者认为,盗窃等取得罪“这类犯罪故意的内容,主要表现为以非法占有为目的而侵犯公私财物的所有权”。贾宇教授认为法定犯罪目的是犯罪故意内的主观心理要素。但也有学者认为,非法占有目的是目的犯的目的,是故意之外的主观要件。如盗窃罪意志因素中不必然包含行为人非法占有的目的,因为也可能行为人明知自己实施秘密窃取他人财物的行为会侵害他人对财物的占有,而希望这种结果发生,然后在窃得行为人财物后加以使用。

笔者认为,故意是对构成要件的行为或者结果的认识。如果目的希望发生的要素非构成要件中的客观要素,那么目的就不能被故意所包容。如果目的希望的内容的确在客观构成要件之外,那么非法占有目的是故意之外的主观构成要件要素。

(二)我国关于商业欺诈类犯罪中非法占有目的之规定

我国商业欺诈类犯罪中关于非法占有目的之规定,主要有两种方式:一种是作为犯罪构成要件在《刑法》分则条文中明确予以规定,如第224条合同诈骗罪中的“以非法占有为目的”、第192条集资诈骗罪中的“以非法占有为目的”、第193条贷款诈骗罪中的“以非法占有为目的”;另一种是《刑法》分则条文未作出明确规定,主要存在于金融诈骗罪中。

但关于财产罪中的非法定目的犯,是否需要非法占有目的,在理论上是存在争议的。关于金融诈骗犯罪一直存在非法占有目的也有必要说与不必要说的争论,立法者没有直接做出回应,而是通过修改《刑法》增加相关罪名的方式,间接采纳了肯定说的观点。2006 年 6 月 29 日,中华人民共和国第十届全国人民代表大会常务委员会第二十二次会议通过了《刑法修正案(六)》。该修正案第 10 条规定,在《刑法》第 175 条后增加一条,作为第 175 条之一:"以欺骗手段取得银行或者其他金融机构贷款、票据承兑、信用证、保函等,给银行或者其他金融机构造成重大损失或者有其他严重情节的,处三年以下有期徒刑或者拘役,并处或者单处罚金;给银行或者其他金融机构造成特别重大损失或者有其他特别严重情节的,处三年以上七年以下有期徒刑,并处罚金。单位犯前款罪的,对单位判处罚金,并对其直接负责的主管人员和其他直接责任人员,依照前款的规定处罚。"《刑法修正案(六)》新规定的"骗取贷款、票据承兑、金融票证罪",其客观方面与金融诈骗罪中的贷款诈骗、票据诈骗、信用证诈骗等犯罪行为具有重合之处,因此要正确区分本罪与相关的金融诈骗罪,只能通过认定主观方面有无非法占有目的的方式。由此可见,立法者将不具有(或无法证明有)非法占有目的的金融欺诈行为也规定为犯罪,使其与原来的金融诈骗罪并列起来,从而间接肯定了原有金融诈骗罪中非法占有目的的构成要件地位。因此,刑法学界关于金融诈骗罪非法占有目的有无的争论,至少在实然法层面可以告一段落了。

二、商业欺诈类案件非法占有目的之推定

(一)推定概述

1. 推定的概念

推定简要而言是根据已经存在的事实,假定另一事实的存在。前一事实称为基础事实,后者称为推定事实。我国学者对推定概念的界定不一,比较有影响的观点有:

第一,推定包括法律上的推定和事实上的推定。法律上的推定是指根据法律的规定,当基础事实存在时,必须假定推定事实存在。至于该事实是否合乎逻辑地出自基础事实,在所不问。这种基础事实的确立,在诉讼中是根据证据所认定,或是根据法则所认定(如由于法院认知)。事实上的推定与推论等同,是根据

经验法则和逻辑规则进行推理而得出的结论。也就是说,当事实 X 在诉讼中已经确立时,事实 Y 的存在就可以用一般的逻辑法则推出。

第二,将推定与间接证据证明等同起来。“在诉讼领域,所谓推定,实际上就是运用间接证据进行证明,即当不存在直接证据或仅凭直接证据尚不足以证明待证事实的真实性时,通过间接证据与待证事实之间的常态联系进行推理,假定待证事实为真。”

第三,推定是基础事实与未知事实之间的常态联系。“推定是指通过对基础事实与未知事实之间常态联系的肯定来认定事实的特殊方法。”

龙宗智教授也认为应严格区分推定与推论,认为“推定是法律问题,推论是事实问题,二者在诉讼中的意义和性质不同。推论是对事实的判定,属于事实问题。而推定是以法律的适用为前提,既为事实问题,也为法律问题,由于推定是依法‘拟制’事实,因此其本质应为法律问题”。龙宗智教授进一步认为我国刑事立法中只有 1997 年《刑法》第 282 条第 2 款规定的非法持有国家绝密、机密文件、资料或其他物品罪以及第 395 条第 1 款巨额财产来源不明罪这两种罪的法律规定中存在推定规范,其他持有型犯罪不存在推定规范,在司法实践中对要件事实不得进行推定。亦即,龙宗智教授将推定和推论明确区分,并将推定限定在法律规范层面,不承认事实推定,如对主观方面的推断不是推定,而是证明。

笔者认为,首先,推定是一种诉讼中的证明方法,如审理事实的人认为事实 X 存在时,即可推定事实 Y 存在。事实 X 为基础事实,它与事实 Y 之间存在合理的必然性,因而适用逻辑法则推而得出。其次,推定运用的,是诉讼中的间接证据,如果有适格的直接证据证明待证事实,则直接认定即可,无须适用推定。最后,推定是根据归纳法,在基础事实与未知事实之间建立的常态联系,除法律推定外,事实推定允许反证,这是由于推定的不精确性与盖然性所必然得出的结论。

2. 推定的机理

推定之所以被广泛认可和运用,主要是由于它具有很强的逻辑和认识论根据,推定的过程与结果符合人类普遍认识规律。对行为人主观心理进行推定的根据在于:该推定是依据前提事实与结论事实之间的常态逻辑联系而不是例外联系来认定人的心理状态。这种常态联系是指日常生活的一般情况下,前提事实与推定的事实是相随共现(或不共现),很少出现前提事实存在而推定事实不存在(或存在)的情况。据此原理的推定,在绝大多数情况下其结果是符合客观事实,反映事物发展的普遍规律的;而在整个概率中有很少一部分例外情形,则反映了事物发展过程中的偶然性,这种偶然性并不居于支配地位,它不能决定事物普遍发展方向,只能是事物发展过程中不稳定的暂时趋势。对主观犯意的推定并非绝对确定,但却是高度盖然性地或最大限度地接近确定,同时容许存在极少例外情况的可能性,在逻辑和事物发展普遍规律上保证了推定结论符合客观实际。

3. 推定与证明责任

犯意的推定,使案件证明的主题发生了变更,但是,并没有改变举证责任的分配。推定使控方只负责举证基础事实,以基础事实的证明代替了待证事实的证明,降低了举证的难度;嫌疑人对推定结论负抗辩责任,并不负举证责任。在司法实践中,适用推定的意义不仅在于可以消除对部分案件定性上的困难,减轻控方的证明责任,还有助于实现刑事司法的公众认同,有助于实现刑事司法的目的,推进诉讼的进程,确保司法的效率与公正。

4. 推定的局限性

犯罪故意推定有其自身无法克服的缺点:一是增加了被控方的证明负担,就某种程度而言,与无罪推定、不强迫自证其罪理念存在一定的价值冲突。二是推定是一种经验逻辑,其结论并不具有绝对的必然性。正如前问所举照片与实物关系一样,实物照片虽然能相当程度地反映实物原貌,但一方面往往很难全面反映实物全貌,另一方面照片是定格的瞬间的影像,受制于镜头、光线、拍摄技术等因素,反映出的情况与实物会存在不可避免的偏差。

(二)我国关于商业欺诈案件非法占有目的推定相关司法解释

关于商业诈骗犯罪案件中非法占有目的的推定问题,我国立法未作明确规定,仅在2001年最高人民法院《全国法院审理金融犯罪案件工作座谈会纪要》中有所涉及。虽然该纪要并非立法,但考虑到在目前司法实践环境中其对法官审判活动的现实约束力,可以将其视为一种“准司法解释”。该纪要明确指出:在司法实践中,认定是否具有非法占有的目的,应当坚持主客观相一致的原则,既要避免单纯根据损失结果客观归罪,也不能仅凭被告人自己的供述,而应当根据案件具体情况具体分析。根据司法实践,对于行为人通过诈骗的方法非法获取资金,数额较大且不能归还,并具有下列情形之一的,可以认定为具有非法占有的目的:(1)明知没有归还能力而大量骗取资金的;(2)非法获取资金后逃跑的;(3)肆意挥霍骗取资金的;(4)使用骗取的资金进行违法犯罪活动的;(5)抽逃、转移资金、隐匿财产,以逃避返还资金的;(6)隐匿、销毁账目,或者搞假破产、假倒闭,以逃避返还资金的;(7)其他非法占有资金,拒不返还的行为。此外,2003年《全国法院审理经济犯罪案件工作座谈会纪要》第4条第(8)项关于挪用公款转化为贪污认定问题的规定,也可以作为认定非法占有故意的重要参考。

(三)对商业欺诈案件中适用非法占有目的推定之思考

如前所述,非法占有目的是行为人的内心心理状态,无从直接窥探。然而人类思维和行为中普遍存在的共性,决定了在缺乏行为人直接陈述的情况下,可以根据其外在行为表现、依据经验与逻辑进行客观的推定。但现实中人类言行不一、口是心非的情况往往是非常普遍的,这决定了对心理状态的推定必然具有更多的不精确性或盖然性。同时,市场交易活动已从实体化趋向虚拟化,从实体经济趋向于信用经济、虚拟经济,人类社会也随着科技进步和交易模式的创新,逐步进入风险社会。因此,要对商业欺诈案件的非法占有目的推定提出具体的适用规则,无疑刻舟求剑、缘木求鱼,几无可能、亦不现实。故笔者认为,在具体适用推定时,应当遵循以下原则:

1. 应坚持谦抑的司法理念

商业罪案,规范的说法应当叫破坏社会主义市场经济秩序罪,其侵犯的客体是社会主义市场经济秩序,因此司法机关适用和执行刑罚的目的,是保护正常的商业秩序和交易安全。

而如同男女双方在谈恋爱时总会千方百计夸大自己优点、掩饰自己缺点一样,市场主体为了促成交易,也总是会有意无意夸大自己的实力、掩盖缺点和问题,甚至还会说点谎话。但俗话说,谎言是甜蜜的爱情不可或缺的要素,伟大的爱情背后往往伴随着伟大的谎言。同样的道理,谎言也永远会和市场同在。但谎言,未必等于是欺骗;即使是欺骗,也未必就是诈骗。在具体适用推定认定非法占有目的时,作为司法机关工作人员始终不能忽略这么一个事实:千百年来关于市场的传说中,最让人津津乐道的往往是那些在企业濒临破产之际,企业家凭借个人坚定的信念与毅力力挽狂澜并绝处逢生、再创辉煌的传奇故事。因此,在适用非法占有目的的推定时,必须始终坚持谦抑的司法理念。一定不能以过高的道德标准或行为标准来衡量和要求被告人,更不能唯结果论。必须坚持一种低调、谦抑的司法立场,把打击目标放在那些蔑视最基本的市场准则、践踏人类最基本的善良道德情感、最严重的违法行为上;维护最基本的交易秩序,但避免过度干预,成为市场交易活动创新和发展的阻力。

2. 应坚持具体案件具体分析

虽然2001年《全国法院审理金融犯罪案件工作座谈会纪要》明确规定了一些商业犯罪案件中如何推定非法占有目的问题。但笔者认为,在具体适用时必须建立在以下认识基础上:首先,该纪要并非司法解释,并不属《立法法》规定的法律范畴,因此只有参考效力,并无强制约束力。其次,上述规定只是一些经验法则,不是科学定律。纪要规定的情形虽然大多数情况下可以成立非法占有目的,但经常有例外,因此他们并不具有可重复验证性。最后,上述规定内容是开放的而非封闭的,只是规定在这些具体情况下可以推定被告人具有非法占有故意,但并没有排除其他可以推定的情形。所以,我们在适用这些规定进行推定时,必须始终坚持具体案件具体分析,不能简单套用。

3. 应采取多维分析模式

所谓多维分析方式,是指应从能力、行动、态度三个维度,以法、理、情为参照标准,对行为人行为表现做综合分析判断:

(1)履约能力,指行为人有无积极为履行合同获取必要的资质或做好相关准备工作等,因为根据法律和最高人民法院会议纪要精神,如果被告人明知没有履行合同能力或者明知没有归还能力仍以诈骗方法骗取财物的,一般就可以推定其具有非法占有的故意。但对这个问题,实践中有两种特殊情况值得深入探讨:一是被告人履行合同能力处于一种高度不确定状态的时候,该怎么认定?二是合同能不能履行,建立在腐败潜规则或行业潜规则基础上时,该怎么认定?

对于第一种情况,笔者认为还是要谨慎启动刑罚,避免过分强调保护交易安全而牺牲市场的活力。具体审查时,要认真分析被告人寄希望于合同或者债务得以履行的事由合不合法?有没有客观基础?可能性有多大?被告人有没有付出真诚的努力?一般而言,如果是寄希望于非法活动或者小概率事项如赌博、买彩票等获得收益,那么一般可以认定非法占有目的。如果被告人确实有一定的履行合同的客观基础,并付出了真诚的努力,那么无论他胜算的概率多小,一般还是不应当认定他具有非法占有目的。

对第二种情况,笔者认为应将腐败潜规则与行业潜规则区别对待:一是对于行为人将履约可能寄托在其他国家工作人员会实施违法、犯罪行为其提供便利前提的情形,不宜认定其具有履约能力。因为《刑法》是社会的最后一道防线,应当守卫最基本的社会道德底线。如果承认腐败的潜规则在刑法领域是有效力的,就等于国家公然承认腐败的合理性和正当性,这显然是不可接受的。二是对行业潜规则,如艺术品、古玩收藏市场交易等,则更应当客观承认其高风险性,高度重视交易双方的意思自治。因为千百年来,这种交易规则已经在观念上被人们所普遍接受,这种情况下显然没必要用刑罚去纠正,用刑罚纠正也收不到效果,而且打击面过大。

(2)履约行动,即行为人履行合同的表现。具体要审查两方面情况:一是被告人是用什么手段获得财物的?有没有采取虚构事实、隐瞒真相,如虚构货源或资金用途、虚假担保、开空头支票、使用假的金融票证、凭证等欺诈方法。二是要看被告人处置财物的方式。比如,是将财物用于个人消费,还是用于生产经营?有没有按照合同约定的用途使用财物?如果没有,有没有合理的解释?

(3)履约态度,指行为人在收到对方交付的财物后,是本着诚实善良原则、按照合同约定用途谨慎处理财物,还是随意处置甚至用于个人消费?在出现履约不能或具有不能履约风险时,是认账,还是不认账;是积极与被害人协商解决方案挽回损失,还是隐匿、潜逃?

在履约态度中,实践中比较容易出现争议的是如何看待赖账问题——对被告人明明有一定的履行能力,但事后以各种方式、理由、借口逃避、拖延履行债务应当如何看待?赖账是否就可以决定非法占有故意呢?笔者认为,具体应当从以下三个方面进行分析:一是行为人实际有无能力偿还债务。如果有能力而不还,则是认定非法占有故意的一个非常重要的指标,相反则需进一步分析。二是行为人采用了什么样的手段赖账?如有无逃跑、隐匿、转移资产,销毁账册等企图永久摆脱债务的积极行为?三是行为人是基于什么样动机赖账?是想永久的摆脱债务,还是想拖延时间让自己或自己的企业能够继续、存活、经营下去?假如是后者,则需要高度注意,因为虽然说欠债还钱天经地义,但并不能就此就要求别人一定必须倾家荡产地偿还债务——法不强人所难。

4. 应兼顾法律和情理并遵循有利于行为人立场

做判断首先要有标准,而推定非法占有目的的参照标准主要有两个方面:一是法律、司法解释以及最高人民法院会议纪要的精神;二是常理、常情,具体而言应从正反两个角度进行情理考察:第一,一般人基于诚实信用原则应该怎么做?第二,被告人的行为有哪些反常的地方?对于这些反常的表现,他的解释符不符合常情、常理?三是推定时应当遵循有利于行为人原则:第一,假如行为人的行为符合法律规定的可以推定具有非法占有故意的特征,或者明显不符合常理、常情,而又不能做出合理的解释,可以推定他具有非法占有的故意。第二,被告人的行为虽然不合法或不符合常理、常情,但能够做出合理的解释,则不宜认定他具有非法占有的故意。第三,如果行为人的行为虽然不合法或不符合常理、常情,但对其辩解也无法证伪,只能做出有利于被告人的认定。

5. 应允许反驳

这是由推定的不精确性或盖然性所必然得出的结论。反驳推定的方式主要有两种,即直接反证和间接反证。直接反证,是指行为人及其辩护人直接对司法机关据以得出推定结论的间接证据的真实性、客观性或关联性出异议,否定其证据资格。间接反证,是指行为人及其辩护人在司法机关据以得出推定结论的间接证据以外,提出有利于自己的证据,使得司法机关的推定结论陷入真伪不明的状态。在直接反证情况下,行为人只需达到证明司法机关据以得出推定结论的间接证据的证据资格真伪不明即可。而在间接反证情况下,行为人则必须提供充足的证据证明其所主张的有利于自己的证据客观存在、真实可信。

三、进一步完善商业诈骗犯罪非法占有目的的推定的建议

(一)修改现行刑法

1. 增加新的罪名

有学者认为贷款诈骗罪、信用证诈骗罪等金融诈骗罪中非法占有目的的难以证明,但是该类行为又具有相当社会危害性,有纳入刑法处罚的范围,建议修改现行《刑法》,增加虚假陈述罪。后罪的成立“不需要具备通常证明的财产损害以

及相应的故意”。前罪则应该证明行为人非法所有(不称非法占有)目的的存在,如果检控机关在证明行为人具有虚假陈述等欺诈行为后不能证明行为人这一主观目的的存在,则对行为人只能以前述虚假陈述犯罪追究其刑事责任。《刑法》如若这样修改,既严密了法网,有利于维护我国金融安全;又简化了诉讼证明,更为准确追究犯罪提供了有利的条件。因为对于不具有非法所有主观目的的欺诈行为,自不必予以推定,这样就缩小了推定的适用范围,推定可能带来的风险也就可以有效避免。《刑法修正案(六)》第10条即采纳了该学者的观点。

同理,合同诈骗罪处于我国刑法体系第3章破坏社会主义市场经济秩序罪中第8节扰乱市场秩序罪中,可见其与传统的侵犯财产罪比,侵犯的客体是复合的。上述判例中,一些行为人持间接故意,对其非法占有目的难以认定,但不能说其行为不具有社会危害性。笔者建议增设新的罪名,对签订、履行合同时采取欺诈手段,但无非法占有目的,给对方当事人造成严重损失的行为科以刑罚。

至于立法模式,可有两种选择,一是在现有条文基础上加一款,将具有非法所有目的和不具有非法所有目的行为分开,并规定后者较前者为轻的法定刑;二是分两条立法,以不具有非法所有目的的行为为基本犯罪构成,将具有非法所有目的的另立一条作为加重处罚的依据。两种模式相较,以前者为可取,它既减少条文,达到了《刑法》的简约化,又便于比较和掌握。

2. 完善立法推定设置

在《刑法》中也应当采用立法推定的方法对基础事实作出规定。推定的方法在《刑法》中经常适用,例如,《刑法》第154条规定的“下列走私行为”,而第155条则规定“下列行为,以走私罪论处”。上述两种规定在法律性质上是不同的:在“下列走私行为”的情况下,所列举的行为本身具有走私性质;而在“下列行为,以走私罪论处”的情况下,所列举的行为本身不具有走私性质,是立法者将其推定为走私。这种推定立法,实际上是法律上的一种拟制,通过拟制达到某种立法目的,在这种情况下,《刑法》可以设专条规定推定的基础事实,凡是具有这些法定情形的,司法机关就可以推定为存在非法占有的目的。

(二)规范推定的司法适用

推定目前在我国司法实践中的地位是,如果不通过司法解释对某罪规定若干推定规则,那么当事人不承认公诉方用推定的方法证明被告人的主观构成要件;如果有详细的司法解释,似乎应该遵循,但有时根据司法解释得出的有罪结论可能是错误的或者存疑的。笔者建议,以《刑事诉讼法》或由最高人民检察院、最高人民法院联合颁布的司法解释,肯定推定是一种有效的证明方法,但减少关于具体个罪推定的解释。因为推定有其自身无法克服的缺点:一是增加了被控方的证明负担;二是推定的结论并不具有绝对的必然性。但推定又是在现有立法模式下进行刑事诉讼证明的最佳选择。为今之计,除了通过立法以缩小推定的适用面外,学术界、司法实践部门应着重注意以下几点:

第一,司法推定适用的程序保障问题,审判者应充分听取控辩双方的意见,尤其是辩护方的意见,没有聘请律师的被告人,人民法院应为其指定辩护人,以利于其充分抗辩。

第二,加强对司法推定程序规则的研究,着重研究推定的程序设置、反驳证据的收集、反驳的程度和反驳不能的后果等问题。

第三,严格、全面甄选据以推定的基础事实,设定基础事实是司法推定的客观前提,应着重从典型案例中选择最有代表性的事实作为推定的基础事实,既要有代表性又要有全面性。我们认为,成为基础事实的客观情形必须具有以下特征:一是规律性,基础事实与推定事实之间必须存在某种内在的、常态的联系,即出现该种基础事实多由推定事实引起;二是因果关系的直接性,即出现基础事实的结果只能由推定事实引起,而不能由其他原因引起。

第四,现实的犯罪事实是千变万化的,也许正因为个案中增减的一两个情节,即使有司法解释规定的若干情节,但却不能得出司法解释给出的结论,因此还应当通过及时颁布指导性案例,加强判例指导。

[原文发表于《东方法学》2015 年第 3 期]

检察机关自侦拘留权的优化配置

王宏卫*

摘　要：立法规定自侦案件拘留权由检察机关行使决定权，由公安机关行使执行权，现实中公安机关只是开具拘留证，由检察机关代为执行，既无法对检察机关形成监督制约，也无法提升拘留效率。综观国外拘留权配置，强调对侦查部门的制约是重点，且一般强调检察机关在自行侦查中对警察的指挥以提高侦查效率。对此，我国自侦案件拘留权的优化配置中应当充分借鉴，强化侦查部门对拘留权的事后监督，强化被拘留人的私权对拘留权的监督制约，并坚持从程序性保障方面着手。

关键词：拘留权　自侦案件　配置　监督制约

一、引言

2012年《刑事诉讼法》的修订无疑具有重大进步意义，但对于部分问题，还是被有意或无意地忽略掉了。比如，对于自侦案件中需要拘留犯罪嫌疑人的由检察机关决定，并交由公安机关执行。这一规定与1996年修订的《刑事诉讼法》相比没有任何改变。但在2012年《刑事诉讼法》修订后重新修订的《人民检察院刑事诉讼规则（试行）》（以下简称《诉讼规则》）则在明确公安机关是自侦案件执行机关的同时，相比旧有的《人民检察院刑事诉讼规则》增加规定了"必要时人民检察院可以协助公安机关执行"。有学者认为《诉讼规则》的这一变化，原因在于实践中检察机关作出拘留决定后，公安机关因警力不足等原因，不能及时执行人

* 王宏卫：广东省广州市海珠区人民检察院检察官。

民检察院的拘留决定,而拘留是在紧急情况下采取的强制措施,如不及时执行,会影响侦查。[①] 但事实上,除依法追逃等特殊情况外,检察机关以持公安机关开具的拘留文书对犯罪嫌疑人宣布并执行拘留为通常做法。公安机关在自侦案件拘留权行使过程中沦为了一个"文书打印机",既无自身意志的体现,也无执行活动的参与,从而变相地形成了检察机关对自侦案件不但具有拘留决定权,而且具有实际的拘留执行权。而检察机关执行拘留又缺乏应有的法律依据保障。因此,重新反思我国自侦案件侦查阶段拘留权的配置问题就具有重要的现实意义。

二、我国自侦案件侦查阶段拘留权配置现状的反思

现代刑事诉讼具有打击犯罪和保障人权的双重目的,该双重目的应当是平行的,自始至终贯穿在刑事诉讼的过程中。[②] 拘留作为刑事诉讼强制措施是刑事诉讼的重要组成部分,其必然应当尊重刑事诉讼双重目的的要求。打击犯罪的目的要求在配置拘留权过程中注重充分发挥不同主体的权力优势,实现权力协作合力,服务侦查工作的需要;保障人权的目的则要求在拘留权配置过程中更加注重权力制约,防范权力滥用对犯罪嫌疑人人权的侵犯。然而由作为侦查主体的检察机关行使拘留决定的申请权和决定权,而由公安机关行使拘留执行权的权力配置模式无法实现权力制约和权力协作的要求。

(一)由公安机关行使自侦案件拘留权难以实现对检察机关拘留决定权的制约

权力制约可以通过分权来实现,这种分权的目的是防范权力滥用对私权的侵犯。但按照我国现行自侦案件拘留权的配置,检察机关作为侦查主体对于自己认为侦查需要拘留犯罪嫌疑人的,可以并能够直接决定对犯罪嫌疑人进行拘留。只是在检察机关决定拘留后,公安机关负责具体拘留的执行。公安机关是无法对检察机关滥用拘留决定权以侵犯犯罪嫌疑人私权进行监督制约的。

首先,从分权制约的机制来看,分权制约主要通过将权力配置给不同主体行使,从而形成各个主体之间权力的相互独立和牵制,使任何决策在出台前必须为

---

① 孙谦主编:《人民检察院刑事诉讼规则(试行)理解与适用》,中国检察出版社 2012 年版,第 116 页。

② 徐美君:《侦查权的运行与控制》,法律出版社 2009 年版,第 65 页。

各方均接受,否则,任何一方均可从自身权力出发否决这项决策的效力。反观我国自侦案件拘留权的配置,公安机关行使自侦案件拘留执行权只是对于检察机关拘留决定的执行,是检察机关拘留决定的结果和延续,缺乏独立性,也无法左右拘留决策过程,甚至无法影响拘留决策。即使公安机关对于拘留决定存在不同意见,也只能在执行拘留后向拘留决定机关反映。所以,公安机关无法对检察机关拘留决定的作出形成牵制,当然也就无法实现通过制约检察机关拘留权的滥用以保障犯罪嫌疑人私权。

其次,从监督制约的动力机制来看,"金元"和"大棒"都是驱使主体行动的动力,但在自侦案件拘留过程中,公安机关既没有"金元"的利益诱惑,也没有责任的鞭笞。由于公安机关只负责将被拘留人抓捕并移交羁押机关,不存在自侦案件中对拘留决策过程监督制约的部门利益。公安机关也不是侦查主体,在侦查活动中也不存在本部门利益增损的情况。同时,根据我国法律规定,错误拘留的责任由拘留决定机关承担,即使拘留决定违法,对于公安机关而言也无须承担责任。因此,公安机关在履行自侦案件拘留执行权过程中,缺乏对拘留提出者和拘留决定者监督的内在动力。

最后,从监督制约的实现来看,知情是前提,裁量是保障。实践中,检察机关出具的《拘留决定书》为格式文书,其只是注明犯罪嫌疑人的姓名、性别、出生日期、居住地,因涉嫌何罪名依据刑事诉讼法决定对其刑事拘留,交公安机关执行。《拘留决定书》交付公安机关后,公安机关以上述内容为准开具《拘留证》。可见,公安机关从中无法得知案件是否达到立案和拘留规定的条件。即使由公安机关直接执行拘留,公安机关不占有也无法审阅案件材料卷宗,且对犯罪嫌疑人宣布拘留也只是确认执行对象、告知权利义务以及核实是否具有身体不适宜羁押情形等,对案件事实无权讯问。因此,公安机关无法对除犯罪嫌疑人身体情形外的拘留条件等进行判断。同时,公安机关作为执行机关除犯罪嫌疑人人身不适宜羁押外无权自行裁量是否执行检察机关的拘留决定,失去了对案情判断的基础和对自己判断的自由裁量,公安机关的监督制约功能便无从谈起。

(二)公安机关行使拘留执行权并不一定能够与检察机关的拘留决定权形成协作合力

协作是各权力主体按照法律规定的程序和内容,充分发挥自己的职能优势,相互配合,实现权力整体的高效。具体在自侦案件拘留权的行使过程中就要求各权力主体之间相互分工、配合保障拘留权行使的顺畅。这种顺畅有两层含义:一是拘留决定能够得到顺利执行,节约拘留决定与拘留执行之间的衔接时间,减少衔接过程的冲突与摩擦;二是保障拘留过程中安全。在我国,公安机关履行维护治安和社会稳定的重要职能,其无论在人力、装备还是在应对刑事案件的经验和能力上相对检察机关都有明显的优势。但由于自侦案件的特殊性以及拘留执行工作的特殊性,公安机关行使拘留权通常情况下并不能实现前述协作效果。

首先,绝大多数情况下,在对自侦案件犯罪嫌疑人执行拘留时,犯罪嫌疑人都处于检察机关的实际控制之下,由公安机关执行检察机关的决定相对检察机关自行执行而言,无论公安机关在执行中的优势如何,都需要一套衔接与协作机制,以及各个部门自己的审批程序等,无论从人力还是时间方面都算不上成本最低。当然,对于外地情形或者从职权范围由公安机关执行更方便的情况除外。

其次,多数情况下自侦案件是非暴力犯罪案件,犯罪嫌疑人社会地位、文化水平、理性程度都相对较高,犯罪嫌疑人自杀自残、暴力伤人等成本较高,这些都促使犯罪嫌疑人多数会配合拘留执行机关完成相关工作。并且检察机关相对公安机关而言,参与自侦案件侦查全过程,更了解犯罪嫌疑人的个性、心理。再者,相对检察机关,公安机关暴力性的社会曝光度,更易引起犯罪嫌疑人心理抵触下的过激行为。

再次,检察机关拘留决定权的实现缺乏程序保障。尽管立法明确了公安机关执行检察机关的拘留决定,但对于公安机关何时对犯罪嫌疑人执行拘留,以及公安机关不及时对犯罪嫌疑人执行拘留如何处理都缺乏规定。这种程序保障的缺乏导致在实践中公安机关往往通过各种形式向检察机关表明其人力上的不足,以拒绝履行拘留执行权,从而形成虽然刑事诉讼法要求公安机关执行拘留,而实际上由检察机关代为执行的现状。

最后,从拘留实践情况来看,自侦案件执行拘留的时间相对较短,多数情况下只是从检察机关的办案地点送往辖区羁押场所,中间又用警车或警械,外加检察机关自己的属于警察序列的司法警察队伍，足以保障移送羁押的顺畅和安全。而事实上，多年来，检察机关代公安机关执行自侦案件拘留已有丰富的实践经验。

三、其他国家拘留权配置考察与评析

（一）其他国家拘留权配置考察

“比较方法，只能在各比较项有可能性（可比性）的场合才能适用。所谓比较可能性，可以理解为各比较项之间的结构的类似性和功能的等值性。”[①]就拘留而言，“拘留”一词虽非我国独有，但其概念在不同国家各有不同，有的国家甚至没有拘留这一说法。为此，本文在介绍国外立法时，只选择与我国拘留相近似的制度。本文选择的标准有二：一是刑事诉讼中对犯罪嫌疑人人身自由予以限制；二是这种限制具有临时性。具体来讲，美国的逮捕、英国的逮捕、德国的逮捕、法国的拘留、日本的逮捕等措施中有的只是强制到案并短时间留置，但就本文关注的拘留决定作出与执行过程而言，具有高度的相似性，存在可比性。

1. 美国。主要承担犯罪侦查的是警察，检察官主要负责起诉及对部分重大案件的侦查，也可以在逮捕后指挥警察协助开展侦查。美国的逮捕可以分为有证逮捕与无证逮捕两种。治安法官根据控告人或侦查人员的提请签发令状申请书，经审查确认存在合理根据而签发逮捕令，应检察官请求也可以签发传票代替逮捕令，此为有证逮捕。逮捕令由法院执法官或者法院授权的警察或其他执法人员执行。无证逮捕指由于情况紧急，事先未取得治安法官签发的逮捕令而先行进行的逮捕。无证逮捕一般由侦查人员甚至普通公民进行。无论是否有证逮捕，犯罪嫌疑人被逮捕后带到警察局，要履行登记手续，之后要“无不必要延误”地将被捕者带至地方法官或治安法官面前接受讯问。由治安法官决定继续关押或将被捕者具结释放或取保释放。或应检察官请求，对其经宣誓确认存在合理根据的起诉书或大陪审团起诉书所列的各被告，签发逮捕令或传票，或自行决定签发逮捕令或传票。逮捕令和传票由司法官或法院授权其他人员送达或执行，执行逮捕的官员应立即将被告带至最近的治安法官面前。

---

① ［日］大木雅夫：《比较法》，范愉译，法律出版社 2007 年版，第 85 页。

2. 英国。对犯罪的侦查、起诉是警察的主要任务。警察要逮捕、搜查犯罪嫌疑人时,必须向治安官提出申请,由治安法官批准后,方可逮捕或搜查。警察为执行法律赋予的逮捕权,可以进入任何地方,必要时可使用武力并进行搜查。无证逮捕和搜查只有在紧急情况或特定情况下才能进行,既可以由警察进行,也可以由普通公民进行。在进行无证逮捕后,警察应当在24小时内提出控告,将犯罪嫌疑人移交治安法院。同时,犯罪嫌疑人在被羁押期间,如果认为其羁押不合法,或者受到不公正待遇,可以向高等法院申请人身保护令。①

3. 德国。警察仅是检察机关的辅助机构。德国检察机关为了调查犯罪目的,可以要求所有的机关部门提供情况,要么自行,要么通过警察机构部门及官员进行任何种类的侦查。警察机构部门及官员负有接受检察机关的请求或委托的义务。警察发现犯罪都应及时向检察机关报告处理经过。而在检察官或警察侦查过程中采取的所有涉及公民自由、财产、隐私权的强制措施,包括强制实施拘捕、搜查、扣押、窃听等措施,除非法定情形,必须接受法院的司法审查,由法官审查后签发令状才能实施。② 由于德国法律认为检察官自身无执行权力,必须由警察支持和协助,所以在《德国刑事诉讼法》中规定了拘捕之执行为检察官之任务,其应由辅助机关或警察辅之。

4. 法国。法国的侦查分初步侦查和正式侦查两个阶段。警察发现犯罪后应立即报告检察官,并在检察官的指挥下进行初步侦查。在初步侦查阶段,司法警官根据侦查需要可以决定采取拘留措施,但必须在最短时间内报告检察官,拘留不得超过24小时。在法定情况下,经检察官书面授权可以延长拘留时间。在正式侦查阶段,法国设有专门预审法官,司法警察按照预审法官的要求协助办案,尽管检察官也参与侦查活动,但具体案件则由预审法官实施正式侦查。预审法官有权决定所有涉及对公民人身自由、财产、隐私等权益加以限制和剥夺的强制性措施,如逮捕、搜查、扣押、羁押等。③

5. 日本。警察执行司法警察的职务,在获知犯罪发生时,应当立即开始侦查。而检察官认为必要时,也可以自行侦查犯罪。检察官可以就侦查对司法职

---

① 徐美君:《侦查权的运行与控制》,法律出版社2009年版,第175页。

② 同上书,第176页。

③ 同上书,第177页。

员作出必要的一般指示,可以为要求协助侦查而对司法警察进行必要的知会,在自行侦查有必要时,也可指挥司法警察协助侦查。检察官、检察事务官或者司法警察职员,可以向法官申请逮捕证,并依据法官预先签发的逮捕证逮捕犯罪嫌疑人。司法巡查逮捕后应当立即将嫌疑人移交司法警察,由其审查决定是否留置,如果有必要则应当在接到移送24小时内,将有关资料、证据和本人移交检察官,检察官应在接到移送24小时内决定,或释放或向法官申请羁押或提起公诉,申请羁押或提起公诉后由法官决定是否决定羁押。如果是检察事务职员执行的逮捕,则应当自嫌疑人被限制人身自由48小时内或向法官提出羁押请求或提起公诉。①

(二)主要国家拘留权配置评析

权力配置是指权力在不同主体间的分配。就拘留权而言,为了讨论方便,我们按照其权力运行流程将其分为拘留的申请权、拘留的决定权和拘留执行权以及拘留的监督权。

表1 主要国家拘留权配置状况

	拘留申请权	拘留决定权	拘留执行权	拘留监督权	检警关系
美国	警察、检察官、普通公民	法官	警察、公民及其他法院授权人员	法官	侦诉分离
英国	警察、公民	法官	警察、公民及其他法院授权人员	法官	警主检辅
德国	检察官	法官	检察官(警察)	法官	警检合一
法国(初步侦查)	警察	警察	警察	检察官	检警合一
法国(正式侦查)	预审法官	预审法官	预审法官(警察)	上诉法院	侦警合一
日本	检察官、警察	法官	检察官、警察	检察官、法官	检警分离

① [日]松尾浩也:《日本刑事诉讼法》(上卷),丁相顺译,中国人民大学出版社2005年版,第59页。

由表1我们可以发现,其他国家拘留权配置呈现以下三个特点:

一是拘留的提起者与拘留的执行者相统一,均是侦查主体,当然英美国家允许公民行使拘留权的除外。尽管在法国、德国也存在由非侦查主体的警察执行的情况,但该两个国家的警察均处于侦查机关——检察机关或预审法官的实际控制之下,在侦查过程中属于侦查机关的辅助机关。

二是大陆法系国家法官对于拘留权的干预主要表现为事先批准,而不是事后审查,因而属于一种"静态抑制"方式。而英美法系国家对于拘留权的控制采"动态抑制"方式,不仅原则上必须事先经过法官批准,而且在执行令状后仍须受到法官的审查。①

三是除法国外,不具有侦查权的法官对拘留享有决定权,即拘留决定权与侦查权的行使主体相互独立。而在法官则增加了上诉法院对预审法官的拘留权的监督。

由前述分析可见,西方国家在拘留权配置中高度重视拘留权的制约。即使近年来,西方国家无证逮捕(无证拘留)的情况越来越多,更多使法官事前批准向事后审查转移,也即侦查机关为了侦查需要即自行对犯罪嫌疑人予以拘留,只是需要在规定的时间内移交法官审查并决定是否继续羁押,也即事前制约向事后审查转变,但其蕴含的对权力的监督制约理念依然浓厚。

西方国家如此配置,与其权力制约理念是分不开的。西方国家普遍实行三权分立,通过将国家权力分为立法权、行政权和司法权并分交不同的权力主体行使,实现权力的谨慎行使。因为他们认为所谓权力,"是把一个人的意志强加在其他人的行为之上的能力。"②"这种意志自由决定了权力在内容上、在现实转化上具有不确定的特征。这种不确定性是权力扩张、滥用、异化等问题的根源,也是权力需要制约的根本性理由。"③西方国家的这种权力制约理念必然体现在他们对于具体国家权力的配置上。而拘留作为一种刑事诉讼强制措施,西方国家对其权力的谨慎行使持怀疑态度,并在配置这一权力过程中想方设法进行分权

---

① 孙长永:《侦查程序与人权——比较法考察》,中国方正出版社2000年版,第26~27页。

② [德]马克斯·韦伯:《论经济与社会中的法律》,张乃根译,中国大百科全书出版社1998年版,第23页。

③ 江涌:《未决羁押制度研究》,复旦大学2009年博士学位论文。

制约。诚如学者孙长永分析的那样,西方各国普遍建立了对强制措施的司法审查原则。“强制侦查权力的行使必须有独立的司法机关的授权,并且允许侦查机关的相对人通过法定的程序向司法机关寻求救济,防止侦查机关违法行使侦查权或者滥用侦查过程中的自由裁量权。”[①]

当然,西方国家也并非不注重侦查效率。只是当侦查机关向拘留决定机关提起拘留申请一旦得到批准,侦查机关便会迫不及待按照授权去执行拘留,这是由于侦查是侦查机关的部门利益,而追逐部门利益是执法部门的内在欲望。因此,无须特意对此作出安排。对于检察机关,西方部分国家认为其缺乏足够的能力执行,或者实行检警一体的国家,常常要求警察在检察官的指挥下执行拘留。但这种指挥下的拘留执行,其主要还是要体现检察官的意志,警察只是“助手”。而在日本等国家,检察官均配备了检察事务官,由检察事务官执行拘留,从而保障检察官执行拘留的能力。

四、我国自侦案件侦查阶段拘留权配置优化的路径比较

关于我国拘留权的配置,有学者基于西方国家拘留权配置的经验,认为西方国家之所以纷纷建立司法审查制度,要求法官对侦查权加以审查和监督,最根本的原因是充分认识到侦查权具有扩张性,存在随意侵犯公民权利的隐患,而由法官对侦查权加以审查,就可以最大限度地减少和制止这种隐患。保护公民免受政府权力的不法侵犯,正是法官的天职[②]。前述学者强调拘留权等强制措施的司法审查,“可以将侦查机关适用强制措施的行为始终置于司法机关的控制之下,不仅能在事前预防强制措施的不当使用,同时也为事后发现强制措施的不当并加以纠正提供了契机”。[③] 前述学者进而提出我国拘留权配置中也要对侦查权进行司法审查,特别是拘留等强制措施的使用,也即将拘留决定权交由法官行使。当然,学者的这种理解和建议是延续到自侦案件中的。

从学者们的意见中可以发现,我国自侦案件拘留权优化配置具有拘留权的

---

① 孙长永、高峰:《刑事侦查中的司法令状制度探析》,载《广东社会科学》2006 年第 2 期。

② 陈光中、[德]汉斯·约格·阿尔布莱希特主编:《中德强制措施国际研讨会论文集》,中国人民公安大学出版社 2003 年版,第 178 页。

③ 徐美君:《侦查权的运行与控制》,法律出版社 2009 年版,第 6 页。

制约和拘留执行权的保留两条路径。

(一)拘留权制约路径分析

“每一社会均须有保护本身不受犯罪分子危害的手段。社会必须有权逮捕、搜查、监禁那些不法分子。只要这种权力运用适当,这些手段都是自由的保卫者。但是这种权力也可能被滥用,而如果它被滥用,那么任何暴政都要甘拜下风。”①即使我国检察机关在自侦案件行使的侦查权,受制于检察权本身的法律监督属性,依然应当在行使过程中受到监督制约,更何况“我国的强制措施带有浓厚的强制性,具有极强的职权色彩。”②拘留权作为一项关涉被拘留人人身自由的强制措施,应当也必须受到监督制约。只是笔者认为由法官(或法院)行使拘留决定并无必要。

首先,我国自侦案件拘留权的行使具有多重监督。一是上级检察机关侦查监督部门。侦查监督部门的职责在于监督侦查权的正确依法行使。而为了避免在同一检察院内的通谋嫌疑,这种监督权交给侦查部门的上一级检察机关的侦查部门进行。二是本级纪检监察部门的监督。包括同级党委政府的纪检监察部门以及本单位内部的纪检监察部门的监督。这种监督督促办案人员依法行使自己的权力。由于侦查权的行使最终落实侦查人员的侦查行为,因此,对于侦查人员的监督直接的效果就是保障侦查权的依法行使。三是拘留权的事后审查,又分为两种情况:案件审判过程中法官的司法审查和被拘留人对违法拘留要求赔偿中的法官及检察机关内设部门的审查。权力背后是责任,必然通过可能面临的惩罚倒逼拘留权的依法谨慎行使。四是其他监督。包括辩护人在律师会见后的监督、家属通知后的监督、人民监督员、特约检察员、各级案件评查和考核、媒体监督等。

其次,自侦案件拘留权行使中的临时性和紧急性要求强调效率。一方面是拘留权行使的临时性,相比公安机关最长30多天的拘留期限,自侦案件侦查部门能支配的最长时间是7~10天。多数情况下,自侦案件侦查部门实际支配的时间在7天以内,主要用于调取犯罪嫌疑人主体身份,案件涉及的书证材料,办理有关呈请逮捕文书,以及必要的向案件知情人取证工作。另外7天时间由侦查监督部门用

---

① [英]丹宁:《法律的正当程序》,李克强、杨百揆、刘庸安译,法律出版社1999年版,第109页。

② 徐美君:《侦查权的运行与控制》,法律出版社2009年版,第70页。

以审查侦查权的行使及决定是否逮捕。另一方面是拘留权的紧急性。我国自侦案件多数是贪污贿赂及渎职类案件，其隐蔽性强，涉案人员复杂，对供述的依赖性强，容易发生串供、串证等情况，短时间内的羁押必要性强。且往往在涉案人被立案后，只有12～24小时的传唤时间对其进行讯问，时间十分紧急，而在此期间要求法官审查案件并作出拘留决定，其审查难以达到监督制约效果。

再次，我国自侦案件侦查主体的特殊性彰显谦抑自觉。我国立法在规定公安机关享有刑事案件侦查权的同时，又将国家工作人员的职务犯罪侦查权赋予检察机关，并不是因为公安机关力量有限无法开展对职务犯罪的侦查工作，也不是立法机关有意要限制公安机关侦查权的范围，更不是立法上的疏忽，而是由检察机关作为法律监督机关的性质决定的，也是由职务犯罪不同于一般刑事犯罪的特殊性决定的。彭真同志曾明确指出，"由检察机关办理职务犯罪案件是基于检察机关负有对国家机关和国家工作人员监督职责考虑的，并不是作为单纯的侦查分工。"[①]因此，检察机关在侦查自侦案件过程中并不以追究犯罪嫌疑人的罪责为唯一目的，还要具有保障犯罪嫌疑人人权的重要要求，不仅收集犯罪嫌疑人有罪证据，也要收集犯罪嫌疑人无罪证据。这些都使我国检察机关在自侦案件侦查工作中具备谦抑自觉性。此外，我国检察官与法官的素质要求是一样的，有相同的学历要求，有相同司法考试，并且都要经过人大机关批准等，这些也使检察官在工作中具有依法侦查和依法判断自身工作合法性的能力。

最后，西方国家无证逮捕增多趋势是对事前拘留决定权配置的调整。近年来，西方国家无证逮捕比例大幅上升，转而更多的通过事后的司法审查对侦查机关的拘留行为进行监督制约。而法国更是通过立法更进一步地明确了司法警察在初步侦查阶段对于拘留决定权的专门享有。这也是与拘留的临时性和紧急性相适应的。而且在英美国家，甚至普通公民都可以直接无证逮捕，只是要及时交给法官。我们再反观法官在对拘留的审查中，更多的功能表现在是否需要继续羁押。这与我们侦查监督部门的工作何其相似。既然西方国家也在进行这种事前拘留决定权向事后拘留监督审查权的调整，我们再强调一定要法官的事前审查并决定逮捕，便没有了充足的借鉴理由。

① 彭真：《彭真文选》，人民出版社1991年版，第378页。

综上,我国没有必要为了制约而制约,重新创建法官的事前制约制度。但尽管如前所述,侦查监督部门对拘留权行使的监督以及被拘留人意见的听取等内容都是立法规定的应有之义,只是缺乏程序性保障。比如,侦查监督部门介入审查不及时,审查逮捕前缺乏有效监督措施等。而被拘留人对拘留的意见只能向侦查部门反映,容易被忽略等。因此,进一步强化侦查监督部门对拘留权行使的监督及被拘留人意见听取的程序性保障。

(二)拘留执行权的保留

拘留执行权的保留是指检察机关在自侦案件中自行行使拘留执行权,而不是由公安机关执行拘留或由检察机关代公安机关执行拘留。对于公安机关垄断拘留执行权的规定,我们前面反思过程中分析其理论和现实必要性都不充分。也即我们赞成检察机关保留自侦案件的拘留执行权,但应当注意特殊情况下,由公安机关执行更为方便时,应由公安机关协助检察机关行使拘留权。

从执行拘留的时间来看,拘留过程中的犯罪嫌疑人的社会危险性及其自伤自残的机会较小。一般情况下,执行拘留的工作内容是对已经在检察机关接受讯问的犯罪嫌疑人宣布拘留并移送法定羁押场所——看守所。而多数情况下,在县区一级都有看守所,从检察机关到看守所路途并不遥远。因此,执行拘留时间比较短。犯罪嫌疑人从检察院上警车直到看守所下警车整个过程中,犯罪嫌疑人都在办案人员的监管之下,在短时间内其发生对人、对己的人身伤害或者逃跑的概率较小。

从司法力量来看,检察机关多配备了自己的司法警察队伍,并按照警察要求训练,负责协助检察官执行安全及押解等。在非重大案件或非需大量侦查外勤工作的情况下,司法警察具备执行拘留的能力。且司法警察属检察机关内设职能部门,在与侦查部门的协作上更为顺畅,也更能保障时间效率。

从自侦案件侦查规律来看,自侦案件对于犯罪嫌疑人的供述要求较高,实践中,一般情况下,犯罪嫌疑人被采取拘留措施时其人身自由已在侦查部门的控制之下,且主观上已经对自己的犯罪行为具有一定的内心悔过。同时,侦查部门对于案件情况及犯罪嫌疑人的基本情况包括其心理特征都有一定的把握。因此,由其进行执行更符合效率,也并无太大必要发挥公安机关侦查力量优势。

但是在特殊情况下,如犯罪嫌疑人外逃过程中,要抓捕犯罪嫌疑人,检察机关自身力量是存在欠缺的。而公安机关因为治安及社会人口管理等职能在人口流动及大范围搜捕、侦查技术运用方面具有检察机关无法比拟的优势。且公安机关对于抓捕中可能面临的对抗抓捕执法等情况也具有人力、职权和装备优势,由其予以抓捕也更为方便。为了保障这些特殊情况下拘留执行的顺畅,由公安机关执行拘留符合侦查实践要求。

从西方国家的侦查权配置来看,由警察按照检察机关的请求对检察机关侦查案件的拘留,也具有普遍性。只是在这种情况下均明确了检察机关对警察执行拘留的指挥,也即警察在执行拘留时应当服从检察机关的指挥安排,其只是对检察机关拘留工作的辅助。无疑,这种带有命令意味的请求有利于检察机关意志的贯彻,也更有利于检察机关对警察执行拘留工作拖沓迟延的监督。我国自侦案件中为了保障执行拘留工作的效率和质量,可以规定检察机关在认为需要时可以请求公安机关代为执行拘留,并对其予执行拘留工作予以指挥。

五、结语

综上所述,自侦案件在侦查阶段由公安机关执行拘留既无法实现对检察机关侦查权的制约,也在多数情况下无法实现对保障侦查效率的优势。这就需要对自侦案件侦查阶段拘留权的配置予以优化。从国外来看,拘留权的配置中更多地强调制约与协作。其制约功能依靠司法审查来实现,其协作在检警一体或检察指挥警察的情况下得以实现。但就权力制约而言,我国已经设置诸多制度,且从我国自侦案件及拘留的特殊性来看,拘留执行前的司法审查制度在我国并无建立之必要,而国外无证逮捕情况的放任也反映出国外对于事前审查制度的逐步放弃,而更多强调事后的审查。为此,在权力制约方面,以侦查监督部门强化事后审查和加强被拘留人私权对拘留权的监督为适当选择。这种强化应当通过加强程序性保障来进行。在权力协作以提升侦查效率上,一般情况下,检察机关能够自行执行拘留,但也存在检察机关自身能力不足的特殊情形。为此,立法赋予检察机关对自侦案件侦查阶段的拘留执行权以及在需要时对公安机关的指挥权更为科学。

[原文发表于《政法学刊》2017 年第 2 期]

上诉权与减刑期待权关系的司法悖逆与调校

——以“上诉期间不减刑”为考察视角

朱国平　陈　波*

摘　要：“被告人上诉期间不得减刑”的实证规则导致被告人之上诉权与减刑期待权界分时段部分重叠、上诉期间裁量减刑体系不确定、上诉风险分配不合理等冲突，可能变相延长被告人的刑罚期限，造成其或上诉或期待减刑的不必要犹豫，并使上诉期间成为司法的“真空地带”。事实上，被告人之上诉权与减刑期待权的价值导向、指涉对象、支持要素各异且相互区隔，应当确立两者共生并行理念，严格界分被告人之上诉权与减刑期待权及法院与之对应的上诉裁决权与减刑裁决权，并建立与之相适应的配套制度。

关键词：上诉权　减刑　法理分析　司法制度

一、引言

根据我国现行刑事司法制度，被告人之上诉权与减刑期待权存在“上诉期间”的较小交集和“被告人上诉期间不得减刑”的刚性规则，隐藏着巨大的法理悖论和侵害被告人合法权益的可能风险。

[**典型案例**]广州市中级人民法院于2007年7月13日判处共同抢劫犯谢×福和罗×通死刑，叶×华有期徒刑13年。谢×福、叶×华不服，提出上诉。广东省高级人民法院于2008年10月8日发回重审，广州市中级人民法院于2010年8月11日作出二审判决，维持对谢×福和叶×华的判决，改判罗×通死刑，缓期

---

* 朱国平：广东省人民检察院检察官；陈波：广东省人民检察院检察官。

两年执行。谢×福、罗×通不服，第二次提出上诉。广东省高级人民法院于2011年8月15日再次发回重审，广州市中级人民法院于2012年7月9日作出再审判决，维持二审判决。谢×福不服，第三次提出上诉。广东省高级人民法院于2013年10月29日作出终审判决，维持原判。

该案将被告人之上诉权与减刑期待权相冲突的主要表现及其可能后果展示无遗：

1. 根据我国《刑事诉讼法》关于被告人之减刑考察期始于裁判生效日的规定，罗×通、叶×华直到一审判决6年3个月之后才进入减刑考察期是否合理？

2. 根据我国《刑法》关于定罪量刑和减刑的规定，被告人上诉与获得减刑的正当化事由是否兼容，罗×通、叶×华上诉可否当然阻滞其减刑期待权？

3. 根据我国《刑事诉讼法》关于共同犯罪之被告人之一上诉则全案上诉的规定，罗×通、叶×华因谢×福上诉不能进入减刑考察期是否具有合理性？

将此案例拓展开去，可以显见被告人之上诉权与减刑期待权的冲突并非仅存在于个案中，而是一个普遍性的问题，需要从理论和制度层面加以解决。

二、上诉权与减刑期待权冲突的表象与后果

根据我国《刑法》和《刑事诉讼法》的规定，一方面，被判处刑罚的犯罪分子在判决发生法律效力并且交付执行以后，符合特定条件的，可以减刑；[①]另一方面，在被告人上诉期间，原审法院作出的有罪判决不发生法律效力，被告人不得被交付执行刑罚。两者结合可归结出被告人在上诉期间不得被减刑的实证规则，亦是被告人之上诉权与减刑期待权实然相互冲突的法律表达。前述案例中被告人罗×通、叶×华的处境虽殊为罕见，却在该规则意蕴之内，是且仅是其内含的如下诸多悖论与弊端的实践例证。

（一）加重被告人上诉的刑罚负担

“上诉不加刑”作为刑事司法的重要原则，旨在彻底消除被告人提出上诉的顾忌。欲达此目的，不仅要求二审法院不得以任何理由作出加重被告人刑罚的裁判，而且不得因此使被告人遭受相对于原审判决更重的刑罚后果，或者面临其

① 为表述统一和方便，本文如无特别注明，被告人与罪犯不作准确区分，统称被告人。

他更为不利的处境。在我国,由于法律拟制了被告人之上诉权与减刑期待权的冲突,并规定被告人在上诉期间不得被减刑,使其在事实上仅仅因为上诉而被迟延减刑考察期,并且最终遭受相对于原审判决更重的刑罚后果,形成对"上诉不加刑"原则的实质违背,加重被告人上诉与否的顾忌。

"被告人上诉期间不得减刑"造成的直接后果是迟延原审有罪判决发生法律效力和将被告人交付执行刑罚的时间,最终导致被告人进入减刑考察期的时间被迟延。这种量度是原审有罪判决上诉期届满日之次日至第二审裁判生效之时的时间段,其具体数值在未发回重审的情况下通常是 2 个月,遇有法定特殊情形之一的,经省、自治区、直辖市高级人民法院批准或者决定,可以再延长 2 个月;① 如果二审法院发回重审、甚至发生"发回重审—上诉—发回重审"的循环往复现象,就会使裁判发生法律效力和将被告人交付执行刑罚的时间被多次迟延而具有不确定性。特别是在多次迟延情形中,被告人减刑考察期被迟延的时间可能实际超过其第一次减刑的考察期限,甚至是原审法院判决的刑罚期限。在被告人具备多次减刑可能性条件下,自其第一次减刑考察期被迟延起,历次减刑考察期均会连锁反应地被相应迟延。

被告人因上诉被迟延减刑考察期的法律后果,或者说是对被告人权利的实际影响,取决于被告人最终被判处的刑罚种类。对于被判处管制、拘役、有期徒刑、无期徒刑的被告人而言,能否获得减刑,根本取决于司法机关评价其服刑改造期间的表现是否良好——表现良好则予减刑,表现不好则不予减刑。减刑相对于他们而言,只是一种具有可期待性但尚不确定的利益,其正当行使上诉权对自己减刑期待权的损害,不仅不是必然的和现实的,而且即使成为现实,亦只是可能变相延长其遭受的刑罚的实际期限。但对于被判处死刑缓期 2 年执行的被告人而言,除非其在死刑执行期间"故意犯罪"且"情节恶劣",死刑缓期 2 年执行

① 《刑事诉讼法》第 232 条第 1 款:第二审人民法院法院上诉、抗诉案件,应当在 2 个月以内审结。对于可能判处死刑的案件或者附带民事诉讼的案件以及有本法第 156 条规定的情形之一的,经省、自治区、直辖市高级人民法院批准或者决定,可以延长 2 个月;因特殊情况还需要延长的,报请最高人民法院批准。

的期限届满,即减为无期徒刑或者25年有期徒刑。① 减刑对他们而言,是一种确定利益,提出上诉必然使自身实际遭受刑罚的期限超过正常状态下的"2年+无期徒刑/25年有期徒刑",导致刑罚期限的实然延长。

(二)设置被告人上诉的博弈困局

我国有关被告人上诉期间不得减刑的刑事司法实证规则,为每一个被一审判决有罪的被告人都设置了一个上诉与否的博弈:要么放弃上诉,牺牲通过二审改判更轻刑罚的机会,确定地在第一时间进入减刑考察期,以便尽快获得减刑;要么选择上诉,确定地后推减刑考察期,以便争取二审改判更轻刑罚的机会。无论设置此种博弈的根据正当与否,单就这种博弈本身而言,不仅应当为被告人比较上诉与否的利弊关系提供合理根据,防止其盲目"抓阄",而且应当保障被告人自主地判断和选择,但这恰是我国刑事司法实证规则所欠缺的。

由于被告人只需要根据我国《刑法》规定的减刑条件约束自己的行为即可以获得减刑,上诉虽然可能获得改判更轻刑罚的机会,但必然因迟延减刑考察期而导致实际刑罚期限的直接或者变相延长,因而被告人无论是否上诉,都逃避不了利益受损的确定结果,即放弃自身或上诉或期待减刑的正当性权利,并承受与之关联的利益可能受损的风险。至于被告人权衡上诉与不上诉的利弊关系,虽然可以自主决定严格恪守法律规定的减刑条件以确定性地获得减刑,但其无法准确预测通过上诉获得改判更轻刑罚的概率及其幅度,也就无从比较上诉与否对自身应当或者实际受到的刑罚的实际影响,因此做出的选择全无合理根据。由此可见,被告人无论是身处上诉与否的博弈境地,还是对上诉与否的最终决断,既非出于自身的自主意志,亦非基于上诉与否利弊关系的比较,背离了博弈概念的应然内涵,不具备要求其承受此种博弈后果的正当性基础。

如果说单独犯罪的被告人上诉与否是直接决定二审程序发生与否的唯一因素,因而其选择尚可谓是独立自主的话,对于共同犯罪的被告人而言,则是受约束的。根据我国现行刑事司法规则关于共同犯罪案件之一名被告人上诉则全案上诉的规定,当且仅当共同犯罪被告人一致放弃上诉,才能阻却二审程序的启

---

① 全国人大常委会法制工作委员会于2014年10月27日拟制之《中华人民共和国刑法修正案(九)(草案)》,建议将《刑法》第50条第1款修改为判处死刑缓期执行的,在死刑缓期执行期间……如果故意犯罪,情节恶劣的,报请最高人民法院核准后执行死刑。相对于现行立法更具有合理性和可操作性。

动。由于各个被告人的处境不同，他们面临上诉或者不上诉可能的利害关系——至少是心理预期并不完全一致，当一部分被告人要求上诉而另一部分被告人反对上诉时，反对上诉者即会被上诉者实际支配，因而对反对上诉者来说，“选择”上诉并非出于他们自己的真实意志，他们因此被迟延减刑考察期，实是被上诉者“绑架”的结果。在共同犯罪案件中，任何一名被告人上诉与否的利益并不具有相对于另一名被告人的优先性，上诉者“绑架”非上诉者的非正义性是不言自明的。

（三）造就司法权运行的“真空地带”

我国法院对应被告人之上诉权与减刑期待权的司法权有着明显区别，后者仅限于被告人服刑所在地的中级人民法院，前者则可能是被告人犯罪行为所在地的中级人民法院或者高级人民法院乃至最高人民法院，两者所在地域及评价事项虽然存在明显差别，但却是一个前后衔接的有机整体，全程考察和评价被告人上诉之日至其刑满释放之时的法律行为。在我国“被告人上诉期间不得减刑”的实证规则与被告人的关联性背后，隐藏着法院与之对应的不同司法权能的相互冲突，并使被告人之上诉期间成为司法权运作的“真空地带”。

根据我国现行刑事司法实证规则，法院与被告人之上诉权相对应的司法权可谓之上诉裁决权，由于二审法院上诉裁决的本质乃是对原审法院裁判活动的司法审查，因而其裁判的根据，或者说是考察和评价的对象与原审法院对被告人定罪量刑全然一致；此种裁判权覆盖的时间区段，与原审法院的全然重叠——被告人犯罪着手之日至原审判决作出之时。法院与被告人之减刑期待权相对应的司法权可谓之减刑裁决权，其裁判的根据乃是法律规定的被告人可以获得减刑的条件——被告人是否认真遵守监规，接受教育改造，确有悔改表现或者立功表现，此种裁判权覆盖的时间区段，则是被告人有罪判决生效之日截至被告人刑满释放之时。换言之，在我国刑事司法实践中，无论是被告人之上诉权与减刑期待权，还是与之对应的法院的上诉裁决权与减刑裁决权，均以原审法院作出有罪判决之日作为两者切分的时间节点，互不交叉或者重叠。[①]

① 结合上文论述，更为准确地说，法院之定罪量刑权与上诉裁决权覆盖的时间区段乃是被告人实施犯罪之日起至其终止犯罪之时止；法院之减刑裁决权覆盖的时间区段则是被告人犯罪终了之日起至其刑满释放之时止。

根据此种界分方法,显而易见,法院之减刑裁决权覆盖的时间区段并没有无间隙地对接着法院的定罪量刑裁决权或者上诉裁决权,两者之间明显存在另一个时间“空档”——被告人提出上诉之日至二审法院裁判作出之时。在此区段内,根据我国现行刑事司法实证规则,无论是原审法院之定罪量刑权抑或二审法院之上诉裁决权,还是被告人服刑所在地中级人民法院之减刑裁决权,均不得触及和覆盖,成为我国法院之司法权运行的真空地带。由此对被告人产生的直接影响就是被告人在上诉期间合于减刑条件的良好表现,既不是法院定罪量刑权抑或上诉裁决权的考察和评价对象,也不是法院之减刑裁决权的考察和评价对象,也就不能为其带来刑罚减轻的希望或者结果。这对于被告人而言是不公平的,对于司法而言是逻辑不周延的。但是在被告人不上诉的情况下,法院之减刑裁决权与定罪量刑权几近无间隙地紧密衔接,不存在此问题。

三、上诉权与减刑期待权构成的析解与比较

不同事物间的相互关系,取决于各个事物本身及由其构成的系统的内在规定性。置身一个正义且科学的刑事司法制度,考察、析解并且比较被告人之上诉权和减刑期待权赖以存在的正当化根据、权利预设的理念、目标以及据以实现的必备条件,可以显见二者之间有本质性的区别,分别属于不同刑事司法阶段,关联被告人不同的正义诉求,彼此之间并行不悖,互不交叉,不存在能否相互兼容的问题,更不得确立任何一项相对于另一项的优势地位,并据此消解甚至抵消其可能减轻被告人刑罚的积极意义。

(一)司法价值方面

绝大多数人们能够明确指出被告人之上诉权与减刑期待权分别属于不同的刑事司法阶段,很少有人立足比较的角度,详尽列举二者各自的功能与价值,进而指出二者关联的原因仅仅在于最终都与被告人遭受的刑罚处罚结果相关联,但此种关联既非二者的同一初衷,亦非同一关联方式,想当然地以为被告人行使上诉权并不妨碍其减刑期待权可能价值的实现,至少也是对其减刑期待权无损的事先取代。事实恰恰相反,被告人之上诉权与减刑权的功能与价值不仅异质,且互不兼容,既不能相互妨碍,更不能相互取代。

被告人上诉仅以不服原审法院的裁判为条件,质疑与异议原审法院裁判的

公正性，须待上一级法院审理并且裁判后终结。由此可见，被告人之上诉权的价值与功能，在于为其畅通质疑与异议原审法院裁判公正性的渠道，推动上一级法院审查原审法院裁判的公正性，并纠正不公正的原审裁判。被告人之上诉权虽然与二审程序紧密相连——被告人可以自主决定是否启动二审程序，但与其自身的刑罚后果的关联性必须经由中间环节二审法院裁判，可能既涉及行为之定罪，又涉及刑罚之裁量，只不过最终归结为刑罚的裁量问题而已。因此，被告人之上诉权，乃是促进司法公正之工具，上诉请求成立的直接意蕴，乃是原审法院不公正地裁判了被告人的犯罪与刑罚并且被上一级法院纠正；被告人因此获得相对于原审法院裁判更轻的刑罚后果，仅仅只是被告人追求司法公正的"副产品"，其获得"减免"的那部分刑罚，恰恰是原审裁判不公正确定的部分刑罚。

由被告人减刑期待实现的现实意义决定，被告人之减刑期待权的功能与价值，在于引导并且激励被告人按照法定的获准减刑的条件指引和规范自身行为，以便法院根据其在服刑期间的良好表现，裁定在刑罚的实际执行过程中减轻生效裁判确定的刑罚，允许其早于生效判决确定的期限重新回归社会。自被告人被交付执行刑罚以来，不仅在法律上终结了有关裁判被告人罪与刑公正性的质疑或者异议，而且封堵了质疑或者异议的常规司法渠道，被告人如欲获得较生效判决确定的更轻刑罚后果，除了期待并且争取减刑之外，已别无他途。倘若被告人之减刑期待实现，实际受到相对生效裁判更轻的刑罚后果，便是法院对生效判决确定刑罚的实际减免。就被告人被减免的那部分刑罚而言，无论是在立法上还是在司法上，均是被告人应当受到的刑罚处罚的构成部分，是正义性裁判确定刑罚在执行过程中的正义性减免，始终只涉其未受之刑，无涉其既定之罪。

（二）指涉对象方面

绝大多数人们习惯于把被告人应受的刑罚作为其上诉权与减刑期待权的共同对象，并且认为两者之间全然重合，很少有人根据刑罚的"报应与预防"，尤其是"一般预防与特殊预防"的价值与功能分析其具体构成，把握各项构成的本质差异及区隔性，并使其与被告人之上诉权或者减刑期待权一一对应起来和区隔开来，因而也就难以理解，甚至仅仅只是意识到被告人之诉权与减刑期待权之间的冲突，更遑论有效破解。事实上，被告人减刑期待的实现并不意味着其应受刑罚处罚各项构成的同步缩减，仅仅只是某项具体构成的去除或者缩减。

根据刑罚的报应价值与功能,法院最终确定被告人的刑罚中有一部分是为报应被告人已然之罪而设的,本质乃是被告人犯罪时所表现出来的主观恶性及由此造成的社会危害同质且等值的法律征表,或可谓罪刑相一致基本原则的实质内涵。毋庸置疑,犯罪行为一旦完成,被告人的此种主观恶性与客观危害即成为不可改变的既定事实,作为其法律征表的报应性刑罚因此也是确定且无可损益的,此即意味着被告人一俟法院判决生效之后,除非遇有特赦或者大赦,无论如何也不能期待该部分刑罚获得减免。无论是通过法院的二审或再审改判,还是通过司法机关裁定减刑,使被告人最终获得轻于原一审法院判决确定的刑罚,都不意味着加诸被告人身上的报应性刑罚有所损益。各国刑法均设置被告人可以减刑的上限,但绝少有人阐明个中缘由与玄机,此或可谓最佳注解,该上限即是有效报应被告人已然之罪所需的刑罚强度与量度。

根据刑罚的预防价值与功能,法院最终确定被告人的刑罚中有一部分是为了预防未然之罪而设的,可以进一步细化为特殊预防——矫治被告人再次犯罪倾向的部分和一般预防——慑止社会公众犯罪企图的部分。由于社会公众身处具体的刑事司法活动之外,因而旨在预防社会公众,但由被告人承受的部分刑罚处罚同样在被告人影响和司法机关支配的范围之外,不能成为被告人期待减刑和司法机关裁决减刑的对象。从刑罚学的角度来说,加诸被告人用于特殊预防目的的刑罚(死刑除外)执行完毕即意味着其再次犯罪倾向得到了有效矫治,而且这部分刑罚具有可收缩性:与被告人服刑期间表现的好坏、被告人再次犯罪的可能性大小成正比。[①] 因此,仅该部分刑罚处罚才是被告人期待减刑的对象,即通过自身的良好表现向司法机关证明自身可以早于生效判决确定的刑罚期限矫治自身的再次犯罪倾向,从而期待该部分刑罚处罚得以缩减。

(三)支持要素方面

绝大多数人们谙知被告人之上诉权与减刑期待权密切关联被告人的刑罚结果,却怠于探讨两者请求的内容赖以成立的根据及其差异,由此造成的直接后果,便是认为两者间仅仅存在时间上的先后次序之别,实然地以两者之间的逻辑

---

① 笔者认为,就罪犯因立功而被减刑而言,其正当化根据较为复杂,可能既涉及被告人因此可以被认为可以早于原判决确定的刑罚期限回归社会,又涉及其对国家或者社会的特别贡献。此问题至今尚无人专门论述,鉴于本文主题及篇幅,笔者在此亦不细究。

"或"关系取代两者之间应然的逻辑"并"关系,最终使两者等同起来并交替使用——被告人上诉对减刑的实际影响要么在所不论,要么被视为理所当然。殊不知,正是被告人上诉权与减刑期待权各自支持依据的差异性与区隔性,决定了两者对于被告人具有同等重要意义,并无主次优劣之别。

被告人提起上诉不需要理由,因而其上诉权似乎不需要任何支持。但这仅仅只是表面现象,如欲将被告人之上诉权与其刑罚结果关联起来,必须考察被告人刑罚轻重的决定因素,即被告人通过犯罪行为表现出来的主观恶性和由此造成的危害社会后果,并确定其是否得到了公正的裁判。由于此种因素在被告人犯罪行为终了之日即固定下来,确定不易,因此,被告人与原审法院争执的实质,同时也是决定被告上诉请求能否成立的根据,在于原审法院是否公正地裁判了被告人之罪刑——这在我国《刑事诉讼法》中表述为原审裁判认定事实是否清楚、适用法律是否正确、量刑是否适当、有无违反法律规定的诉讼程序。① 由此可见,被告人行使上诉权能够当然启动二审程序,但二审程序启动即完成了自身使命,从此就处于被动、失语和无可作为状态,并不能对法院的裁判活动及自身的定罪量刑结果产生实质性的影响。

法院虽然执掌着减刑的司法裁判权,但其决定是是否对被告人减刑及减刑幅度的依据,同时也是被告人之减刑期待赖以实现的根据,表面上在于被告人在服刑期间的表现优劣并与之成正比,②实际上在于被告人经由阶段性的刑罚改造之后再次危害社会可能性的消长情况并与之成正比。两者是同一问题在不同层面的不同表述,后者是前者的实质内容,前者是后者的外化形式,两者同质且等值。被告人对于自身减刑期待能否实现掌握着绝对的主动权:既可以通过表现良好向法院证明自身再次危害社会的可能性变小甚至消退从而获得减刑,也可以不表现良好,充其量只是被全部执行生效判决确定的刑罚而已,即被告人可以自主地部分影响甚至决定生效裁判确定之刑罚的实际执行。因此,与其说获得减刑对被告人只有可期待性,还不如说是其自主决定之事。

---

① 《刑事诉讼法》第225条。

② 《刑法》第78条第1款、第50条。

四、上诉权与减刑期待权冲突的症结及影响

无论就决定被告人刑罚轻重与决定其能否减刑的因素而言,还是就法院裁量被告人刑罚轻重与决定被告人可否减免刑罚的根据而言,彼此之间都有严格的区隔性,只是法院的司法权不可避免地与被告人的诉权存在关联性,才使被告人之诉权/法院之定罪量刑权与被告人之减刑期待权/法院之减刑裁决权在司法实践层面产生矛盾和冲突。

(一)司法阶段的界分时段部分重叠

人们虽然清醒地认识到被告人之上诉权与减刑期待权分属于不同的刑事司法阶段,二者之间泾渭分明,既不存在时间上的交集,也不容同时行使或者颠倒次序行使,但事实上,既没有从实体法(理念)与程序法(实践)两个角度界分二者各自指涉的时段,也没有指出被告人之上诉权与减刑期待权覆盖的实体法意义上的时段与程序法意义上的时段既不一致,也不对应,还存在被告人上诉期间这一重叠时段,无论是其上诉权还是其减刑期待权都无法覆盖和发挥作用,最终导致被告人此期间合乎减刑要求的良好表现丧失了法律意义。

就实体法意义而言,只有被告人的犯罪行为才是原审法院裁判和二审法院审查的真正对象,因而真正归属于被告人之上诉权的时段,始于被告人犯罪行为着手之时,止于被告人犯罪行为终了之日;被告人犯罪行为终了之日后的全部行为,均是评估其再次犯罪可能性消长的依据,因而真正归属于被告人之减刑期待权的时段,始于被告人犯罪行为终了之日,止于对被告人是否予以减刑裁决作出之时。就程序法意义而言,被告人之上诉权和原审法院裁判权不仅覆盖实体法意义被告人之上诉权的全部时段,而且也覆盖实体法意义被告人之减刑期待权的部分时段——被告人犯罪行为终了之日至原审裁判作出之时;被告人之减刑期待权覆盖的时段,则始于原审法院判决之时,止于对被告人是否予以减刑裁决作出之日。显而易见,被告人之上诉权与减刑期待权覆盖的实体法意义上的时段与程序法意义上的时段既不一致,也不对应。

根据我国现行的刑事司法制度,原审法院将其审判权原本覆盖的时段——被告人着手犯罪至犯罪行为终了延伸至原审判决作出之时,也就将其原本的评价对象由被告人通过犯罪表现出来的主观恶性和客观危害拓展至被告人犯罪行

为终了之日至判决之时表现出来的再次犯罪的可能性,此亦被告人之上诉权在司法实践中覆盖的时段。如是观之,被告人之减刑期待权覆盖的时段只剩下被告人交付执行刑罚(判决生效)之时至法院作出是否对其减刑的裁定之日。由此带来的影响是被告人之上诉权与减刑期待权在实体法和程序法上的覆盖时段上存在不完整性和不连贯性:被告人上诉期间是被告人之减刑期待权覆盖的真空地带,无论是原审法院抑或二审法院,还是减刑管辖法院,都无法置评被告人在此期间的表现并明确其法律意义。

(二)裁量减刑的参照体系尚不确定

被告人之减刑期待,是相对于其犯罪与刑罚而言的,后者既是前提和基础,也是参照体系。法院的生效裁判是确定被告犯罪与刑罚的唯一根据,被告人上诉的必然后果之一,即是否定了原审有罪判决的效力,否定了被告人犯罪与刑罚的确定性,最终使被告人减刑丧失了参照体系。倘若将被告人上诉期间计入减刑考察期,无异于要求法院用一把无刻度的标尺去度量被告人在上诉期间的表现并评估其再次犯罪的可能性。此或是至今尚未有人言明、但却是绝大多数乐于相信足以证成被告人上诉期间不得减刑的最大正当化根据。

被告人之减刑期待仅仅只是其再次犯罪可能性即犯罪主观恶性的外化形式。根据"未经人民法院依法判决,对任何人都不得确定有罪"的基本原则,人们仅仅在实施犯罪行为之后才成为法院评价对象。在被告人上诉的情况下,减刑管辖法院虽然可以全面掌握被告人在原审判决作出之日至二审裁判作出之时期间的相关情况,但被告人之犯罪与刑罚并没有最终确定,要求其先于二审裁判考察和评估被告人再次犯罪的可能性,进而决定是否减免其刑罚,缺失合法性及可行性,因为法院据以裁决是否减免被告人刑罚的实质根据即被告人再次犯罪可能性的消长情况及彻底消除此种可能性所需刑罚的幅度同样以被告人的犯罪与刑罚作为参照体系和度量标尺。

依此论据和论证,彻底否定了法院在被告人上诉期间考察和评价被告人此期间减刑因素的可行性,但由此必然造成的直接后果,即是否定被告人在上诉期间的良好表现相对于其减刑的法律意义并损害其减刑的可期待利益,经不住合法性的考量,实是犯了以可行性取代合法性的方法论错误。究其原因,在于上诉和期待减刑,既是被告人本身的合法权益,又对其刑罚之轻重具有同等影响,与之相关联的定罪量刑和裁量减刑,对于司法公正具有同等的重要性,二者不可偏废。以被告人上诉期间裁量减刑参照体系的不确定否定其此期间良好表现的减刑意义,不能不考虑因此损害被告人之合法权益与司法公正的邻近影响。倘若我国刑事司法实证规则确系受此影响,则一方面禁止法院在被告人上诉期间考察和评价其此期间与减刑相关联的表现,另一方面又未遗留给法院考察和评价此种表现的其他契机和空间,充分暴露了立法者在此方面的虑事不周。

(三)上诉风险的实际分配显失公平

一个似乎简单且可以彻底证成被告人上诉期间不得减刑的论据,乃是将迟延被告人减刑考察期作为被告人犯罪和上诉的当然风险。单独犯罪的被告人早在犯罪之时,就应当预见一审裁判之后上诉与否的不同法律意义,并且在上诉时承受自身减刑考察期被迟延的风险;共同犯罪的被告人在共同犯罪之时,就应当预见一审判决后任意一名被告人上诉将会引起全案上诉,并因此承受全体被告人减刑考察期被迟延的风险。这种貌似合理的论据不仅曲解了上诉风险的概念,而且导致了上诉风险的确定与分配显失公平。

从逻辑周延的角度界定被告人上诉的风险,不仅应当考察其为上诉所付出的代价、二审改判更轻刑罚的概率,而且应当考察其上诉必然产生的邻近影响。根据我国《刑事诉讼法》关于被告人上诉的唯一条件乃是不服一审判决的规定,从投入—直接收益关系来看,被告人是低成本甚至是零成本的,亦即低风险甚至是零风险的。但是,从投入—邻近影响关系来看,被告人实然地面对着通过二审可能改判更轻刑罚与因此确定地迟延减刑考察期——进而变相遭受相对于不上诉更重刑罚的利弊关系的艰难权衡,这种邻近影响与被告人的犯罪行为抑或是上诉行为既无关联性,更无必然性,仅仅只是我国刑事司法规则外部强制附加的结果,经不住正当性的考量。

在我国刑事司法实践中,被告人上诉承担减刑考察期被迟延的风险在共同犯罪中的另一表象,即是共同犯罪中的任意一名被告人上诉会"绑架"其他被告人一起进入二审程序,进而使全体被告人的减刑考察期被迟延,隐藏着另一种意义的上诉风险分配显失公平。就共同犯罪而言,多名被告人的共同意志和共同行为是要求其共同承担法律责任的唯一正当化根据。共同犯罪的全体被告人在法律关系上的连带性源于其共同犯罪行为,限于与其犯罪相适应的刑罚后果。

就上诉与否的问题而言,他们不再是一个共同体,而是一个个的单独主体,任何一个被告人上诉与否,都不能或直接或间接地决定和影响其他被告人的权利,除非他们就上诉与否问题达成一致意见,否则不能要求他们承担与之相应的减刑考察期被迟延与否的法律后果。共同犯罪案件中的被告人上诉与否的风险应当严格切割开来,仅限于自身,不得及于他人。

五、上诉权与减刑期待权共生的理念与模式

我国《刑事诉讼法》虽然已经于2012年全面修订,明确了二审法院以原审判决事实不清楚或者证据不足为由发回重审仅以一次为限,在相当程度上缓解被告人之上诉权与减刑期待权之间的对立和冲突,但并没有彻底解决。[①] 被告人上诉期间不得减刑的实证规则依然损害被告人的合法权益,破坏司法的完整性与和谐性。破解此一僵局的核心和关键,在于准确把握被告人之上诉权与减刑期待权及与之对应的法院之上诉权与减刑裁决权之间的共生并行关系,并依此改造我国现行的刑事司法制度。

(一)改造的基本理念

1. 相互区隔原则。被告人之上诉权与减刑期待权乃是被告人在不同刑事司法阶段所享有的性质不同、依据有别、功能各异的两种权利,两者的内涵与外延并不交叉或者重叠,任何一项既不具有相对另一项的优先地位,也不得妨碍甚至阻却另一项的正常行使。具体而言,就是被告人之上诉请求能否成立,仅取决于原审裁判认定事实是否清楚、适用法律是否正确、量刑是否适当、有无违反法律规定的诉讼程序;被告人之减刑申请能否成立,仅取决于被告人犯罪之后是否确有悔改或者立功表现,以及在司法监管期间是否认真遵守监管规定,是否接受教

---

① 2012年修订的《刑事诉讼法》第225条第2款系1996年版《刑事诉讼法》第189条的新增条款,规定第二审人民法院以原判决事实不清楚或者证据不足为由发回重审,原审人民法院依法判决后,被告人提出上诉的,第二审人民法院应当依法裁判,不得再发回重审。根据孙谦、童建明等人的理解,此修订乃是针对实践中一些案件被反复多次发回重审,久拖不决问题,借鉴最高人民法院、最高人民检察院、公安部《关于严格执行刑事诉讼法,切实纠防超期羁押的通知》和最高人民法院《关于推行十项制度 切实防止产生新的超期羁押的通知》关于第二审人民法院对于原判决事实不清或者证据不足的案件,只能裁定撤销原判,发回重审一次,严格禁止多次发回重审的规定,在立法层面限制发回重审权力。参见童建明主编:《新刑事诉讼法理解与适用》,中国检察出版社2012年版,第219~220页。

育改造。两者不仅差异显著,而且明确区隔。

2. 独立行使原则。被告人无论是权衡是否提出上诉,还是权衡是否申请减刑,仅需考虑提出上诉抑或申请减刑所需投入的人力、物力、财力等成本之多寡(通常情况下近乎零成本)与获得减轻刑罚之收益的概念与幅度的比例关系,无须考虑其他因素,尤其是决定提出上诉需考虑减刑申请是否受影响,抑或是决定申请减刑需考虑上诉权是否受妨碍。虽然被告人上诉请求之审理权和减刑表现之评价权都归于法院,甚至是同一法院,但法院行使此两种权力时所处的刑罚司法阶段以及表征的司法职能并不相同——前者关涉定罪量刑问题,后者关涉刑罚执行问题。两者不仅独立运行,而且互不妨碍。

3. 有机衔接原则。在被告人未上诉的情况下,被告人之减刑期待权及与之相对应的人民法院的减刑裁决权紧随被告人上诉权作用的终结而发生作用,被告人之上诉权及与之相对应的人民法院的上诉裁决权自然紧密衔接。在被告人上诉的情况下,法院确实难以在二审期间及时评价被告人此期间的表现是否适于减刑,但并不能因此漠视甚至否定它,相反要确保被告人之减刑期待权及时、有效且充分地衔接其上诉权。其核心要义在于,无论被告人是否上诉,法院均得一视同仁地考察和评价有关被告人定罪量刑及减刑因素,即使在二审期间确有不便,亦得事后予以充分救济或者补偿。

(二)改造的基本进路

1. 界分法院司法权能。法院之司法权可析分为定罪量刑权能与减刑裁决权能,前者评价被告人通过犯罪行为表现出来的主观恶性及由此造成的社会危害,后者评价被告人犯罪行为终了之后表明其可以早于判决确定的刑罚期限重新回归社会的良好表现。以此为基础,原审法院应然且实然地评价截至原审法院庭审结束时被告人表现出来的可以提前回归社会的良好表现;减刑管辖法院根据原审法院确定被告人罪刑之后被告人的表现裁决是否减免被告人刑罚;二审法院仅仅审查原审法院裁判的公正性,并不评价原审终结之日至二审裁判作出之时这一期间被告人能否减免刑罚的相关表现。

2. 单独评价减刑因素。一次完整的刑事司法活动,不仅要考察和评价被告人已然犯罪之恶,并基于有效规制目的给予必要刑罚惩罚,而且要考察和评价被告人能否先于此必要刑罚的期限重新回归社会,并据此在刑罚的实际执行过程中予以减免。一审法院、二审法院与减刑法院虽然均评价被告人能否减刑的因素，但前两者终于原审判决之前，后者及于被告人刑罚期限届满之日；法院虽然在一审、二审程序中合并裁判被告人之定罪量刑因素与减刑因素，但两者并不相互混同；一审法院和二审法院与减刑法院评价被告人减刑因素，仅有覆盖时段上的区别，并无本质上的不同。

3. 限制发回重审次数。我国 1997 年《刑事诉讼法》对于二审法院将案件发回重审的次数并无明确限制，虽不是被告人之上诉权与减刑期待权冲突的根源或者直接诱因，却是被告人之上诉权与减刑期待冲突及影响的“催化剂”和“放大器”。2012 年修订的《刑事诉讼法》，只明确了对于被告人提出上诉之案件，二审法院以原审判决事实不清楚或者证据不足为由发回重审的次数仅限一次，尚欠彻底和全面，还应当明确二审法院以原审法院违反法律规定的诉讼程序为由发回重审亦以一次为限，以此防止“上诉—发回重审—上诉”的循环往复现象发生。

（三）改造的配套制度

1. 限制减刑种类期限制度。根据我国现行《刑法》和《刑事诉讼法》的规定，除被判处死刑立即执行以外的其他全部主刑种类的罪犯均可获得减刑，并无刑罚种类与期限的限制，不尽合理，尤其对于刑期较短的刑罚种类来说，实用性不强，甚至会因此导致法院对被告人定罪量刑和裁定减刑工作的交叉和重叠。综合考虑我国《刑事诉讼法》规定的法定诉讼期限的长短、考察被告人能否减刑所需的期限长短、司法实践中减刑的实际情况以及案件裁判法院与减刑裁定法院工作的衔接性与效率性等，有必要建立限制减刑的种类与期限制度，例如，对于被判处管制、拘役或者 2 年以下有期徒刑的罪犯，除非有重大立功表现，不得减刑。

2. 分段评价减刑事由制度。基于被告人能否获得减刑的条件的一致性及其与定罪量刑因素的区隔性，应当建立被告人减刑事由无差别地法院分段评价制度，即一审法院判决中的减刑部分，无论是其上级法院还是减刑管辖法院，均不得重复评价和变更。在被告人未上诉的情况下，能否减刑由其服刑所在地的中级法院评价，评价的时段始于法定上诉期限届满之日；在被告人上诉的情况下，对于其上诉期间的表现是否符合减刑条件，由二审法院抑或是发回重新审理的法院裁判时即予评价。对于被告人在一审判决后的有重大立功表现，应当减刑的,法院应当依职权或者依被告人申请及时作出裁决。

3. 减刑事由禁止上诉制度。我国现行《刑法》和《刑事诉讼法》并未规定被告人不服法院的减刑裁定可否向上级法院提起上诉,即使是检察机关认为法院的减刑裁定不当提出并异议,亦只是由原裁定减刑的法院重新组织合议庭审理并最终裁定。由此可见,被告人不得就法院在刑罚执行期间作出的减刑裁定提出上诉,这也是世界各国的通行做法。为了有效区隔被告人之上诉权与减刑期待权并消解其冲突,有必要将禁止被告人上诉的范围拓展至减刑裁定,即被告人对于法院(无论是原审法院,还是二审法院,抑或是减刑管辖法院)的减刑与否的判决与裁定,或者是其他判决与裁定中的减刑裁判,均不得上诉。

[原文发表于《上海政法学院学报》(法治论丛)2015 年第 5 期,
人大复印资料《诉讼法学、司法制度》2016 年第 3 期收录]

假冒专利罪的立法现状与完善

孙　伟*

摘　要：假冒专利罪是我国刑法规定的维护专利权制度的唯一罪名。我国假冒专利罪立法存在法律形式上的空白罪状缺乏可操作性、规制范围过窄、法定刑偏低等缺陷，导致司法实践中对假冒专利犯罪行为的认定存在争议、侵权行为人利用法律漏洞规避法律、刑罚惩戒功能难以发挥、被侵权人倾向选择民事救济等问题，致使假冒专利罪入罪异常艰难。建议从非法实施他人专利不宜入刑、将冒充专利行为纳入刑法规制、明确假冒专利罪的具体行为方式、增加量刑档次、提高法定刑等方面对该罪进行修改完善。

关键词：假冒专利　入罪难　立法

党的十八大明确提出，实施创新驱动发展战略，坚持走中国特色自主创新道路。深圳作为国内首个国家创新型城市，是我国创新驱动发展的重点区域。[①] 然而，知识产权犯罪高发的现状与深圳创建国家自主创新示范区的要求不相匹配，[②]一定程度上影响了深圳经济转型升级和国家创新驱动发展战略的实施。

通过案件数据的对比分析，笔者发现，在《刑法》第3章第7节有关知识产权保护的7个罪名中，近10年来深圳检察机关查处的假冒注册商标罪、侵犯著作

---

* 孙伟：广东省深圳市人民检察院检察官。

① 据深圳市市场监督管理局（知识产权局）发布的《深圳市2015年知识产权发展状况白皮书》显示，2015年，深圳市专利、商标、版权各项数据继续在全国处于领先地位。其中，国内专利申请量突破10万件，达105481件，国际专利申请连续12年居全国大中城市第1位，充分彰显了深圳企业自主创新的活力和深圳技术的国际影响力。

② 据统计，2011年以来，深圳检察机关共批捕侵犯知识产权犯罪案件2114件3442人，起诉1730件2717人。

权罪、侵犯商业秘密罪等犯罪案件均有所上升，唯独假冒专利罪案件尚付阙如，这不得不引起立法和司法实务部门的重视。

一、假冒专利罪的立法现状与不足

假冒专利罪是我国刑法规定的维护专利权制度的唯一罪名，是指违反专利管理法律、法规，假冒他人专利，情节严重的行为。

（一）假冒专利罪的立法现状

综观世界各国对专利犯罪的相关规定，其立法模式分为以下两类：第一，刑法典规定型。指在本国的刑法典中规定专利犯罪罪刑规范，代表国家有巴西等国。第二，附属刑法规定型。指在专利法中规定专利犯罪罪刑规范，而在其刑法典中并无有关专利犯罪的规定。代表国家主要是大陆法系国家，如德国、日本、法国等。

我国关于假冒专利犯罪的规定主要体现在刑法典、附属刑法中，我国《刑法》第216条规定，假冒他人专利，情节严重的，处3年以下有期徒刑或者拘役，并处或者单处罚金。我国《专利法》第63条规定，假冒专利的，除依法承担民事责任外，由管理专利工作的部门责令改正并予公告，没收违法所得，可以并处违法所得4倍以下的罚款；没有违法所得的，可以处20万元以下的罚款；构成犯罪的，依法追究刑事责任。

分析上述法律条文，我国关于假冒专利罪的立法主要有以下几个特点：

1. 从法律形式上看，我国刑法对假冒专利罪的规定属于空白罪状。即刑法对假冒他人专利的行为方式并未明确规定，而是参照2004年最高人民法院、最高人民检察院发布的《关于办理侵犯知识产权刑事案件具体应用法律若干问题的解释》来认定假冒专利罪。

2. 从犯罪对象上看，假冒专利罪要求假冒他人已经存在的、有效的专利标记或专利号，而不包括冒充已经被宣告无效、保护期届满的，或是凭空臆造、子虚乌有的专利标记或专利号。

3. 从犯罪客体上看，假冒专利罪侵犯的是专利的标记权，即未经权利人许可,在非专利产品或包装上标明他人的专利标记或专利号,[①]而并不侵犯专利的实施权、处分权。因此,对于未经权利人许可,为生产经营目的而制造、使用、销售其专利产品,或使用其专利方法的行为,不属于假冒专利罪规制的范围。

4. 从追诉标准上看,假冒专利罪是情节犯,实施假冒他人专利行为不一定构成犯罪。根据《刑法》第216条的规定,假冒他人专利,“情节严重的”[②]才能定罪处罚。对于何为“情节严重”,假冒专利罪的相关司法解释规定了以犯罪数额作为主要标准并辅之以其他严重情节。

(二)假冒专利罪立法存在的缺陷

1. 空白罪状的设计在司法实践中缺乏可操作性。我国刑法对假冒专利罪采用空白罪状的描述,使一个法律概念的理解要结合并参考若干条文才能明确其定义和行为方式,由于专利本身带有很强的技术性内容和复杂的原理和规则,在司法实践中又往往存在假冒行为与侵犯专利实施权的竞合,在司法人员缺乏系统培训的情况下,立法可操作性的缺乏往往带来对“假冒专利”与“专利侵权”的理解混淆。

2. 刑法对侵犯专利权犯罪规制的范围过窄。假冒专利罪中的“假冒”仅指假冒他人专利的行为,而不包括“以非专利产品冒充专利产品、以非专利方法冒充专利方法的”冒充行为,刑法对专利权的保护面过窄,这也是专利侵权犯罪定罪数量极少的重要原因之一。

3. 假冒专利罪法定刑过低,立法理念上偏于弱势保护。假冒专利罪最高刑为有期徒刑3年,与其他知识产权犯罪相比,处罚力度过轻,对专利权所采取的措施较弱,没有“情节特别严重”的相关规定,这与专利权在知识产权中的地位和实际经济生活中的作用是严重不符。

二、立法缺陷引发的司法适用困境

实践中,假冒专利罪的司法适用并不尽如人意,连专利申请量居全国前列的

① 刘春田主编:《知识产权法教程》,中国人民大学出版社1995年版,第250页。

② 关于假冒专利罪“情节严重”的认定,可参见2004年最高人民法院、最高人民检察院《关于办理侵犯知识产权刑事案件具体应用法律若干问题的解释》和2010年最高人民检察院、公安部《关于公安机关管辖的刑事案件立案追诉标准的规定(二)》。

深圳近10年来都未办理过一件假冒专利罪案件。对此,笔者拟从立法的角度,查找假冒专利罪“入罪难”的原因。

(一)立法规定不明确导致司法适用存在争议和困惑

目前我国刑法对假冒专利罪的规定属于空白罪状,没有规定具体的犯罪行为;2008年专利法修改后,重新定义了“假冒专利”的概念;随后修改的专利法实施细则第84条将假冒他人专利与冒充专利行为合并为假冒专利,规定了5种假冒专利行为。

可见,由于刑法、专利法都未对刑法意义上的假冒他人专利行为进行明确规定,而专利法实施细则属于行政法规的范畴,对假冒专利罪具体行为的认定,不能直接适用,仅能适用2004年最高人民法院、最高人民检察院《关于办理侵犯知识产权刑事案件具体应用法律若干问题的解释》规定的4种假冒他人专利行为。立法规定的不明确和法条适用上的混乱导致适用《刑法》第216条存在较大的争议和困惑。“周晓波假冒他人专利案”和“深圳朗科公司案”就是上述情况的集中反映。

(二)概念界定狭窄被行为人利用规避法律

大多数罪犯会对犯罪活动收益和成本的不同刺激做出相应的行为反应。一些人之所以犯罪是由于与合法的工作相比,在考虑了被逮捕和定罪的可能性以及处罚的轻重程度后,仍能从犯罪中获得经济收益。[①] 从违法者角度来看,当违法收益大于违法成本时,理性的行为人将选择违法;反之,他将选择守法。

目前,我国《刑法》只将假冒专利罪的范围限定在“假冒他人专利”等行为方式,即假冒的是他人有效的专利标记或专利号,而冒充专利行为并未纳入规制范围。就假冒专利者而言,其目的在于影响消费者的认知度,使消费者相信其产品是专利产品,以提高其产品的销售量。假冒专利者在其产品上标注“专利”“专利产品”等字样,效果与在其产品上标注他人有效专利号或专利标记近似或等同,即能获得近似或相同的违法收益。在情节严重的情形下,假冒他人专利要受到刑事处罚,而冒充专利仅需受到行政处罚,相比之下,在违法收益不变的情况下,冒充专利的违法成本更低。因此,出于降低违法成本的考虑,假冒专利者无疑会

① 转引自加里·贝克尔1968年发表的《犯罪与惩罚》一文。

利用刑法对假冒专利罪规定的缺陷,选择冒充专利来规避刑法的惩罚。

(三)立案管辖层级过高和办案力量不足,影响假冒专利案件的办理

目前,深圳市侵犯专利权犯罪案件均由市公安局经侦支队办理。深圳高新技术企业云集,专利申请量和拥有量大,提高知识产权犯罪案件的级别管辖,体现了本地政府对知识产权保护的重视程度,也有利于打击知识产权犯罪,但司法实践中效果却差强人意。目前,深圳市公安局由经侦支队第四大队专门办理侵犯知识产权犯罪案件,该大队共有在编人员10余人,每年要办理大量的侵犯知识产权犯罪案件。市经济侦查支队的警力有限,办案任务繁重,缺乏专利方面的专业知识,一定程度上影响了案件的立案和侦查。

对此,华为公司法务总监周水平建议,将假冒专利罪等侵犯知识产权犯罪案件的管辖权下放至各区公安分局经侦大队,这样一方面方便各专利权人及时向公安机关报案,另一方面有利于充分利用各区公安机关的办案力量,加快案件的办理进度,加大对该类案件的打击力度。

(四)法定刑过低导致刑法的惩戒功能难以发挥

大多数的专利权人在面对侵权行为发生时,通常会寻求权利上的救济。我国目前的专利法律制度下,这种救济通常可以分为民事救济、行政救济和刑事救济。专利刑事诉讼途径是对特定专利侵权行为所采取的权利保护途径;[①]专利民事诉讼途径一般是解决专利赔偿、制止侵权的途径。但对专利权人而言,其中最重要的救济方式是民事救济,因为只有通过民事救济的方式才能使专利权人获得充分的经济补偿。[②]

由于现行刑法中假冒专利罪的法定刑仅为3年以下徒刑,法定刑明显偏低,量刑档次单一,加之司法实践中知识产权犯罪的“入罪难”,使刑事法律达不到威慑犯罪的效果。而域外很多发达国家均为危害专利制度的犯罪设置了十分严厉的刑法。

---

① 依前所述,我国《刑法》规制的“假冒他人专利的特定”行为表现如下:(1)未经许可在产品或者产品包装上标注他人的专利号;(2)明知是第(1)项产品而销售;(3)在产品说明书等材料中未经许可使用他人专利号等情节严重行为。

② 李建华、张灿国、胡志文:《专利权人提起侵权诉讼应考虑的问题》,载《电子知识产权》2004年第11期。

在假冒专利罪法定刑较低，达不到权利人渴望的惩处效果。而该罪的罚金刑适用又缺乏明确的规定，相关司法解释付之阙如，司法实践中权利人通过刑事途径的罚金刑获得经济补偿的案例非常鲜见的境况下，专利权人在专利被侵害时，更加注重对专利实施权的保护，更倾向于选择能获得充分经济补偿的民事救济方式，[①]使假冒专利罪的设置形同虚设。

三、假冒专利罪立法完善建议

针对以上问题，笔者通过深入市场监督管理局、公安经侦部门以及高新技术企业调研的基础上，提出以下假冒专利犯罪立法完善建议。

(一)非法实施他人专利行为不宜入刑

为避免“假冒专利”与“专利侵权”的理解混淆，建议明确非法实施他人专利行为不属于刑法调整范畴。

一是从刑法原则上考虑，根据刑法的谦抑性原则，是否将某一危害行为纳入刑法调整的范围，该危害行为必须具有一定的社会危害性和应受刑罚惩罚性。非法实施他人专利行为一般不侵害公共利益，仅侵犯专利权人的利益。对该种侵犯私权行为规制，可以用民事、行政手段替代刑事手段。

二是从技术层面上讲，对非法实施他人专利是否构成侵权的判断，往往涉及复杂的技术事实，就提起诉讼一方的举证责任而言有很大的难度。如果将这种行为犯罪化，司法实践中可能很难达到证明犯罪的要求。此外，把一种是否存在侵权认定尚具有相对不确定性的行为上升到刑法规制的范围，其危险性不言而喻。

三是从域外立法来看，大部分国家将非法实施他人专利行为排除在刑法调整的范围之外。如英国 1977 年专利法只规定了冒充专利和冒充专利申请两种涉及专利的犯罪行为，并未将非法实施他人专利规定为犯罪处理。美国专利法也只是将冒充专利行为与假冒专利行为作为犯罪处理。[②]

---

① 笔者在中兴通讯公司调研时，该公司法务人员介绍，近年来，中兴通讯公司投入大量的人力、物力、财力用于研发，公司的专利申请量位居全国乃至全球前列。在专利侵权方面，中兴通讯公司面临的主要威胁是非法实施其专利，严重危害到其公司的经济利益。因此，该公司主要通过民事途径来处理专利侵权案件，法务资源也主要投入该领域。

② 赵秉志主编：《侵犯知识产权犯罪研究》，中国方正出版社 1999 年版，第 23 页。

(二)将冒充专利行为纳入刑法规制范围

出于更有效地实现我国对专利市场的监督管理的目的,在今后修改刑法时,应将冒充专利的行为也纳入专利犯罪的调整范围。建议在《刑法》第216条中增加1款,法律条文可以表述为:冒充专利,足以造成产品来源混淆,情节严重的,依照前款处罚。即在假冒专利罪后增加一款,专门设立一个新的罪名——冒充专利罪。当然,鉴于英国、美国等国家均不区分假冒专利和冒充专利而将两者合并的法律规定,我国立法机关也可借鉴,即将现行刑法中的假冒他人专利中的“他人”二字去掉,然后通过司法解释将冒充专利一并纳入假冒专利罪。

(三)在刑法中明确假冒专利的具体行为方式

对于假冒专利罪行为方式的立法完善,有两种方案:一是在《刑法》第216条中直接予以规定;二是在专利法中进行明确规定。笔者认为方案一更加明确,更具有可操作性。即在《刑法》第216条规定假冒专利罪的具体行为方式,明确以下五种行为属于假冒专利的行为:(1)在未被授予专利权的产品或者其包装上标注专利标识,专利权被宣告无效后或者终止后继续在产品或者其包装上标注专利标识,或者未经许可在产品或者产品包装上标注他人的专利号;(2)销售第(1)项所述产品;(3)在产品说明书等材料中将未被授予专利权的技术或者设计称为专利技术或者专利设计,将专利申请称为专利,或者未经许可使用他人的专利号,使公众将所涉及的技术或者设计误认为是专利技术或专利设计;(4)伪造或者变造专利证书、专利文件或者专利申请文件;(5)其他使公众混淆,将未被授予专利权的技术或者设计误认为是专利技术或者专利设计的行为。

(四)增加假冒专利罪的量刑档次,提高法定刑

借鉴其他经济犯罪的规定,可以采用犯罪数额和其他情节结合的双重标准,建议规定假冒专利罪由3个量刑档次构成:一是数额较大的,处3年以下有期徒刑或者拘役,并处或单处罚金;二是数额巨大或者有其他严重情节的,处3年以上7年以下有期徒刑,并处罚金;三是数额特别巨大或者有其他特别严重情节的,处7年以上有期徒刑,并处罚金或者没收财产。

[原文发表于《人民检察》2016年第8期]

我国刑事执行权配置:现状、问题与优化*

谭世贵　郭林林**

摘　要:基于我国刑事执行权配置的现状和问题,其需要遵循权力制衡与效率相协调、惩罚犯罪与保障人权相统一、刑事执行权行使公开化和社会化等原则,并予以进一步优化。具体构想包括:建立健全刑事执行权配置的法律规范体系,统一刑事执行工作的领导机关,革新刑事执行权配置的方式,重构减刑、假释程序,强化对刑事执行权行使的检察监督。

关键词:刑事执行权　配置　公正　公开　优化

近年来,社会上由刑满释放人员实施的恶性刑事犯罪频发,再犯罪率居高不下,一些被执行多年的冤假错案得不到纠正,而只能通过发现真凶或者死者"复活"才曝光出来;一些职务犯罪的案犯刑满释放后还能在社会上自由逍遥;一些恶性犯罪的案犯刑满释放后又实施了更恶劣的犯罪;财产刑执行不力,严重影响法院裁判的权威性;等等。这些问题的出现,无不要求我们深刻反思刑事执行权的配置。笔者拟通过考察我国刑事执行权配置的现状并分析其存在的问题,进而提出优化的原则与构想,以期对我国刑事司法权力中这一短板的改进有所裨益。

一、我国刑事执行权的界定及配置现状

我国法学界关于刑事执行权的定义,主要有以下两种观点:一是认为"刑事

---

* 本文系2010年教育部人文社会科学重点研究基地重大项目《诉讼模式转型中的制度变迁——以刑事证据、辩护、执行制度为样本》(编号:10JJD820011)的阶段性成果。

** 谭世贵:华南师范大学教授;郭林林:广东省佛山市人民检察院监察委员会干部。

执行权(以下简称行刑权)是指国家刑罚执行主体依法所享有的将对罪犯确定的刑罚付诸实施的权能。"[①]二是认为"刑事执行权是国家刑事执行机关基于国家统治权而拥有的对罪犯执行刑事裁判所确定的刑事制裁方法的权力"。[②] 我们认为,这两种观点都存在一定的问题:第一种观点仅从刑罚出发,有失片面,与刑事执行发展的现状不相适应;第二种观点认为权力来源于统治权,使人感觉政治性太强,而来源于法律的规定更符合依法治国的精神和要求。现行刑事执行的客体已不限于法院的裁判,还有如决定、禁止令等所确定的内容;虽然刑事执行权的行使具有惩罚和制裁的特性,但如今已更强调教育改造和复归社会的作用,仅强调制裁有失偏颇;刑事执行机关不仅包括交付执行、实际执行和变更执行机关,而且包括执行监督机关,因此从权力角度来看,刑事执行权应当包括执行变更裁决权和执行法律监督权。由此,对刑事执行权的界定应当作狭义和广义之分:狭义的刑事执行权是指由法律规定的国家机关或社会组织根据法律的明确授权,在将法院的生效刑事裁判(包括变更裁判)、决定或禁止令等法定文书或命令所确定的内容付诸实施过程中所拥有的职责权限,即仅指刑事执行实施权;广义的刑事执行权除了包括狭义的刑事执行权之外,还包括执行变更权、执行指挥权和执行监督权。笔者认为,在我国,对刑事执行权应从广义上加以界定。

目前,关于刑事执行权的性质,我国学者有四种观点:一是司法权说。此说是诉讼法学界的传统观点,认为《刑事诉讼法》以专编对刑事执行作了规定,这样的立法体例使人们认为刑事执行程序也是诉讼程序的一部分,当然地将刑事执行权作为审判权的附属或延伸,从而认为刑事执行行为是一种司法行为,亦即将刑事执行权视为司法权。二是行政权说。此说认为作出司法裁判是司法行为,而实施和执行裁判是行政行为,从而将刑事执行权定性为行政权。即国家法律由行政机关执行,同样,法院运用国家法律作出的判决、裁定等也应当由行政机关执行。[③] 三是折中说或综合说。此说认为执行行为包括单纯的执行行为和执行救济行为,行使单纯执行行为的权力属于行政权,行使执行救济行为的权力则

---

① 国林:《论合理配置刑事执行权》,载《政法论坛》2001 年第 3 期。
② 柳忠卫:《论刑事执行权的性质》,载《刑法论丛》2007 年第 2 期。
③ 谭世贵主编:《中国司法改革研究》,法律出版社 2000 年版,第 294 页。

属于司法权,刑事执行权是兼有司法和行政属性的综合性权力。[①] 四是独立强制权说。此说认为刑事执行权是与审判权并列的司法权和行政权的下位权力,虽然执行权兼具司法权与行政权双重属性,但既不是司法行政权也不是行政司法权,而是在执行工作中司法权和行政权的有机集合,构成了复合的、相对独立的、完整的强制执行权。[②]

对刑事执行权性质的理解之所以出现以上众说纷纭的观点,主要是因为相关学者对刑事执行权概念界定的不一致。例如,从广义上理解,刑事执行权便包括了多种权能,而从狭义理解就很容易将刑事执行权界定为行政权。此外,还有个别学者将决定减刑、假释和暂予监外执行的执行变更权界定为行政权,[③]这是值得商榷的,因为在决定减刑、假释等的权能中判断、衡量的因素更大一些,虽然该项权力与审判阶段的审判权有不同的特点,但不宜因此将该执行权定性为行政权。我们认为,出现这种混乱局面还有其他主客观方面的原因。从客观方面来说,刑事执行权的行使主体多而散,不像侦查权、审查起诉权和审判权那样都由相对单一的权力主体来行使,其性质容易界定,而我国的刑事执行领域同时存在人民法院、公安机关、司法行政机关以及人民检察院等权力主体,这些机关有司法机关,也有行政机关,从而为其权力性质的界定带来困难;而且,刑事执行阶段持续的时间较长,涉及的刑罚种类多样,执行方式各有不同,中间还涉及执行变更,这些都为执行权性质的界定造成障碍。从主观方面来说,有的学者企图用一个概念来对刑事执行权作出界定,有的学者则盲目引用民事执行权方面的观点来论证刑事执行权的性质,还有的学者将减刑、假释等改变原裁判内容和执行方式的司法性权力也说成是行政权。这显然都是不合理的。

根据刑事执行权不同外延的界定,结合司法权和行政权的属性,我们认为,狭义的刑事执行权是刑事行政权,首先它是一种行政权,是实施法院裁判、决定或禁止令所确定的内容的权力,但我国的刑事执行权被赋予了与别的行政权所

---

① 俞静尧:《刑事执行权机制研究》,群众出版社 2005 年版,第 74 ~ 80 页;柳忠卫:《论刑事执行权的性质》,载《刑法论丛》2007 年第 2 期。

② 俞静尧:《刑事执行权机制研究》,群众出版社 2005 年版,第 81 ~ 97 页。

③ 柳忠卫:《论刑事执行权的性质》,载《刑法论丛》2007 年第 2 期。

不同的内涵,行政法理论上将执行机关与罪犯间的关系称为特别权力关系,[①]它不属于行政复议和行政诉讼的救济范围,而属于刑事司法领域,并规定了不同于普通行政权的特有救济措施,所以又是一种特殊的行政权,即刑事行政权。而广义刑事执行权的性质,笔者采折中说,即根据不同的权能分别作出界定,总体上兼有行政权和司法权的属性。

根据法律规定,我国的刑事执行权具体配置如下:

1. 人民法院行使交付执行权。交付执行权是指人民法院依据法律规定将已发生法律效力的刑事判决移交法定机构执行的一项职权。根据《刑事诉讼法》的规定,除判处死刑立即执行、没收财产、罚金的判决由人民法院直接执行以外,判处其他刑罚的判决都由公安机关、监狱或者其他执行机关执行,因此对于这部分判决,人民法院应当在其生效后及时移交公安机关、监狱或者其他执行机关执行。

2. 人民法院、公安机关、监狱以及有关社会组织行使执行实施权。我国法律根据刑罚种类的不同,分别规定由不同的主体来行使执行实施权:一是人民法院负责死刑立即执行、罚金、没收财产刑的执行。二是公安机关负责管制、拘役、剥夺政治权利、驱逐出境等执行,必要时会同法院执行没收财产刑;看守所负责执行剩余刑期在 3 个月以下的有期徒刑。三是司法行政机关负责指导管理、组织实施对被判处管制、宣告缓刑、假释或者暂予监外执行的罪犯的社区矫正工作,司法所承担社区矫正日常工作;监狱负责执行死刑缓期二年执行、无期徒刑、有期徒刑,对符合减刑、假释条件的罪犯有权提出建议;未成年犯管教所负责未成年犯的刑罚执行。四是村(居)民委员会、社区矫正人员所在单位、就读学校、家庭成员或者监护人、保证人等协助社区矫正机构进行矫正。

3. 人民法院、监狱管理机关和公安机关行使执行变更权。人民法院依法有权对监狱等执行机关所提请的符合条件的罪犯裁定予以减刑或者假释,并有权对判处财产刑的罪犯在符合相关条件的情况下裁定予以减少或免除;在符合法定条件下,交付执行的法院、省级以上监狱管理机关或者设区的市一级以上公安

---

① 王成栋、刘雪梅:《特别权力关系与中国行政法》,载罗豪才主编:《行政法论丛》(第 6 卷),法律出版社 2003 年版,第 108 页以下。

机关有权决定或批准对被判处拘役、有期徒刑或者无期徒刑的罪犯实施暂予监外执行。

4. 人民检察院行使执行监督权。根据《刑事诉讼法》的规定,人民检察院对执行机关执行刑罚的活动是否合法实行监督;如果发现有违法的情况,应当通知执行机关纠正;对于死刑立即执行,人民检察院有权进行临场监督;对不当的暂予监外执行决定或减刑、假释裁定,人民检察院有权向作出决定或裁定的机关提出纠正意见。

二、我国刑事执行权配置存在的问题

从中国刑事诉讼的理论和实践来看,侦查、起诉、审判、执行四个刑事司法环节前后相继、相互联系,共同构成一个完整的刑事司法体系。但遗憾的是,基础立法对刑事执行权行使问题没有给予总则性的规定,对刑事执行权配置的相关规定也过于原则,司法实践中留给执行机关过大的自由裁量权,不利于权力的规范行使和对犯人的人权保障。具体表现在以下几个方面:

第一,《刑事诉讼法》对刑事执行权配置的规定过于原则和简单,且在总则部分缺乏原则性规定。目前,对刑事执行权配置作出规定的主要是《刑事诉讼法》,仅从条文数量来看,在该法 290 个条文中,有关刑事执行的只有 18 个条文。此外,《刑事诉讼法》中关于执行的规定大多过于原则,缺乏可操作性。例如,《刑事诉讼法》第 260 条对执行罚金的主体和程序都没有作出具体明确的规定,相关的司法解释也没有加以补充规定,以至于实践中发生混乱。又如,《刑事诉讼法》第 261 条规定人民法院“在必要的时候,可以会同公安机关执行”,什么是必要的时候,如何会同?在实践中出难以把握和操作。同时,作为实体法的《刑法》第 81 条规定假释必须满足“假释后不致再危害社会”的条件,其主观性过强,也不易衡量和把握,而一旦罪犯在假释考验期内重新犯罪,特别是重新实施杀人、抢劫、强奸等严重恶性犯罪后,政法委、纪检监察部门等往往会采取责任倒查的方法,追究监狱、法院的责任。因此,为了自我保护,绝大多数监狱不愿提出假释的建议,以致在我国假释的适用率很低。“就全国而言,每年获得减刑的罪犯占在押犯总数的比例30%左右,假释只占1.5%左右”。①

我国《刑事诉讼法》总则部分缺乏对刑事执行的原则性规定。“刑事执行在《宪法》和《刑事诉讼法》总则中被置于边缘化的地位,这种立法状况极大地降低了刑事执行在整个刑事法中的重要性”。② 同时,在《刑事诉讼法》未予明确规定的情况下,为了促进执行工作的顺利开展,相关部门制定了一些司法解释或部委规章来规范执行权力的行使,并对一些立法空白予以填补,然而,这些解释或规章有的已经对《刑事诉讼法》的相关规定作了实质性变更,从而违背了《立法法》的相关要求(有关犯罪和刑罚,对公民政治权利的剥夺和限制人身自由的强制措施和处罚、司法制度等事项只能制定法律)。如对《社区矫正实施办法》,就有学者提出了质疑:“社区矫正是非监禁刑的执行方式,因此,社区矫正的开展应通过制定法律进行,而不能通过司法解释的方式进行。”③

第二,行使刑事执行权的主体明显过多,且各种主体之间缺乏协同。《刑事诉讼法》在总则中明确规定各公权力机关要分工负责、互相配合、互相制约,实践中前三种权力基本上都有独立、统一的主体来行使,但刑事执行权的行使主体却有人民法院、公安机关、司法行政机关以及监狱、看守所、未成年人犯管教所、拘役所、社区矫正机构等多个机关(构),明显过多,也引发了诸多问题。例如,由于缺乏统一领导、指挥刑事执行的机关,各种刑罚分别由多个机构具体负责执行,而有些机构又并非专门的刑事执行机关,从而很容易将执行工作作为附属,未将主要精力投入刑事执行,或者心有余而力不足,导致刑事执行的质量下降,工作流于形式。又如,分散的执行体制造成执行观念过于保守,“尤其是刑罚因素彼此封闭,管制、徒刑、罚金、资格刑等刑种在执行中没有形成关联”。④ 很显然,执行主体之间缺乏协同,不利于各种执行方式的协调配合、统筹兼顾,无法实现执行权行使效益的最大化,也不利于执行方式的创新和发展,更难以实现国家对刑事执行所赋予的目的和要求。

---

① 陈好彬:《我国刑罚执行中的问题分析——以监狱为视角》,载《河南社会科学》2010年第4期。

② 李树民:《刑事执行立法一体化新论》,载《河北学刊》2010年第1期。

③ 韩玉胜:《行刑一体化与刑罚执行权的新配置》,载《河北学刊》2008年第1期。

④ 牛振宇:《论裁判权与行刑权关系的再定位》,载《内蒙古大学学报》(人文社会科学版)2003年第9期。

第三,部分机关行使刑事执行权与其基本职能相悖,不符合分工负责原则。人民法院是我国的审判机关,行使司法裁判权,这就要求法院保持公正无偏、居中裁判,但根据我国法律规定,死刑立即执行、罚金、没收财产等刑罚的执行由人民法院负责,这种权力配置体制破坏了法院的独立地位和“中立”“公正”的裁判者形象,也背离了审判权和执行权的本质。例如,由人民法院负责死刑立即执行,“客观上容易在社会大众的心理层面上形成法院‘血腥’‘暴力’的‘刀把子’印象,从而破坏法院中立的审判者形象”。[①] 又如,财产刑的执行本身会带来一定的利益,无论最终这个款物到了哪里,在普通群众的眼中都会以为法院自己获得了这些款物,人们会因此质疑法院财产刑判决的公正性和合理性,从而影响法院在人们心中的中立和公正形象,损害司法的权威。再如,由于法律没有对执行财产刑所收缴财物的上缴程序作出明确规定,在地方就出现了各不相同的做法,有的地方将执行收缴的钱款返还法院作为法院的财政经费,在财政紧张的地方甚至会将法院执行收缴财物的数量作为考察法院业绩的衡量标准,在部门利益的驱使和考核奖惩机制的压力下,法院会将执行财产刑作为创收的手段,从而会不正当地增加罚金刑的适用,还可能出现“以罚代刑”即法院以被告人能否缴纳罚金以及缴纳多少罚金作为量刑的情节,导致出现“有能力缴纳罚金就少判、不能缴纳罚金就多判”的情况。[②]

公安机关拥有刑事拘留权、执行逮捕权、侦查权和预审权等权力,同时还承担了大量的刑事执行任务,这样就形成了职能重合,不利于权力的合理分配和有效制约。如公安机关所属的看守所是依法关押被逮捕、拘留的犯罪嫌疑人的场所,其工作重点往往是确保羁押安全、保障案件侦办的顺利进行,而根据《刑事诉讼法》的规定,看守所还要负责余刑在3个月以下的有期徒刑的执行。而且,“不少地方没有单独设置拘役所而使拘役所与看守所合二为一,或者与行政拘留所合二为一,即看守所又可以是执行拘役刑的场所”。[③] 同一机构行使刑事与行政两种性质不同的公权力,同一场所关押已决犯和未决犯两种性质不同的违法者,其弊端是显而易见的,不仅不利于对被关押者的教育和改造,给人一种应付执法

① 万毅:《刑事执行制度之检讨与改造》,载《甘肃政法学院学报》2005年第6期。

② 陈卫东主编:《刑事诉讼法实施问题对策研究》,中国方正出版社2002年版,第352页。

③ 杨永明:《对我国刑事执行权配置模式的探讨》,载《福建政法管理干部学院学报》2005年第1期。

的印象,而且不利于权力的制约与监督,很容易为权力寻租留下空间。

第四,刑事执行阶段的检察监督权配置有失妥当。作为国家的法律监督机关,检察机关有权对刑事执行权的行使实施监督,但目前法律规定的监督方式多是事后监督,而且对出现的违法滥权问题也没有有效的救济措施,以致监督的效果大打折扣。具体来说,主要有三个问题:一是监督机构的设置不合理。检察机关内设的监所检察部门,是监督刑罚执行的主要职能机构,但该机构人员有限,却担负了几乎全部的执行监督任务,有点力不从心。检察院派驻各种执行机构如拘役所、看守所、监狱、未成年犯管教所的驻所(监)检察室,由于其工作人员与被派驻机构的工作人员长期相处,很容易形成亲密的协作关系,而忘记应该存在的监督制约关系。二是法律规定的监督方式不全面。虽然《刑事诉讼法》规定了检察机关对刑事执行可以进行事前监督和事后监督,但仍存在不少问题和漏洞。例如,《刑事诉讼法》没有规定检察机关可以对人民法院复核减刑、假释案件的活动是否合法进行监督,以致这一领域的监督仍是空白;又如,检察机关目前对刑事执行的监督只能提出书面意见,甚至是向作出减刑、假释裁定的原审法院提出纠正意见,而如果收到书面意见的机关不予纠正,则检察机关便无能为力,只好鸣锣收兵,从而使监督难以取得成效。三是法律规定的监督机制不科学。在实践中,监狱等执行机关提请减刑、假释往往是分批报送减刑或假释申请材料,而非一案一报、一人一报,法院对报批的材料也往往是成批审核、依报核准,不与减刑或假释的当事人见面,也不听取检察机关的意见,由此造成人民法院对执行机关减刑、假释建议的审核流于形式,执行机关成为实质上的减刑、假释审核机关。这样,检察机关的监督与制约作用将难以发挥。

三、优化我国刑事执行权配置应遵循的原则

1. 权力制衡与效率相协调原则。我国现行的刑事执行体制中共有四类权力机关即公安机关、司法行政机关、人民法院和人民检察院,各机关在行使刑事执行权时各有不同的职责权限即实现了各种国家机关之间横向的分权,但对刑事执行权的分权制衡在纵向方面做得还不够好,主要是省级司法行政机关负责监督领导监狱管理部门和机构,而地市级管辖的监狱很少,以致基层司法行政机关基本没有什么刑事执行权,造成大量公职人员闲置。虽然社区矫正制度建立后,

基层司法行政机关的力量有所加强,但其行使的执行权力还很有限,具体程序和制度还有待规范。分权是为了更好地限制权力的恣意,保护公民的合法权益,因此在配置刑事执行权时不仅要注重横向分权,也要重视纵向分权,还应适时促进国家公权力机关和社会主体间的分权与制衡,引入社会主体来制衡公权力行使。同时还应当看到,权力过度分散行使会造成效率降低,成本增大,运行程序的冗长反而会损害公民和国家的利益,因此,我们不能将分权绝对化,在一定条件下,权力间也可以互相渗透或交融。由此,在配置刑事执行权时,首先要有分权,但又不能把分权绝对化,要把握住度,一定情况下要有集中,也要注意权力间的协作与配合,如在确定法院不行使刑事执行权的同时,也要让其参与到执行变更的审核裁定中来。

2. 惩罚犯罪与保障人权相统一原则。迄今为止,刑事执行的惩罚功能依然存在,而且不能摒弃,正如陈兴良教授所言:"刑罚执行过程首先体现了对犯罪人的惩罚。刑罚执行既然是刑罚的付诸实施,当然包含着惩罚的意蕴。"①因为刑事执行权的行使就是要犯罪的人受到惩罚,通过公力救济的方式来修复被犯罪人破坏的法律关系,维护社会的稳定,保护社会共同体的整体利益;通过刑事执行权的行使,还能使人们认识到犯罪的后果,起到威慑潜在犯罪人的一般预防功能,确立主流价值取向,告诫人们遵守法律,约束自己行为。但同时,犯罪的人仍然是公民,其没有被剥夺的权利仍然享有,法律要对这些权利予以保护,对公权力侵害罪犯没有被剥夺的权利的,应当予以制约和惩处。唯其如此,刑事执行才能既体现对罪犯的惩罚职能,又体现保障人权的特性,达到两者的协调和统一。为此,我们要注意避免在权力配置和行使中可能出现的两种极端:一是忽视犯罪人的人权,造成公权力的行使肆意侵犯其权益的现象,而此种现象的发生很容易导致罪犯仇视社会,其在回归社会后更易重新犯罪。二是"随着罪犯维权意识的提高和申诉控告渠道的畅通,执行机关一旦发现打骂体罚罪犯的现象,警察必然就会受到处分,于是一些警察就产生了不敢管理、不愿管理的思想",②而警察怠于行使权力,将使刑事执行的惩罚功能无从发挥,从而降低执行效果,使刑罚的

---

① 陈兴良:《刑法哲学》,中国政法大学出版社 2000 年版,第 791 页。

② 陈好彬:《我国刑罚执行中的问题分析——以监狱为视角》,载《河南社会科学》2010 年第 4 期。

预防功能减弱,引发被害人及其家属的不满,如果其付诸私力救济,很可能形成新的不稳定因素,甚至引发新的犯罪。因此,在配置刑事执行权时要将惩罚犯罪与保障人权有机地结合起来,使两者协调一致。

3. 刑事执行权行使公开化原则。随着网络、微博、微信等新兴媒体的出现和公民民主法治意识的增强,公众行使知情权、表达权、参与权和监督权的热情日益高涨,其中对于涉及人的生命和自由、维系社会安危的刑事执行活动引起了公众的密切关注,这就要求充分保证刑事执行权行使的公开化。因为刑事执行权力只有在充分接受监督下行使,才能促进其规范和合法,"任何权力都是以有受其强制性权力的影响或支配的相对人为条件的,是关系相关人的利益的。因而,相关人就应享有知情权"。[①] 如果执行权力的行使不公开,相关人(包括在押的160多万名罪犯和数十万名社区矫正人员以及所涉及的数百万个家庭和人数众多的被害人)不知情,无法加以监督,就必然会产生腐败行为。毫无疑问,只有在刑事执行权的行使中遵循公开原则,让执行权力在阳光下运行,才能有效地发挥监督和制约作用,防止滥用权力和发生腐败。

4. 刑事执行权行使社会化原则。为了使罪犯在刑满释放后更好地适应社会、自主生活,行刑社会化逐渐受到各国刑事执行机关的关注并成为执行的发展趋势,"在刑罚运作的各个环节中,应当说行刑是社会参与最需要的一个环节。二元社会结构的形成,既使行刑社会化成为行刑发展的必然趋势,也为行刑社会化提供了必要的社会基础"。[②] 为此,在世界各国,越来越多的社会组织和群众自治组织参与到刑事执行中来,发挥社会权力较柔性的一面来感化罪犯,帮助罪犯尽早建立与社会的沟通桥梁,帮助其复归社会。联合国《囚犯待遇最低限度标准规则》第60条亦规定,监所制度应该设法减少狱中生活同自由生活的差别,以免降低囚犯的责任感。刑期完毕以前,宜采取必要步骤,确使囚犯逐渐纳入社会生活。第61条还规定,囚犯的待遇不应侧重把他们排斥于社会之外,而应注重他们继续成为组成社会的成员。为适应这种趋势和要求,作为我国主要执行机构的监狱近年来进行了一些有益的探索,例如,主动公开刑事执行权的部分行使程

---

① 郭道晖:《社会权力与公民社会》,译林出版社2009年版,第309页。

② 同上书,第78页。

序、内容,积极推动执行权主体、执行方式的社会化,畅通监狱与社会的沟通渠道,增进互动了解,一些社会组织或群众自治组织也开始介入执行工作等。实践证明,行刑社会化有助于推动执行机关或机构严格依法办事,用社会权力制衡、约束公权力的行使,引导公民积极参与刑事执行活动,更好地保障被执行人的利益,降低再犯罪率,促进社会和谐,因而应当在刑事执行权配置的优化过程中予以坚持和实行。

四、优化我国刑事执行权配置的若干构想

(一)建立健全刑事执行权配置的法律规范体系

要优化刑事执行权的配置,首先必须建立健全刑事执行权配置的法律规范体系。对此,学界提出了不少具有建设性的建议和意见,概括来说,主要有以下几种观点:一是独立法典说,即"制定一部同作为实体法的刑法和作为程序法的刑事诉讼法相互协调一致、地位相当的刑事执行法典既是现代刑事执行司法实践的迫切要求,也是现代刑事立法的必然趋势"。[①] 进而认为应由国家立法机关制定《刑事执行法》,对刑事执行的立法目的、基本原则、主体、程序等作出详细规定。目前,俄罗斯、加拿大、挪威等国就采用这一立法模式。二是监狱法中心说,主张以监狱法为中心构建刑事执行法律体系。由于监禁刑曾经是很多国家的主要刑罚,而监狱又是执行刑罚的主要场所,因此,监狱法也就成了很多国家刑事执行法律体系的主体和中心。日本、芬兰、意大利等国采取这种立法模式。三是分散立法说,认为不存在刑事执行的基本法律或者骨干法律,而是由多种立法共同构成刑事执行法律体系,其相关内容应当分别规定在不同法律法规中,美国、英国、澳大利亚等国就属于该种立法模式。

不难看出,上述立法模式源于各国不同的政治、经济、文化状况和法律传统,我国的国情决定了我们不应照搬照抄。首先,我国的立法传统不允许采用独立法典说。目前我国已形成了中国特色社会主义法律体系,在基本法律这一层次不适合再制定一部与《刑法》和《刑事诉讼法》地位相当的刑事法律;若要制定新法典,就必须对现行的许多法律作出大的修改,立法成本巨大,而且,刑事执行环

① 姚喜平:《刑事执行法律关系探析》,载《法律科学》2001 年第 4 期。

节涉及的公权力机关众多,不容易协调一致。其次,监狱法中心说也不适合于我国。目前我国正在制定《社区矫正法》,非监禁刑随之将逐步完善和发展,现行《监狱法》对很多与监狱有关的刑罚执行重大问题都没有作出规定,法律权威不足,对相关机关的约束力不够,实际上只是调整监狱工作的法律,无法担当刑事执行法的职能。最后,分散立法说也不可取,目前采用此种立法模式的多是英美法系非成文法国家,与我国的立法传统与立法体系不相符合。

笔者认为,完善我国的刑事执行法律,规范刑事执行权的行使,完全可以通过建立健全我国现行法律体系的方式加以实现,即在《刑事诉讼法》中设专编规范刑事执行活动,其基本结构和框架是可取的,需要完善的地方主要是增加相关条文,对刑事执行的原则、主体,各种刑罚的执行程序、监督机制、法律责任等作出具体、明确的规定;同时,制定《社区矫正法》,修改《法院组织法》《人民检察院组织法》《监狱法》以及相关的司法解释和部门规章,以构成我国分层次、多形式、集中统一的刑事执行法律体系。需要指出的是,刑事执行权事关公民的人权保障,依照《立法法》的规定,需要由《刑事诉讼法》对其行使的基本方式和内容作出规定,《监狱法》和《社区矫正法》等一般法律只能对相关内容进行细化,相关司法解释和规章也只能对以上法律作出解释或者规定实施中的具体要求,不得违背或变更上述法律规定的内容。

(二)统一刑事执行工作的领导机关

为了解决我国刑事执行主体过多而造成的散乱问题,很多学者提出了刑事执行主体专门化的建议:"由于刑事执行是独立的刑事法律活动,具有高度的专业性,刑事执行权就应尽可能给独立的专门机关行使,以符合其自身的特征和性质,遵循其内在的运行规律。"①学界关于刑事执行主体专门化的观点,可以归纳为以下三种:一是由司法部统一领导刑事执行工作,有学者从有利于建立侦查权、起诉权、审判权、执行权的配合和制约机制出发,认为应当由司法部主管和领导全国的刑事执行工作(驱逐出境除外);②二是由检察机关统一领导刑事执行工作,监狱、未成年犯管教所、拘役所、公安机关根据各自现行执行权限协助检察机

---

① 牛振宇:《论裁判权与行刑权关系的再定位》,载《内蒙古大学学报》(人文社会科学版)2003 年第 9 期。

② 冯卫国:《论刑事执行权的合理配置》,载《法学论坛》2010 年第 1 期。

关执行;[①]三是成立刑事执行部统一领导各种刑罚的执行工作,并建议将来将非刑罚处罚方法的执行工作也纳入该部管理。[②]

笔者认为,在上述观点中第一种观点较为合理,这是因为刑事执行工作具有特殊性、专业性、复杂性,需要由专门的机构来负责。但是,与第一种观点关于设立国家刑事执行总局的建议有所不同,笔者主张设立国家执行总局,以便在条件成熟时将民事、行政裁判执行纳入进来,最终实现国家执行权的专门和统一行使。同时,应当根据执行方式和对象的不同,在国家执行总局之下设置若干个二级机构。参考现在司法部内设的司局名称,笔者建议设置监狱管理司、社区矫正司、附加刑执行司以及民事执行司、行政裁判执行司等。其中,监狱管理司及地方的监狱管理机构也负责死刑的执行,死刑执行时需有法院和检察院的人员到场进行监督;附加刑执行司不仅负责财产刑的执行,而且还负责法院判决的驱逐出境的执行,必要时可以要求公安机关协助。

在我国,检察机关是国家的法律监督机关,同时也是司法机关,依法拥有公诉权、立案监督权、侦查监督权、监所监督权、职务犯罪侦查权等诸多权力,若再让检察机关负责刑事执行工作,就会形成绝对权力,不利于权力的合理分工和有效制约,因此上述第二种观点不具有可行性。另外,随着我国大部制改革的不断深化,国务院部委的数量将逐渐减少,所以上述第三种观点即设立刑事执行部的建议也是不可取的。

(三)革新刑事执行权配置的方式

当前我国的刑事执行权行使方式过于保守,执行效率低下,为了更好地实现刑事司法目的,最大限度实现执行的效益,有必要革新刑事执行权配置的方式。

1.实行执行权与审判权行使的分立

长期以来,人民法院既行使全部刑事案件的审判权又行使部分刑罚(死刑立即执行和财产刑)的执行权,以致执行权与审判权界限不清且缺乏制约,造成法院司法权威不高、司法腐败频发等严重问题。为了保证法院审判的中立性和独立性,提高法院司法的权威性,应当尽快明确刑事执行权与审判权的界限,实行

① 万毅:《刑事执行制度之检讨与改造》,载《甘肃政法学院学报》2005年第6期。

② 国林:《论合理配置刑事执行权》,载《政法论坛》2001年第3期。

执行权与审判权行使的分立,即审判权由专门的审判机关——人民法院行使,刑事执行权则由专门的执行机关——司法行政机关行使。具体建议如下:第一,人民法院仅负责执行一些没有刑罚内容的判决和裁定,如判决被告人无罪和免予刑事处罚的判决,因为这类判决的执行工作具有即时性、简单性,由法院实施既有利于提高效率,又不至于损害公正。第二,人民法院不再负责死刑和财产刑(包括罚金、没收财产)的执行工作,该两类刑罚的执行工作改由司法行政机关承担。这样所有刑罚的执行工作均由司法行政机关负责,既有利于提高效率,又有利于权力的合理分工与有效制约。第三,在执行过程中需要对罪犯暂予监外执行或进行减刑、假释等实体处理的,由人民法院进行审核,依法作出决定或裁定。

2. 设立财产刑易科自由刑制度

针对当前财产刑执行机构不统一、执行不力的问题,我们主张在由司法行政机关负责财产刑执行工作的同时,赋予其在犯罪人确实无财产可供执行时,提请法院决定变更执行方式,即设立财产刑易科自由刑制度,由法院对是否易科作出裁定,以维护法院裁判的既判力,提高法院的权威和司法公信力,使犯罪人得到应有的惩罚,实现刑事司法执行的目的,进而实现财产刑的立法目的。实践证明,财产刑易科制度以自由刑的威慑力量为后盾,能够充分调动犯罪人的积极性,使其想方设法去缴纳罚金或交出隐瞒的财产。因此,通过设立财产刑易科制度,可以充分发挥刑罚对罪犯的教育与惩罚功能,实现特殊预防的目的;同时财产刑判决的必然实现又会对社会上的不稳定分子产生威慑效果,实现刑罚的一般预防目的。当然,为保证财产刑易科自由刑制度的有效实施,国家立法机关应当通过修改《刑事诉讼法》,对易科刑的时间、条件、计算方式及易科刑的申请、审查、裁定等作出具体规定。

(四)改革与重构减刑、假释程序

关于减刑、假释权的配置,目前学界主要有两种观点:一是将减刑权力改由行刑机关行使;二是将减刑、假释程序改革导向英美法系国家的委员会制,即成立减刑与假释委员会负责减刑、假释的审议和决定。① 笔者认为,如将减刑权赋予行政机关,行刑权与减刑权统一于行刑机关,其结果必然导致权力的滥用与腐败,因此行政审批制的减刑模式不适合我国。我国在司法传统上区分一般行刑

① 陈锋:《假释权的定位与我国假释制度的完善》,载《中国监狱学刊》2005 年第 6 期。

行为和刑罚变更行为，刑罚变更行为历来属于司法权之范畴，因此将减刑、假释的权力赋予减刑与假释委员会，也不符合我国的分权模式与司法传统。

为切实维护减刑、假释程序的公正和预防、减少减刑、假释领域中的腐败现象，我们认为应当对现行的减刑、假释程序进行改革与重构。具体设想包括：(1)将罪犯确定为减刑、假释程序的主体。获得减刑、假释是罪犯的一项基本权利，因此应当由罪犯本人决定是否向法院申请减刑、假释。罪犯申请减刑、假释的，罪犯所在监狱应当自收到罪犯的申请后10日内将罪犯的减刑、假释申请书连同本监狱的减刑、假释建议及有关材料移送具有管辖权的人民法院。(2)减刑、假释案件的管辖权应当按照《刑事诉讼法》确定的审判管辖分别交由监狱所在地的基层法院和中级法院行使。这是因为，现行将所有的减刑、假释案件都交由中级人民法院管辖(有的监狱所在地的中级法院每年复核裁定的减刑、假释案件多达五六千件，而负责复核裁定的审判监督庭的审判人员仅有几人)，将使中级人民法院难以承担，以至于复核变成“走过场”，裁定的合理性、公正性均无法保障。而将原由中级人民法院管辖的一审案件罪犯的减刑、假释交由监狱所在地的中级人民法院进行复核裁定，将原有基层人民法院管辖的一审案件罪犯的减刑、假释交由监狱所在地的基层人民法院进行复核裁定，不仅有利于平衡两级法院的工作量，而且根据案件性质和所判刑罚来确定减刑、假释的管辖，也有利于从审判条件和审判质量上保障减刑、假释的公正性。(3)减刑、假释案件均应由审判员和人民陪审员组成合议庭进行复核(其中假释案件还应有村民委员会、居民委员会或社区组织的工作人员担任陪审员)，以在审判组织上体现公众对减刑、假释的监督，保证减刑、假释的民主、廉洁与公正，消除社会公众的不必要疑虑。(4)审判公开是审判活动必须遵循的基本原则，对减刑、假释案件的复核裁定在本质上仍然是一项审判活动，因而必须公开进行，即允许群众旁听，允许新闻媒体采访报道。(5)合议庭对减刑、假释案件进行复核，应当采用听证的方式进行，具体程序为：开庭后，先由罪犯本人或其代理律师宣读减刑、假释申请书，接着由罪犯所在监狱的监狱长或其委托代理人提出应否对罪犯进行减刑、假释的建议以及减刑、假释的具体期限并提供有关材料，必要时合议庭应当听取双方的辩论，然后合议庭休庭进行复核和评议，并作出是否准予减刑、假释以及减刑、假释的期限的裁定。(6)罪犯和监狱对减刑、假释的裁定不服的，可以向上一级人民法院提出上诉。对于该上诉,上一级人民法院应当进行复核(复核一般采用书面方式,对于职务犯罪和其他社会影响较大的减刑、假释案件,应当采用听证方式),并作出裁定。该裁定为终审裁定,罪犯和监狱均不得再提出上诉。(7)法院的减刑、假释裁定书应当在罪犯服刑的监狱内予以公开(如张贴在布告栏上),并应在法院和监狱的网站上公开,接受其他罪犯和社会公众的监督。

(五)强化对刑事执行权行使的检察监督

为了切实保证刑事执行权行使的正确性,有效地防止执行腐败的发生,笔者认为,应当进一步强化对刑事执行权行使的检察监督。具体设想包括:第一,在对减刑、假释程序进行改革与重构之后,检察机关应当有权出席减刑、假释案件的听证,并实施法律监督。参照《刑事诉讼法》第203条,[①]应当规定:人民检察院发现人民法院审核减刑、假释案件违反法律规定的诉讼程序,有权向人民法院提出纠正意见。第二,应当参照民事、行政检察的做法,规定人民检察院发现人民法院的减刑、假释裁定确有错误的,有权按照审判监督程序提出抗诉,以促使人民法院通过再审程序予以纠正,保证减刑、假释裁定的公正性,防止服刑罪犯和监所干警串通起来欺骗审判人员,并防止监所干警和审判人员以权谋私,发生腐败现象。第三,建立驻所检察官定期轮换制度,以便既防止驻所检察官与监所干警产生熟人效应,也防止其与监所干警成为利益共同体,从而减弱监督功能。第四,建立相对固定的检察官巡查制度,规定检察官在巡查过程中有权单独约见服刑罪犯,询问执行机关工作人员及社区相关工作人员,查阅执行权行使中的各种文书材料,并规定检察官与相关人员的谈话不被监听,书信往来不受检查。通过定期、不定期的监督检查,可以促进执行机关及其工作人员规范地行使权力,防止执行腐败的发生。

[原文发表于《浙江工商大学学报》2014年第1期]

---

① 《刑事诉讼法》第203条:人民检察院发现人民法院审理案件违反法律规定的诉讼程序,有权向人民法院提出纠正意见。

检察实务

检察机关关于轻微刑事案件快速办理机制的探索与完善

李　会*

摘　要:轻微刑事案件快速办理机制作为“公正、高效、权威的社会主义司法制度”建设中的一项,需在原有基础上进一步推动与完善,更需要结合速裁制度进行不断的创新及摸索。本文结合办案工作实践,针对我国目前轻微刑事案件快速办理机制的立法司法现状、存在的问题困惑等,从简化办案工作流程、加强配合衔接机制、完善配套协助机制、探索捕诉一体化机制等层面提出建构路径,以期更好地履行检察职能,为提高办案效率及有效保障人权贡献微薄力量。

关键词:检察机关　轻微刑事案件　快速办理机制　速裁程序　司法改革

“迟到的正义非正义。”长期以来,司法实践中“关多久、判多久”的现象时有发生,案件无论轻重难易,侦、捕、诉、审各阶段各司其职、按部就班,用“合法”的长期羁押剥夺犯罪嫌疑人的人身自由,这不仅阻碍了“公正、高效、权威司法制度”的建设,更与“保障人权”的司法理念背道而驰。轻微刑事案件快速办理机制的探索与完善,不仅提高诉讼效率、节约司法资源,又能及时化解社会矛盾,实现法律效果和社会效果的有机统一。更为“以审判为中心的诉讼制度”改革提供繁简分流保障。现阶段,检察机关如何在司法改革的浪潮中进一步探索出一套更加符合司法规律、符合司法实际的体制机制,如何配置有效的程序加以落实与完善,进而提升诉讼效率及司法公信力,对“建设法治中国、构建和谐社会”具有重大的历史意义。

* 李会:广州市从化区人民检察院检察官。

一、我国轻微刑事案件快速办理机制的立法司法现状

早在2007年2月,最高人民检察院针对轻微刑事案件快速办理机制发布了《关于依法快速办理轻微刑事案件的意见》(以下简称《意见》)。为落实《意见》的相关要求,在同一年内,全国部分地区检察机关也有针对性地进行了积极的探索。如北京市海淀区人民检察院在侦查监督部门及审查起诉部门分别成立了专门的轻微刑事案件快速办理小组;山东省青岛市市南区人民检察院还在这一机制的基础上,借助现代化信息化技术,推出了《刑事案件标准化审查分类快速办理机制》的内部规范办案机制,实现了司法资源科学合理的配置。

虽然各地检察机关的积极探索取得了一定的成效,然而,各地的做法参差不齐,由于《意见》缺乏实质的操作性,在是否适用以及如何适用的问题上没有作出明确的要求,主要依赖司法人员主观判断,使得该机制的适用受人为因素的影响较大,大大降低了该机制设计的初衷,导致后期真正按照该《意见》办理的案件少之又少。2014年6月,最高人民法院、最高人民检察院提请全国人大常委会审议了《关于授权在部分地区开展刑事案件速裁程序试点工作的决定(草案)》的议案。第十二届全国人大常委会第九次会议表决通过关于授权最高人民法院、最高人民检察院在北京、上海、广州等18个城市开展刑事案件速裁程序试点工作的决定。虽然速裁程序的试点案件范围相比较《意见》而言有所降低,在名称上亦有所不同,然而,试点的速裁程序作为轻微刑事案件快速办理机制的新探索,在我国正处于经济社会转型、刑事犯罪高发的特殊时期,必将进一步推动刑事案件繁简分流、优化司法资源配置,为轻微刑事案件快速办理机制的发展、完善积累实践经验。

二、广州轻微刑事案件快速办理机制的司法探索

广州市作为国家中心城市,改革开放的窗口和前沿阵地,作为刑事案件速裁程序的试点城市,同时又是刑事案件犯罪高发城市,案多人少矛盾日益突出,在探索轻微刑事案件快速办理机制过程中具有得天独厚的优越条件。

2013年,广州市作为广东省开展轻微刑事案件快速办理机制的试点市,市委政法委根据广东省委政法委《关于认真做好实行轻微刑事案件快速办理机制暨发挥拘役刑教育矫治作用改革试点工作的通知》要求,制定了《关于广州市实行

轻微刑事案件快速办理机制暨发挥拘役刑教育矫治作用的工作意见》。

为有效贯彻该工作意见,提高刑事诉讼效率,优化司法资源,全面落实宽严相济的刑事司法政策。同年 11 月,广州市人民检察院起草并下发了《广州市检察机关关于贯彻落实轻微刑事案件快速办理机制的意见(征求意见稿)》,结合检察机关工作实际,对办案期限、转普程序、监督落实等具体细化。如在适用范围上对应当适用、不适用及优先考虑适用的范围作了明确划分;对侦监部门受理审查逮捕时是否启动该程序由部门负责人初审做出决定,且对被拘留的在 3 日内作出是否逮捕,未被拘留的,需在 5 日内作出是否逮捕,同时需制作《快速移送审查起诉建议书》,要求公安机关在逮捕后 3 日内侦查终结并移送审查起诉,并将该建议书抄送本院公诉部门。公诉部门则分别依据逮捕及未逮捕的情况,在 15 日及 7 日内提起公诉,同时需制作《适用快速程序审理建议书》随案移送法院。对经审查发现不符合快速办理条件的,需在 5 日内报部门负责人,由其决定是否转为普通审查程序。该"意见稿"指出公诉部门对公安机关及法院适用该程序情况进行监督,监所部门则对轻微刑事案件罪犯的刑罚执行工作是否合法进行监督,并参与拘役刑教育矫治工作。

三、轻微刑事案件快速办理机制的问题及困惑

轻微刑事案件快速办理机制从制定至今,经历了 9 年,可以说,在此期间,各地检察机关针对该机制都进行了积极的探索,也取得了一定的成效。但是我们应当看到,各地的做法参差不齐,持续时间不长,乃至在一段时间内该机制在部分地区名存实亡。究其原因,实践中运到的问题不能有效的得到解决,最终阻却了该机制的正常运行。

(一)存在的问题

1. 主观性随意性较大

虽然轻刑快办机制就适用范围作出了较为详细的规定,但是在实践中,主观性、随意性仍比较突出。在实践中因为证据把握标准不同、认识不同或因一些案外因素,导致了一些本不该适用快办机制的案件被按照快办机制移送,应该按照快办机制移送的案件却在合法羁押期限届满时才移送审查起诉。导致给检察机关是否转普程序或者继续适用快办程序带来一定的被动。不同经办人之间主观

判断的不一致及较强的随意性,导致真正可以在办案全程各环节均适用快办程序,落实快速机制办案期限的案件少之又少。

2. 配合协作机制不力

轻刑快办机制需要公检法三家统一认识,协调配合,才能真正地提高诉讼效率,缩短羁押期限。然而,公检法三家只有最高人民检察院针对轻刑快办机制发布了《关于依法快速办理轻微刑事案件的意见》,快办的落实也仅限于检察机关的内部工作部门。公安机关及法院均没有形成统一性指导意见,加之案多人少的矛盾,导致推动该机制的主观性较低。虽然部分地区检察机关与公安、法院以多种形式形成了协作机制,但是由于缺乏强制性及可操作性,导致在执行中没有达到机制设计之初的目的。

3. 监督评价机制缺失

由于省、市政法委制定的工作意见中,对不按规定执行快办机制的,没有设立惩罚性措施,导致该机制的落实仅凭承办人员的主观意愿,制约力不足。同时由于目前的检察机关的考评机制并未包括快速办理机制,导致启用该机制的积极性、主动性不高,一定程度上制约了该机制的运行。

(二)产生的困惑

1. 快诉与不诉的矛盾冲突

《意见》对应当依法快速办理的案件作出了明确的界定,然而,此范围也正是检察机关可以作出相对不诉、刑事和解或附条件不诉的案件范围,现行的机制里,检察机关不诉案件除科室讨论、部门负责人、分管检察长审批外,还需经检察委员会讨论决定,刑事和解更是需要双方当事人的多次协商,按照快速办理的期限想作出不诉决定、刑事和解基本上无法实现。如何在具体实践中对范围的交叉重合予以分区?一味地求快是否会导致更多的轻微案件被列入"诉"的行列?是否在启动的第一步上就没有起到节约司法资源的目的?如此种种导致司法人员产生了适用何程序的困惑。

2. 效率与公正的矛盾冲突

"效率与公正"并重是司法界的理想状态,我们希望办理的每一起案件都能做到提高诉讼效率及维护公平正义的有机统一。然而,我们却不能保证办理的每一起案件都能很好地兼顾两者,尤其是部分案件甚至会存在在提高诉讼效率的情况下放弃了公平正义。如在犯罪嫌疑人认罪的情况下,是否会将一些证据不足或可能无罪甚至可能涉嫌其他犯罪的人直接以轻罪判掉?尤其是在目前羁押期限过长,或者出于其他考虑,当事人为早点出来,完全可能选择这种“自愿认罪”且同意适用快速办理的方式。如何更好地兼顾效率与公正,也成为完善该机制必不可少的思考。

四、完善轻微刑事案件快速办理机制的建议

针对我国现阶段轻微刑事案件快速办理实践中存在的问题及困惑,笔者结合基层办案经验,尝试从以下几方面提出建议予以完善,以期为落实新形势下的检察改革精神及“建设公正、高效、权威的社会主义司法制度”做出微薄贡献。

(一)简化程序设置

对于适用轻刑快办机制的案件,检察机关可探索一套更为简化的文书制作格式。如采取表格式将案件来源、案件事实和证据、承办人意见等分框予以设定。另外,针对现行的全国统一办案系统,建议设立专门的轻微刑事案件审批流程,可采取一并式审批等形式,提高审批环节效率。结合现行员额制改革、主任检察官负责制等,探索一套切合实际的分案快办机制,确保案件得到及时优化处理,进一步提高诉讼效率。

(二)加强配合衔接机制

1. 统一主观认识

公检法三机关应明确本地区的轻罪案件涉及的罪名、种类、犯罪数额等可能影响轻微刑事案件认定的因素,划定纳入快速处理机制的轻微刑事案件的范围;对细小瑕疵不影响定罪量刑的是否可继续适用该程序办理作出明确规定,防止启动或终止该程序办理的主观性及随意性。

2. 加强配合协作

轻微刑事案件快速办理机制应是一个系统工程,体现于刑事诉讼的全过程,需要公检法乃至社会其他单位的协同配合。因此,我们建议,最高人民检察院可吸取总结近年来各地检察机关实施《意见》的成功经验和有效做法,就配合协作问题尽快与公安部、最高人民法院进行沟通,建立共同认可的协作规则,力争从整个刑事诉讼流程的规范性上,对公检法三机关依法实施快速办理机制作出统

一性规定,加强规定的可操作性及强制性,以实现在侦捕诉审各环节都做到依法快速办理。

3. 加强诉讼衔接

可参照广州市检察机关《关于贯彻落实轻微刑事案件快速办理机制的意见》的精神,进一步扩大诉讼衔接的范围。不仅检察机关侦监部门、公诉部门针对快办案件需向公安机关发出《快速移送审查起诉建议书》,向法院发出《适用快速程序审理建议书》,还要求公安机关对确实需要适用快办机制的案件在提请批捕及提请起诉时一律向检察机关发出《快速审查建议书》,提示检察机关案件管理部门在分案时分至快速办理小组审查。三机关需落实完善诉讼衔接工作,可分别指定一名联络员加强沟通,及时发现传达执法中遇到的新问题,探索解决办法,实现信息共享。

(三)完善配套协助机制

1. 畅通案件退出机制

在依法快速办理轻微刑事案件过程中,当发现犯罪嫌疑人翻供,案件事实不清、证据不足或者发现犯罪嫌疑人尚有余罪或新的犯罪事实等不宜再适用快速办理机制的,应迅速启动案件退出机制,转为普通程序办理。只有畅通该机制,才能防止一味求快而出现的有失公平的情况,或者导致犯罪嫌疑人以轻罪被快速起诉,抑或导致本不构成犯罪的嫌疑人被有罪起诉。

2. 完善监督制约机制

在部分试点地区的轻微刑事案件快速办理机制运行过程中,已出现个别办案人员因案外因素将本不该适用快办机制的案件以快办案件移送;将符合快办机制的案件的犯罪嫌疑人的"合法"羁押期限用尽后按照普通程序移送。这不仅有悖程序设计的初衷,更严重破坏了司法公正,损害了司法公信力。对于此种行为,检察机关应加强监督,完善监督制约机制,防止个别办案人员以权谋私,引发新的矛盾。同时也要严把案件质量,防止错案的发生,通过多种方式提高监督的效果。

3. 创新案件评价机制

快速办理机制应真正涵括"快诉"及"快不诉",严格限制防止一味求快,将本不该起诉的嫌疑人一并起诉,在追求效率的同时放弃了公平。积极探索构建一套促进轻微刑事案件快速办理的激励评价机制,将每一起案件的办理都体现出“效率与公平”的有机结合。快速办理机制着眼于案件的快速处理,但是绝不能以牺牲公平、公正为代价,尤其是不能剥夺当事人的诉讼权利,不能触犯司法的底线。创新案件的评价机制,就是需要每一名检察人员根据个案的特点,在公平与效率兼顾的情况下最大限度地将每一起案件办成亮点,办成法律效果与社会效果的有机统一,成为各级检察机关检察人员学习的榜样。

(四)探索构建“捕诉一体化机制”

“捕诉一体化机制”是指在检察机关内部,针对轻微刑事案件实行谁捕谁诉,捕诉一体、快速办理的机制,该机制以“简案快办”为核心,重在通过对机制科学、合理的调整设定,使“快办”再提速。可以说,该机制是对检察机关长期以来“捕者不诉”思想的挑战。然而,针对轻微刑事案件,探索构建该机制并不违背法律的具体规定。它仅仅是检察机关内部的一种分工协调关系而已,虽然少了一道内部交叉办理程序,捕、诉由同一承办人办理,但并不会因此影响或者损害犯罪嫌疑人的合法权益。相反,对于轻微案件来说,这不仅有效提高诉讼效率,缩短羁押期限,还能间接起到严格逮捕标准的掌握,使案件承办人在批捕时就会考虑捕后能否起诉,从起诉的角度来考虑捕与不捕,对案件存在的细小瑕疵,能够及早以起诉的标准要求侦查机关补正,有利于案件质量的提高、进一步缩短羁押期限,体现宽严相济的刑事司法政策。

五、结语与思考

新一轮司法改革为检察改革的道路指明了方向,检察改革作为司法改革的一个重要组成部分,成效如何必然影响到“法治中国”的建设。轻微刑事案件快速办理机制作为“公正、高效、权威的社会主义司法制度”建设中的一项,如何在原有基础上进一步推动与完善,需要的是更多的创新及摸索。不可否认,该机制的运行会在“公正与效率”的价值取向间产生一定的冲突。然而,如何将这种冲突降到最低,实现效益的最大化,则需要每一名检察人员在具体的办案过程中斟酌衡量,用朴实的责任心及良好的创新力为该机制的有效运行添砖加瓦,为法治中国的建立及人权保障的落实贡献力量。

[原文发表于《中国检察官》2017 年第 1 期]

构建新型诉讼监督模式的理论与实践

——以深圳市检察机关探索实践为样本

深圳市人民检察院课题组*

摘　要：长期以来，中央、全国人大和最高人民检察院以及各地人大、检察机关不断探索加强对诉讼活动的法律监督，但总体上仍未改变诉讼监督的薄弱局面。深圳检察机关以监督共赢①理念为先导，以开发应用信息化监督平台为依托，以检察机关诉讼监督与被监督机关内部监督的机制衔接为保障，探索构建了覆盖侦查、审判、执行等诉讼各环节的新型诉讼监督模式，取得初步的成效。本课题以深圳的探索实践为蓝本，开展实证研究，系统论述构建新型诉讼监督模式的必要性和可行性，全景展示深圳实践及其重大意义，进一步明确其定位及改进建议，推动完善、提升新型诉讼监督模式。通过深圳的探索实践，开辟一条强化诉讼监督、改变薄弱局面的新路径，为国家加强和规范对司法活动的法律监督提供鲜活的实践经验。

关键词：新型诉讼监督模式　监督共赢　信息化应用　机制创新

一、引言

对诉讼活动实行法律监督，是宪法和法律赋予人民检察院的重要职责，对于维护法制的统一、尊严和权威，维护社会公平正义，促进社会和谐稳定具有重要

---

* 课题组负责人：白新潮；课题组成员：刘建柱、邱伯友、孙伟、张孟东、方嘉凡、张润清。

① 所谓监督共赢，是指检察机关与被监督机关在相互理解、配合、支持下，各自的法定职责（如检察权、侦查权、审判权、刑罚执行和监管权）得以顺利履行，司法公正和司法权威得以捍卫，国家利益、社会公益和当事人合法权益得以维护，国家法律得以统一正确实施的一种理想状态。

意义。[1] 但由于诸多因素的影响,诉讼监督工作一直相对薄弱。长期以来,中央、全国人大和最高人民检察院以及各地人大、检察机关不断探索加强对诉讼活动的法律监督,但总体上仍未改变诉讼监督工作的薄弱局面。2013 年 11 月通过的中共中央《关于全面深化改革若干重大问题的决定》明确提出"加强和规范对司法活动的法律监督"。如何落实这一部署要求,将是新一轮司法改革亟待破解的重大课题。

2011 年以来,深圳检察机关以监督共赢理念为先导,以开发应用信息化监督平台为依托,以检察机关诉讼监督与被监督机关内部监督的机制衔接为保障,探索构建了覆盖侦查、审判、执行等诉讼各环节的新型诉讼监督模式。目前,该模式已在深圳检察机关、公安机关、海关、司法行政部门投入运行。从近两年的运行来看,该模式既推动了检察机关诉讼监督工作的顺利开展,又促进了被监督机关的规范执法和队伍管理,受到了被监督机关的充分认可和大力支持。其经验做法被广东省检察院、省公安厅、最高人民检察院和中央政法委转发推广。

本课题以深圳检察机关的探索实践为蓝本,开展实证研究,系统论述构建新型诉讼监督模式的必要性和可行性,全景展示深圳检察机关新型诉讼监督模式的构建、运行及重大意义,进一步明确今后探索实践的方向及建议,推动完善、提升新型诉讼监督模式。通过深圳的探索实践,开辟一条强化诉讼监督、改变薄弱局面的新路径,为国家加强和规范对司法活动的法律监督提供鲜活的实践经验。

二、我国传统诉讼监督模式存在的主要问题

(一)传统诉讼监督模式的若干检讨

所谓诉讼监督模式,即人民检察院在特定的司法环境下,按照一定的理念、方式、机制等,实施诉讼监督,并在诉讼监督中逐步形成并反复运用的一种工作模式。较之新型诉讼监督模式,传统诉讼监督模式的缺陷和不足主要表现在:

1. 工作理念有偏差,孤立看待监督与被监督的关系

根据我国《宪法》规定,检察机关是国家的法律监督机关,对公安机关、法院、

---

① 最高人民检察院关于《印发〈最高人民检察院关于进一步加强对诉讼活动法律监督工作的意见〉的通知》(高检发〔2009〕30 号)。

司法行政部门(以下简称被监督机关)的诉讼活动行使法律监督权。在诉讼中,检察机关与被监督机关虽然地位、职能不同,但在维护国家法律统一正确实施等方面具有共同的目标。而在实践中,检察机关、被监督机关往往从本位出发,片面、孤立地看待监督与被监督的关系。一些检察机关以监督者自居,不注重沟通协调,简单生硬,一监了之,较少站在被监督机关的角度,通过监督协助对方规范执法行为,从源头上预防和减少司法权的滥用;被监督机关则认为,检察机关的监督是故意找茬、是干涉办案,而对监督的积极、正面的意义认识不够,较少主动依靠监督来促进自身问题的解决,促进司法权的依法规范运行。正如有些司法人员认为,法院的审判具有司法的终局性,如果对法院审判的结果进行监督,就会破坏司法的终局性,①并以此为由排斥、抵制检察机关的法律监督。

2. 工作手段落后,效率低、不规范

在传统的诉讼监督模式下,由于没有信息化的监督平台,承办人员每办理一起案件,都要人工查阅相关的法律法规和司法解释,手工记录、汇总问题,拟制监督意见,一般都耗费大量的时间和精力,致使承办人员无力监督、不愿监督。同时,由于没有信息化的监督指引,承办人员办理诉讼监督案件,主要依靠个人的业务技能和经验,致使诉讼监督因人而异、差别很大,削弱了诉讼监督的严肃性和权威性。

3. 工作机制不完善,检察监督意见难以落实

在传统诉讼监督模式下,检察监督意见的落实更多依赖于检察机关与被监督机关之间、甚至私人之间的关系融洽程度。究其原因,一方面是检察机关诉讼监督的刚性不足,检察机关不得已而为之;另一方面则源于检察机关诉讼监督与被监督机关内部执法监督互不衔接,检察监督意见对被监督机关办案部门和人员产生不了实质性的影响。通常情况下,检察机关作出的监督文书,直接送达被监督机关的案件承办部门或个人,由该部门或个人自行落实整改。由于被纠错者天然存在抵触情绪,加之出于对执法办案考评的顾虑,往往对检察监督意见的落实整改敷衍了事,甚至对上级领导和考评部门瞒报情况。被监督机关内部执法监督部门无从知悉,亦无法督促相关部门落实整改,从而造成"检察监督意见

① 邓思清:《论审判监督的理论基础》,载《法律科学》2003 年第 3 期。

落实难"。

（二）对传统诉讼监督模式检讨的若干结语

通过对传统诉讼监督模式的检讨，有三点可以明确：

1. 在现行的体制及司法环境下，诉讼监督不是检察机关一家强势的单方行为，而是亟须被监督机关给予充分的理解、配合、支持，才能有所建树的双方行为。在推动实现社会公平正义的大格局下，既需要双方从心理上放弃监督与被监督的零和博弈思维，也需要双方从认识上树立"司法执法目标同向，监督可以实现共赢"的理念。

2. 在信息技术飞速发展的时代背景下，必须加速改进传统的诉讼监督工作方式，依靠信息化手段，实现诉讼监督工作的效能化、规范化、科学化，解决传统诉讼监督模式下"监督效率低、监督不规范、不会监督"等突出问题，增强诉讼监督的权威性，从根本上提升检察机关诉讼监督的公信力。

3. 制度是具有根本性的东西，检察机关开展诉讼监督，仅靠过去"君子协议"式的约定，已不能满足现实的需要，必须通过建立长效的工作机制，实现检察机关诉讼监督与被监督机关内部监督衔接的制度化，才能确保检察机关监督意见的落实，从制度上解决"检察监督意见落实难"的问题。

综上，传统的诉讼监督模式由于自身的局限性，越来越难以承载检察机关诉讼监督的使命，重构一种新型的诉讼监督模式已迫在眉睫。

三、构建新型诉讼监督模式的法理及实践基础

构建新型诉讼监督模式，是深圳检察机关率先探索推进的重大机制创新，实务部门和学界尚未对此进行研究，但该机制创新并非凭空出世，而具有坚实的法理基础和丰富的实践基础。

（一）构建新型诉讼监督模式的法理基础

1. 法理基础之一：检察机关具有对诉讼活动的法律监督权

诉讼监督是指检察机关依照法定程序对诉讼活动中所存在的违法行为进行监督纠正以维护法律统一实施的专门法律监督活动。[①] 多数国家均将监督司法

① 伦朝平等：《刑事诉讼监督论》，法律出版社 2007 年版，第 3 页。

机关是否公正、正确适用刑事法律的权限交由检察机关(检察官)行使,所不同的是由于各国政治、经济、文化背景不同,检察机关行使监督权的权限各异。我国检察机关的诉讼监督权源于宪法和法律的规定,[①]诉讼监督职能贯穿于诉讼的全过程。

对于检察机关诉讼监督权,有学者提出质疑,认为应"废除检察机关的法律监督权"[②]。我们不同意这种观点。(1)检察机关具有诉讼监督职能,反映了历史发展的客观规律。从封建时代的纠问式诉讼,到近现代西方国家的"三权分立",到苏联时期以及我国的"法律监督机关与行政机关、审判机关分立",反映了权力是从一体到多元、从无限到制约、从集中到独立的演变过程。(2)检察机关具有诉讼监督职能,是对我国司法制度历史传统的继承和发扬。我国封建社会设有御史制度,行使近似现代检察的职能。我国将检察机关确立为法律监督机关,不仅是对列宁法律监督思想[③]的借鉴,还与中华法系的传统文化有着千丝万缕的联系。[④] (3)检察机关具有诉讼监督职能,有着深厚的观念基础。其一,有错必纠论。刑事诉讼所追求的目标之一就是对犯罪的准确追究,如果不纠正诉讼活动中的错误就会背离目标。其二,权力制衡论。检察权制度之所以被称作"启蒙的遗产",其原因也在于现代检察制度是以权力制衡理论为其理论基础的。我国检察机关享有诉讼监督权亦是权力制衡理论的表现。其三,人权保护论。人权在诉讼中尤其是在刑事诉讼中易遭受侵害或剥夺。检察机关行使诉讼监督权,加强对诉讼活动的法律监督,可以有效防止和纠正侵犯人权的行为。

综上,检察机关行使诉讼监督权,为构建新型诉讼监督模式提供了必要的法律支撑和理论前提。深圳检察机关正是基于这一逻辑起点,通过信息化应用与机制创新的融合,探索构建了新型诉讼监督模式,将检察机关诉讼监督制度落到

---

① 《宪法》第134条规定:中华人民共和国人民检察院是国家的法律监督机关。《刑事诉讼法》第8条规定:人民检察院依法对刑事诉讼实行法律监督。《民事诉讼法》第14条规定:人民检察院有权对民事诉讼实行法律监督。《行政诉讼法》第11条规定:人民检察院有权对行政诉讼实行法律监督。上述法律规定,明确了人民检察院对各种诉讼活动的法律监督权。

② 郝银钟:《检察权质疑》,载《中国人民大学学报》1999年第3期。

③ "十月革命"胜利后,列宁认为:为了维护法律的统一,必须有专门的法律机关;法律监督机关与行政机关、审判机关分立,独立行使职权。参见李士英:《当代中国的检察制度》,中国社会科学出版社1987年版,第556~557页。

④ 邓思清:《检察权研究》,北京大学出版社2007年版,第45页。

了实处。

2. 法理基础之二:司法机关具有共同的价值追求

我国的公检法司机关均是代表国家履行司法、执法职能的专门机关,在诉讼中行使的职能虽然各不相同,但具有共同的价值追求,即维护司法公正和司法权威,维护国家利益、社会公益和当事人合法权益,维护国家法律的统一正确实施,推动实现社会公平正义。这就决定了司法、执法机关在依法履行各自职能的基础上,有必要也有责任加强彼此之间的配合、协作,努力实现这一共同的价值追求。

根据我国法律规定,人民检察院既是国家的法律监督机关,又是承担着控诉职能的诉讼参与机关。这一双重的身份,决定了检察机关在推动实现这一共同价值追求中肩负着双重的职能。首先,作为法律监督机关,检察机关通过依法履行法律监督职能,督促公安机关、法院、司法行政部门依法行使司法权、执法权,维护司法公正。其次,作为诉讼参与机关,检察机关通过依法履行审查批捕、审查起诉、出庭公诉、提起抗诉等职能,对公安机关、法院的侦查、审判、执行等诉讼活动形成一定的配合和制约关系,确保诉讼活动顺利进行,法律得以正确实施。①

综上,司法、执法机关具有的共同价值追求,以及在实现这一共同价值追求中人民检察院肩负的双重职能,为构建新型诉讼监督模式提供了必要的理论基础和实践需求。深圳检察机关在探索构建中,大力倡导监督共赢的理念,注重加强与被监督机关的沟通协调,赢得了广泛的理解和支持。

3. 法理基础之三:程序本位主义决定诉讼监督必须机制化

英国大法官丹宁勋爵曾经说过:"正义不仅要实现,而且要以看得见的方式实现"。这句流传甚广的法律格言充分凸显了程序的重要性。受传统法律文化的影响,我国司法界长期以来存在"重实体轻程序"的倾向,程序工具论一度很盛行。"只要真相能够得到揭示,它是如何获得的并不重要"。② 随着法治建设的推进,程序的独立价值越来越受到实务部门和学界的重视。

检察机关的诉讼监督权是一项重要而敏感的权力,其行使备受关注,也一度

① 张翠松:《论法院、检察院和公安机关的宪法关系》,载《云南大学学报法学版》2013 年 1 月第 26 卷第 1 期。

② 转引自陈瑞华:《程序价值理论的四种模式》,载《中外法学》1996 年第 2 期。

受到质疑。因此,加强诉讼监督,必须要有一整套的科学、严谨、规范、透明的程序或模式,才能确保诉讼监督的严肃性和权威性,让被监督者“口服心服”,让质疑者打消疑虑。当前,由于国家尚未制定专门的《诉讼监督法》,缺乏具体的监督程序和配套机制,检察机关开展诉讼监督普遍存在监督随意性大、监督不规范等问题,影响着诉讼监督的严肃性和权威性,也遭到被监督机关的质疑、抵制。

深圳检察机关秉承程序本位主义,通过构建新型诉讼监督模式,创设了一整套的诉讼监督操作程序和配套机制,实现了诉讼监督的制度化、流程化、透明化,从程序上确保了诉讼监督权的依法运行、规范运行。

(二)构建新型诉讼监督模式的实践基础

1. 实践基础之一:深圳检察机关呈捕案件质量分析机制的成功实践

2011 年,深圳市检察院在市公安局的配合支持下,开发运用信息化系统,探索构建呈捕案件质量分析机制,将检察机关监督意见作为公安机关内部执法考核的参考依据,显著增强了侦查监督的刚性和效果。呈捕案件质量分析机制的成功实践,在创新监督理念、加强与被监督机关的协调配合、建立配套机制等方面,为全面构建覆盖侦查、审判、执行等诉讼各环节的新型诉讼监督模式提供了可靠的模板。

2. 实践基础之二:深圳检察机关信息化建设的成功实践

2005 年以来,深圳检察机关持续推进信息化建设,分别开发应用了案件、政务、队伍三大管理系统和“两法衔接”信息共享平台、举报信息系统等一批应用系统。其中,依托三大管理系统创立的检察管理新机制,被最高人民检察院曹建明检察长誉为“体现了管理科学化的深圳模式”。2012 年,最高人民检察院决定“以深圳市检察机关统一业务应用软件为基础”,开发全国检察机关统一业务应用软件。① 信息化建设的成功实践,在“促进检察工作与信息化融合、借力外脑开发运用系统、整合技术和业务内部资源”等方面,为新型诉讼监督模式的构建提供了有益的借鉴。

---

① 参见最高人民检察院《关于协助做好全国检察机关统一业务应用软件开发工作的通知》,2012 年 9 月 4 日。

四、构建新型诉讼监督模式的深圳实践

(一)长期以来加强诉讼监督的探索实践

诉讼监督薄弱状况一直备受关注和重视,各方面不断探索加强对诉讼活动的法律监督,主要路径如下:(1)纳入司法改革。在第一轮、第二轮司法体制改革中,中央分别提出"加强监督作为司法体制改革的重要内容""强化法律监督,完善法律监督措施";党的十八届三中全会强调要求"加强和规范对司法活动的法律监督"。(2)完善法律法规。全国人大及其常委会通过《刑事诉讼法》《民事诉讼法》修正案,对诉讼监督制度作出重大修改。各地人大出台了一系列加强诉讼监督的决议、决定或意见。[①] (3)加大探索实践。最高人民检察院单独或联合最高法院、公安部等部门出台了一系列规范性文件,[②]各地检察机关也进行了大量的探索实践,如建立联席会议制度、信息通报制度等。(4)开展理论研究。实务部门和学界的专家、学者纷纷著书立说,形成了丰硕的研究成果。[③]

客观地说,上述努力对于加强和改进诉讼监督发挥了积极的作用,但毋庸讳言,总体上仍未改变诉讼监督的薄弱局面。其主要原因在于,中央和人大出台的文件虽然效力高、有权威,但多为宣告式、号召性的表述,没有配套的实施细则和制度保障,缺乏可操作性;检察机关推出的措施虽然具体、可操作,但效力低、缺乏权威性,被监督机关排斥、不认可,实践中也难以落实。其深层次的原因在于,这些探索实践,过于关注强化诉讼监督本身,"头疼医头,脚疼医脚",而对配套的监督理念、工作机制、方式方法以及被监督机关的需求、感受等关注不够,造成实践中"检察机关操作难、被监督机关不买账"的尴尬局面。

---

① 截至2011年9月,31个省一级人大常委会出台了诸如"关于加强人民检察院对诉讼活动法律监督工作的决议或决定"。参见杨迎泽、薛伟宏主编:《诉讼监督研究——中国检察诉讼监督视角》,法律出版社2012年版,第423~430页。

② 比如,在单独行文方面,2009年,最高人民检察院出台了《关于进一步加强对诉讼活动法律监督的意见》,全面提出了加强诉讼监督的框架性意见;在联合行文方面,2010年,最高人民检察院会同最高人民法院、公安部、国家安全部、司法部等部门联合下发了《关于对司法工作人员在诉讼活动中的渎职行为加强法律监督的若干规定(试行)》,明确规定检察机关有权对司法工作人员的渎职行为进行调查。

③ 比如,最高人民检察院朱孝清副检察长公开发表了《论诉讼监督》,全面论述了诉讼监督的基本理论,澄清了对诉讼监督的模糊认识,回击了一些专家、学者对检察机关诉讼监督制度的质疑,提出了加强和改进诉讼监督的思路和建议。参见朱孝清:《论诉讼监督》,载《国家检察官学院学报》2011年第5期。

(二)深圳检察机关构建新型诉讼监督模式的探索实践

1. 新型诉讼监督模式的基本内涵和主要架构

所谓的新型诉讼监督模式,是深圳检察机关相对传统诉讼监督模式提出的概念,其基本内涵为:检察机关在被监督机关的配合支持下,以监督共赢理念为先导,以开发应用信息化监督平台为依托,以检察机关诉讼监督与被监督机关内部监督的衔接机制为保障,对立案、侦查、审判、刑罚执行和监管等诉讼活动实行法律监督的一种工作模式。

依据检察机关诉讼监督的不同领域,该模式可以分为新型侦查监督模式、新型刑事审判监督模式、新型民行诉讼及执行监督模式、新型刑罚执行及监管监督模式等四个子模式。这四个子模式彼此相对独立,各自运行,共同构成一套完整的新型诉讼监督模式。

2. 新型诉讼监督模式的核心要素和谦抑特质

该模式有三大独具特色的核心要素:

(1)新理念:监督共赢理念

所谓监督共赢,即监督者与被监督者在相互之间的理解、配合、支持下,各自的法定职责(如检察权、侦查权、审判权、刑罚执行和监管权)得以顺利履行,司法公正和司法权威得以捍卫,国家利益、社会公益和当事人合法权益得以维护,国家法律得以统一正确实施的一种理想状态。申言之,新型诉讼监督模式所要达到的战术目标:提升检察机关诉讼监督能力,加强诉讼监督,改变“诉讼监督的薄弱局面”;通过诉讼监督,支持和帮助被监督机关规范执法活动、加强队伍管理,促进司法权、执法权依法规范行使。所要达到的战略愿景:促进“分工负责、互相配合、互相制约”机制的落实,强化司法、执法各机关的办案责任,确保办案质量,有效防范冤假错案的发生;推进法治中国建设,最终推动实现整个社会的公平正义。监督共赢理念的倡导和确立,增进了检察机关与被监督机关之间的理解和信任,推动形成了司法共同体意识,①缓解了被监督机关对诉讼监督的排斥心理,逐步营造了检察机关与被监督机关协作加强诉讼监督工作的良好氛围。

---

① 公安机关、检察机关、法院、司法行政部门在诉讼活动中,既坚持分工负责,依法履行各自的法定职责,又加强相互之间的配合协作,促进法治中国建设,共同推动实现社会公平正义。

(2)新手段:信息化诉讼监督平台

探索加强诉讼监督,不仅需要进行思维的革命、理念的创新,也需要进行工作手段的革命、方式的创新。信息化诉讼监督平台是深圳检察机关依托信息化手段开发的诉讼监督系列工作平台,具体包括侦查监督、刑事审判监督、民行诉讼及执行监督、刑罚执行及监管监督四大平台。该平台通过诉讼监督工作与先进信息技术的融合,将繁杂无序的诉讼监督工作转化为格式化的操作流程,以案卡形式为检察办案人员提供智能化的计算机操作界面,实现了诉讼监督工作的常态化、规范化、精细化,增强了诉讼监督工作的规范性、严肃性和权威性。

(3)新机制:检察监督与被监督机关内部执法监督的衔接机制

“检察监督意见落实难”是长期以来困扰各级检察机关的“老大难”问题。该衔接机制,即是深圳检察机关为解决这一难题而探索推出的一项制度创新。其基本思路为:检察机关分别与被监督机关会签文件,将检察机关的监督意见作为被监督机关内部执法考评的重要依据,并由被监督机关执法考评部门负责检察监督意见的落实及反馈,从制度上保障检察机关监督意见的落实。该衔接机制的建立,找准了检察机关诉讼监督与被监督机关内部执法考评的结合点,促进了“检察机关监督意见落实难”问题的解决,客观上增强了诉讼监督的刚性,提升了诉讼监督的效果。

此外,需要着重指出的是,新型诉讼监督模式的构建与运行严格遵循检察权行使的谦抑原则,保持了足够的谨慎、自制和谦逊[①]。主要表现在:其一,不突破法律。坚持改革创新“于法有据”原则,该模式所有的理念、手段、机制等创新和设计均在法律框架内进行;其二,不扩张检察权。立足宪法对检察机关的定位,该模式所有的诉讼监督节点均是依据现行的法律法规和司法解释设立;其三,不干涉其他司法机关依法独立办案。该模式形成的检察监督意见,仅作为被监督机关进行内部执法考评的参考依据,不对被监督机关办案人员产生直接影响,不代行被监督机关对办案人员的惩戒权,不介入被监督机关正常的诉讼活动。

---

① 胡充寒、路红青:《刑事司法谦抑原则的法哲学思考》,载《湘潭大学学报》(哲学社会科学版)2011年第2期。

3. 构建新型诉讼监督模式的主要做法

(1)倡导监督共赢理念,争取各方面的理解与支持

构建新型诉讼监督模式关乎检察机关与被监督机关之间敏感复杂的关系,稍微处理不慎,就会被贴上"扩充检察权""干预其他司法、执法机关办案"等标签。为此,深圳检察机关在构建过程中,特别注重加强与相关方面的沟通协调。一方面,逐一与被监督机关进行多次沟通,逐步消除了被监督机关的疑虑,使其由排斥、抵制到主动接受。公安机关、法院、海关、司法行政部门等均表示赞同,有的部门甚至主动要求加快构建进程,争取早日投入运行。另一方面,加强向市委、市委政法委的汇报,推动将这项工作纳入《深圳市全面深化改革总体方案(2013 ~2015 年)》。市委政法委多次组织召开公检法司专题协调会,部署推动相关工作。

(2)开发信息化监督平台,打造全新的诉讼监督工作模式

首先,设计监督案卡,提供监督指引。按照侦查、审判、刑罚执行及监管等诉讼流程,全面梳理法律法规和司法解释关于诉讼监督的规定,将分解为具体的诉讼监督节点,①并提供相应的法条指引,分别开发侦查、审判、刑罚执行及监管等监督案卡,以计算机操作界面全景显示诉讼监督的所有情形,为办案人员提供智能化的监督工作指引。

其次,创设监督程序,实现智能监督。将监督案卡嵌入案件管理系统,把填写监督案卡作为办理审查逮捕、审查起诉、抗诉、民行检察等案件的必经环节。在办理具体案件时,办案人员对照监督案卡所列监督项目,逐项审查卷宗材料,随鼠标移动,法条自动援引,哪个环节存在什么问题一目了然,只需对照点击即可,监督情况自动存入系统数据库;监督平台自动跟踪监督案卡记录的监督内容,自动生成监督法律文书,并以红色警示提醒办案人员及时向被监督机关发出;当诉讼违法程度达到犯罪线索时,系统自动提示办案人员将线索移交有关部门进行处理。

最后,创新监督方式,增强监督实效。对于通过监督平台发现的违法行为和

① 比如,依据《刑事诉讼法》《人民检察院刑事诉讼规则(试行)》等规定,将常见的侦查活动监督事项分解为34类293个监督节点,将刑事审判监督事项分解为16类73个监督节点,将刑罚执行及监管活动监督事项分解为3类466个监督节点。

问题，区别情形分别予以监督纠正。对情节较轻的个案情形，向被监督机关发出《侦查活动监督通知书》等法律文书进行监督；对严重违法的个案情形，及时启动立案监督、侦查活动监督、审判监督、执行监督等程序，发出《通知撤案书》《纠正违法通知书》等法律文书进行监督。对类案存在的问题，发出《检察建议书》进行督促整改。同时，检察机关每半年制作案件质量分析报告，分别全面分析侦查、审判、刑罚执行等案件和监管活动存在的问题，为被监督机关开展内部执法考评提供客观、翔实的一手资料。此外，还可以根据被监督机关的需求，以办案部门、办案人员为条件进行专项深度分析，详细提供被监督机关每一个办案部门、每一位办案人员的办案质量分析报告和办案质量排名。

(3)创立检察监督与被监督机关内部监督衔接机制，确保检察监督意见的有效落实

深圳市检察院与市公安局会签了《关于建立刑事案件侦查监督和执法监督相衔接工作机制的意见》《刑事案件侦查活动监督衔接配合实施办法》，与深圳海关缉私局会签了《缉私刑事案件侦查活动监督衔接配合办法》，制定了《深圳检察机关职务犯罪案件侦查活动监督工作办法》等一系列规范性文件，将全市公安机关、海关、检察机关自侦部门的侦查案件全面纳入新型侦查监督模式的适用范围。与市公安局、市中级法院、市司法局会签了《刑罚执行及监管活动监督衔接配合实施办法》，将全市看守所、法院、监狱、社区矫正机构的刑罚执行、收监、监管、出监等活动全面纳入新型刑罚执行及监管监督模式的适用范围。同时，深圳市检察院正与市中级法院共同推进检察监督与法院内部执法监督的衔接机制建设，拟将全市法院的刑事审判、民事诉讼、行政诉讼及执行活动分别纳入新型刑事审判监督模式、新型民行诉讼及执行监督模式的适用范围。

(4)建立配套保障机制，确保新型诉讼监督模式的顺利运行

深圳检察机关通过修订绩效考核标准，建立了对检察人员履行诉讼监督职能的评价激励机制。以侦查活动监督为例，对侦查活动34类293个监督项目，按照违法违规严重程度和发现难易程度，赋予不同分值。如果办案人员履行监督职能到位，获得的监督绩效分可能超过办案绩效分。同时，规定填写监督案卡不规范或错误的，虽填写监督案卡但未发出法律文书的，扣除相应绩效分，督促和鼓励办案人员主动开展监督。

（三）新型诉讼监督模式构建运行的重大意义

长期以来诉讼监督的薄弱局面，无法满足人民群众对司法公正、公平正义的期待，不仅削弱了检察机关诉讼监督的形象和地位，还引发了一些专家学者对检察机关行使诉讼监督权的质疑。深圳检察机关坚持问题导向，探索构建的新型诉讼监督模式，是兼顾强化诉讼监督现实需求和维护社会公平正义远景价值的一项重大机制创新。该模式具有如下重大意义：

1. 解决了强化诉讼监督的现实需求：该模式的构建与运行，逐步扭转了诉讼监督的薄弱局面，强化了检察机关诉讼监督的地位，促进了诉讼监督制度的巩固和发展。

（1）有效增进了检察机关与被监督机关之间的理解和信任。该模式倡导的监督共赢理念，不仅满足了检察机关强化诉讼监督的需求，还充分满足了被监督机关规范执法行为、加强队伍管理的实际需求，因此，得到了被监督机关的理解、支持和欢迎，在一定程度上缓解了部分检察人员不敢监督、不愿监督、怕得罪人的心理，从而促进了诉讼监督工作的顺利开展。

（2）显著提升了检察机关的诉讼监督能力。一方面，增强了检察人员的监督能力。该模式依靠先进的信息化手段，为检察机关办案人员提供了全面、规范的监督指引，有效解决了“不会监督、不善监督、监督不规范、监督效率低”等问题。另一方面，形成了检察机关的监督合力。该模式通过侦监、公诉、监所等部门的诉讼监督数据共享，并配套建立诉讼监督线索内部移交机制，实现了侦查权、批捕权、公诉权、诉讼监督权不同权能之间的有机结合，有效解决了检察机关监督职能分散、难以形成合力的问题。

（3）逐步树立了检察机关诉讼监督的权威和地位。该模式的构建与运行，从理念上赢得了被监督机关的理解、信任和支持，从手段上确保了诉讼监督的规范性、严肃性，从机制上保证了检察监督意见的有效落实，显著提升了诉讼监督的刚性和效果。随着该模式成效的不断显现，必将有力地回应一些专家学者对检察机关诉讼监督的质疑，树立检察机关诉讼监督的权威，强化诉讼监督工作的地位,对于进一步完善、发展、捍卫诉讼监督制度具有积极的意义。[①]

2. 构筑了通过司法维护社会公平正义的长效机制:该模式的构建与运行,不仅着眼于强化检察机关的诉讼监督,更着眼于通过诉讼监督来促进提升司法、执法机关的整体执法水平,以公正、高效、权威的司法、执法,推进法治中国建设,推动实现整个社会的公平正义。

(1)促进提升了司法、执法机关的整体执法水平。该模式的构建与运行,较好地体现了监督共赢的理念。检察机关依托该模式,加强和改进诉讼监督,实现了依法监督、规范监督。被监督机关通过该模式,实现接受外部监督与加强内部监督的有效衔接,规范了执法办案,强化了队伍管理,促进了司法权、执法权的依法规范行使。以新型侦查监督模式的运行为例,从2011年5月推行至2014年8月25日,深圳检察机关共对全市侦查部门8579件存在问题的案件,提出了12280条监督意见,有效规范了侦查活动。比如,全市公安机关2013年侦查活动不规范的案件比2012年下降了26.6%,其中市公安局下降达42.9%,案件质量明显提高。随着该模式的全面推行,深圳司法、执法机关的整体执法水平将迈上一个新台阶。

(2)建立了防范冤假错案发生的立体防线。其一,该模式的构建与运行,促进了司法权力“分工负责、互相配合、互相制约”机制的落实,较好地实现了检察权与侦查权、审判权、刑罚执行权、监管权之间的互相制约,强化了司法、执法各机关的办案责任,最大限度地防范和减少了司法权、执法权的滥用。其二,该模式的构建与运行,实现了检察机关对立案、侦查、审判、刑罚执行及监管活动等刑事诉讼各环节的全程监督。在该模式下,一位刑事犯罪嫌疑人从被立案、侦查、审判、刑罚执行、入监、监管直至出监,要历经新型侦查监督模式、新型刑事审判监督模式、新型刑罚执行及监管监督模式3道防线832个诉讼监督节点的审查把关,[②]从而有效地保障了人权,最大限度地防范和减少了冤假错案的发生。

---

① 田春生等:《凸显审查逮捕监督属性　强化侦查监督工作实效——深圳市检察机关推行呈捕案件质量分析机制情况汇报》。该经验总结材料被最高人民检察院转发。2011年7月27日,最高人民检察院《关于转发广东省深圳市人民检察院〈凸显审查逮捕监督属性　强化侦查监督工作实效〉的通知》(〔2011〕高检侦监发33号)。

② 其中,侦查活动监督34类293个监督节点,刑事审判监督16类73个监督节点,刑罚执行及监管活动监督3类466个监督节点。

(3)为国家加强和规范对司法活动的法律监督提供了有益的实践参考。深圳检察机关的探索实践,加强和规范了检察机关对司法活动各环节的法律监督,促进了司法权的依法规范行使,在监督理念、工作手段、机制创新等方面提供了鲜活的实践经验。广东省检察院、省公安厅联合下发文件,决定在全省推广建立侦查监督和执法监督的衔接机制。最高人民检察院朱孝清副检察长批示要求"最高人民检察院侦监厅认真研究总结并向全国推广"。[①] 中央政法委以《广东省深圳市检察机关创新侦查监督机制大力推进公正廉洁执法》为题,对深圳检察机关的探索实践进行专题刊载。[②] 江苏、甘肃、湖北、重庆等省市检察机关先后前来考察,拟在当地借鉴推行。

五、进一步推进新型诉讼监督模式构建工作的若干思考

(一)进一步明确构建新型诉讼监督模式的定位

基于构建新型诉讼监督模式的重大意义,建议将其定位为:

1. 强化检察机关诉讼监督,扭转诉讼监督薄弱局面,巩固和发展诉讼监督制度的固本工程;

2. 规范检察机关、被监督机关执法行为,加强队伍管理,提升整体执法水平的共赢工程;

3. 探索推进司法权力运行机制改革,加强和规范对司法活动法律监督,推动实现社会公平正义的示范工程。

通过明确定位,进一步凝聚共识,更好地争取被监督机关以及党委、人大、上级检察机关的理解、重视和支持,确保新型诉讼监督模式的顺利构建与运行。

(二)推动建立完善市级层面的保障机制

1. 建议提请市委"一揽子"转发检察机关与被监督机关会签的衔接机制系列文件,提高发文规格和权威,为进一步推进构建和运行工作提供制度保障。

2. 建议建立向市人大常委会专题报告制度。定期向市人大常委会报告被监

---

① 2011年7月,最高人民检察院副检察长朱孝清批示:深圳市检察机关创立的以个案逐项审查为基础、以信息化为手段、以列入公安机关考核为保障的呈捕案件质量分析机制很有价值,请侦监厅认真研究总结并向全国推广。

② 中央政法委:《政法动态——深入推进三项重点工作专刊》第109期,2011年9月19日印发。

督机关落实检察监督意见的情况,促进检察监督意见的落实整改;提请市人大常委会适时组织人大代表等人员,专项检查新型诉讼监督模式运行情况,促进相关工作的开展。

3. 推动将构建新型诉讼监督模式纳入新一轮司法改革规划

构建新型诉讼监督模式,不仅完全契合中央关于司法改革的最新精神,还紧紧抓住了司法权力运行机制改革的关键和重点。建议适时向省检察院、最高人民检察院专题报告新型诉讼监督模式的构建情况,以及取得的显著成效和重大意义,推动将其纳入全省、全国的新一轮检察改革和司法改革规划,更好地发挥其积极作用。

[原文发表于《人民检察》2014 年第 22 期]

建立侦查活动监督平台的法理与路径

——以“广东经验”为切入点

刘顺龙　周硕鑫*

摘　要：侦查活动监督平台作为侦查监督工作与信息化技术深度融合的时代产物，使传统监督方式和载体实现跨越性发展，其设计理念、程序机理蕴含了深厚的法理基础和严密的法治思维，切实遵循司法规律和改革要求，对明晰职能定位、改进监督方式、提升监督实效的作用明显。我们仍需在拓宽监督视野、创新运行机制等方面继续探索平台发展的新路径，使其能进一步释放工作潜能、提升监督品质。

关键词：平台　监督　侦查

为全面提升侦查活动监督工作的法治化、现代化水平，广东省检察机关组织业务骨干和科研精英经过长期合作探索，在全国率先创建侦查活动监督平台（以下简称平台）。平台于2015年12月全面上线运行以来，对侦查监督模式的转型升级发挥了主导作用，推动侦查监督战斗力整体提升，形成可广泛推广复制的经验模式。曹建明检察长在十二届全国人大五次会议的最高人民检察院工作报告上指出：“推广‘广东经验’，探索建立侦查活动网上监督平台”。①

---

* 刘顺龙：广东省人民检察院检察官；周硕鑫：广东省人民检察院检察官助理。

① 曹建明：《最高人民检察院工作报告——2017年3月12日在第十二届全国人民代表大会第五次会议上》，载《检察日报》2017年3月20日，第2版。

一、侦查活动监督平台的法理内涵

(一)检察权对侦查权的监督与制约

检警双方在诉讼流程推进的过程中扮演配合与制约并存的角色,以往检察机关在批捕阶段主要侧重于围绕逮捕条件的把握与公安机关协调联动,对侦查权的监督和规制趋于弱化。以审判为中心的诉讼制度改革对刑事案件审前证据的标准和质量提出了更高要求,侦监工作也应不断强化监督属性,充分过滤问题案件和瑕疵证据,为后续诉讼流程的有序衔接打好基础。平台引导办案人员细致甄别违法事项,罗列问题清单,督促侦查机关整改反馈,通过监督权的行使抑制侦查权的僭越与滥用,使侦捕关系由单向案件传送向双向沟通制约转变。平台也为检察系统的内部监督开辟窗口,能有效防范监督的越权错位。侦查机关也被赋予相应的救济权,其可提出针对性复查意见,要求检察机关复查核实。目前,广东省公安机关已将检察机关基于侦监平台提供的侦查质量分析报告及相关数据作为内部执法考评、执法过错责任追究的参考依据,反向审视侦查活动的理念、方式、质量,大量倾向性、功利性过强的取证行为得到合理矫正,公安机关执法活动的法治化、规范化水平不断提升,检警双方形成以监督制约带动互利共赢的崭新格局。

(二)监督秩序的合理建构

“在程序的运行逻辑中,有序性是其最为显著的特征,程序的有序性从时空两维引导权力的行使趋于有序。”[①]法的秩序价值是公平正义等其他法律价值得以实现的前提和保障,监督权的执行力和正当性更需要健全、稳定的秩序基础。侦监平台搭建了横向设定案卡项目,纵向创设操作流程的立体化秩序架构,全面记录了侦查活动监督案件的基本情况、侦查主体、违法问题、应用文书、整改反馈等方面的具体内容,通过缜密、固化的规则设定使操作流程沿着法定程序的轨迹运行,实现监督内容完整记载,监督程序全程留痕。监督程序一经启动就需完成法定“规定动作”,抑制“暗箱操作”、程序规避、降格处理等“违规动作”的产生空间,杜绝手工作业时遗漏、隐匿、虚报相关信息的现象。平台的操作规程、节点流

---

① 张敬博:《程序正义应是检察机关案件管理工作的目标》,载《中国刑事法杂志》2012年第4期。

程与法律规则、办案程序精准对应,以操作方式的固定性、不可逆性压制人为处理的随意性、主观性,有效避免了信息失真和程序异化,也带动了各地执法标准和程序的趋同一致,消除个性化、地域性差异。科学、严谨的程序设计使司法理性与正当程序得到内在体现,实现了目的价值与工具价值、程序正义与实体正义的有机统一。

(三)人权保障的内在体现

惩罚犯罪与保障人权是刑事诉讼的基本价值目标,而侦查阶段的人权保障相对而言难以触碰规制。平台的设计理念充分蕴含了"权利本位""以人为本"的价值内核,透过层次分明的问题项目结构表,能深度发掘权利保障路线图,使之成为人权保障的"监控器""矫正仪"。权利保障的对象兼顾当事人双方,范围涉及基本人权和诉讼权利。目前,广东省侦监平台将违法事项分解为25类111项,包括拘传、拘留、监视居住、讯(询)问、查封、扣押、回避、辩护等大项及附属子项目,涵盖了人身权、自由权、财产权、知情权、辩护权、诉讼参与权等方面权利,充分贯彻了对未成年人、女性等特定群体的特殊保护,集中体现了相关法律法规的要求。在绩效考核方面,根据行为的违法严重性、权利受损程度来确定量化的分值标准,对刑讯逼供、暴力取证、超期羁押等行为设置较高分值,体现了人身权、自由权作为基本权利的优先地位,文书瑕疵、权利义务告知、文书送达、通知到场等程序性瑕疵的分值设置较低,通过标准化、程式化的功能模块设计助推相关权利从应然向实然的转化。

二、侦查活动监督平台的功能价值和本质作用

(一)科技创新对侦监环节的定向供给

在"互联网+检察"的语境下,作为供给端的科技领域越来越契合检察工作的发展需求。侦监平台充分融入大数据、云计算、人工智能等前沿技术,是"智慧检务"建设和电子检务工程引领、驱动侦监工作发展的崭新成果。线索发现、问题录入、文书制作、整改反馈、复查核实等环节实现全程网上流转,办案人员告别了口头纠正与手工发文相结合的传统做法,衔接紧密、次序分明的流水线作业模式有效降低了文书瑕疵、事项遗漏、程序紊乱的发生概率,文书生成、信息提取、法条匹配等功能大幅减少了工作量和执法成本,诉讼效益显著提升。系统联网

使平台数据信息互联互通,打破了院际壁垒和界限,有利于上级院的动态监控及平级院之间的参考借鉴。

(二)职能结构的准确定位

侦查活动监督作为侦监工作的主要职能和基本任务之一,长期以来在职能定位和资源投入方面处境尴尬,业务量和重视程度较之审查逮捕工作差距明显,有的办案人员将其视为审查逮捕的附带性、辅助性工作,推进力度浅尝辄止。侦监平台以子系统的形式嵌入全国检察机关统一业务应用系统(以下简称统一应用系统),成为检察业务的基本功能模块之一,与审查逮捕、立案监督模块既连接紧密又并行不悖,进一步筑牢了侦查活动监督与审查逮捕、立案监督"三足鼎立"、合力支撑侦监业务大厦的职能架构。审查逮捕与侦查活动监督的案卡录入同步进行,监督案卡在批捕流程结束后能单方面推进,不受制、依附于其他业务模块,有效避免监督的滞后性、局限性,促进侦查活动监督的业务数量和"份额"显著增加,有助于形成常态化、长效化的监督机制。

(三)监督模式的司法化、案件化

平台的运行逻辑充分导入了法治思维和法治方式,有助于检察人员监督意识、程序意识、责任意识的培育和养成,改变对侦查结论的盲从和片面的追诉化倾向,更加适应居中裁判角色,不偏不倚地对待侦辩双方,重视犯罪嫌疑人权益的保障。平台的操作流程并未完全遵循承办人→部门负责人→分管领导的行政化审批流程,除严重违法情形外,在办案权限方面可灵活设定,在特定范围内赋予检察官自主的监督案件启动权和决定权,同时也全面贯彻落实司法责任制,检察人员需要对填录事项的客观性、合法性负责,对因故意或重大过失怠于或不当监督导致的严重后果承担责任。积极呼应了重大监督事项"案件化"改革,以案件为主线,以问题为导向,通过严格的过程控制引导办案人员遵循案件登记、项目审查、问题填录、文书制作、整改反馈、复查核实等办案流程,将办案理念和环节代入监督活动中,淡化其行政性、事务性色彩,推动监督工作的案件化、诉讼化改造。

(四)监督方式的精细化、实质化

平台的应用使监督方式由粗放化、形式化向精细化、实质化转变。办案人员的审查视角不再局限于卷宗材料,而是通过项目指引来深度透视证据的提取、收集、固定、保全等过程，避免了传统监督模式的表象化、形式化。办案人员能利用其“显微镜”“透视仪”功能，全盘扫描每一个执法活动细节，精确捕捉定位违法事项。在办案流程方面，填录监督案卡已成为办结批捕案件的必经程序，即使未发现违法事项也应填录办案单位和侦查人员；严格界定监督案件的完成形态，只有侦查机关整改反馈后才能定性为监督“既遂”，并获取相应考核分值。由于发出《纠正违法通知书》与口头纠正在严厉程度方面落差过大，系统针对相对轻微、普遍的违法事项设计了《侦查活动监督通知书》，对以往可能习惯性忽略或口头提示的违法事项进行规范化纠正。广东省检察机关已将侦监平台使用情况纳入业务考核体系，并设置了相对较高的指标权重，形成有效的激励机制。平台全面上线以来，广东省公安机关积极配合、切实整改，许多地区公安机关的整改反馈率达到100%，随着平台运行的不断深入，全省各地公安机关的问题案件数大幅度下降，案件质量稳步提升。

（五）分析研判的智能化

法的规范作用除告示、指引、强制外，还包括评价、预测、教育。[①] 侦监平台的使用功能也具备这两方面作用，平台集合了数据汇总、趋势分析、比例测算、自动排序、智能提取等功能，能以曲线图、数据表等形式直观展示各阶段问题案件的高频项目、类型比例、地区分布、发展趋势等信息。办案人员可以个性化定制查询方案、导出数据表单，并能链接至原始案卡，查阅详细涉案信息，通过个案剖析归纳共性问题。平台可以根据需求生成质量分析报告，整合各方面数据信息，为分析问题症结、评估案件质量、准确预估决策提供智力支持，使平台从单纯的“记事本”升级为“智囊库”，为“智慧侦监”体系的建构打下坚实基础。为强化工作合力，广东省检察院、公安厅联合印发了《关于建立刑事案件侦查监督和执法监督相衔接工作机制的意见》《刑事案件侦查活动监督衔接配合实施办法》，要求检察机关侦监部门定期向同级公安机关法制部门提供本地区《侦查活动质量分析报告》，为公安机关综合考量侦查质量、合理完善考评指标发挥了重要作用，得到公安机关的高度认可。[②]

---

① 张文显主编：《法理学》，高等教育出版社2007年版，第83页。

② 张立、李蓓、何丽华：《“智能平台”引领检察监督——侦查活动监督“广东经验”成品牌》，载《检察日报》2016年10月10日，第2版。

三、侦查活动监督平台发展方向的展望

(一)全方位拓展监督视野

以批捕阶段为基点,向前后两个方向延伸监督触角,推动侦查活动监督领域的提前介入和捕后跟踪,设置相关案卡项目,消除监督真空地带,完善业务条线,以全方位、体系化监督代替区域性、碎片化监督,推动检察人员充分发挥司法能动性,由被动的纠错式监督转变为主动的介入式监督。通过平台关口前移实时监控呈捕前案件动态,掌握刑事立案、刑事拘留、行拘转刑拘、刑拘后变更强制措施、刑拘后未报捕等情况,关注立而未侦、久侦未结等反常现象,通过风险预警、快速反应实现源头治理和防控。应增设"补充侦查情况"子案卡,追踪后续侦查取证的进度和规范性,弥补继续侦查取证意见发出后的监督空白,并逐步将监督视角扩展至延长侦查羁押期限、审查起诉等环节,使监督工作与侦查活动"形影相随",并探索创建能全面整合立案监督、侦查活动监督、两法衔接功能的"侦查监督平台",打造"一站式"侦查监督模式。

(二)完善监督的层次性和精确度

为了配合对公安派出所刑事侦查活动监督工作,与公安机关办案结构和警力下沉趋势相适应,除信息检索查询外,平台也应将指标排序、趋势分析、风险预警等功能的应用层级细化到派出所、刑侦大队、经侦大队等基本执法单位,使系统的综合评估对象能长期、精准定位至一线办案单位和侦查人员,可根据问题频率和严重性予以警示,实现追踪式、定向性监督,推动监督重心下移。在指标项目方面,应对"其他违法情形"等指标进一步细化,更全面囊括、精确对应执法办案操作细节,并能根据公安机关专项行动的打击重点和突出问题适时增设监督指标、调整项目分值,并且为非法证据排除、职务犯罪线索移送等相关业务提供更具操作性的程序指引,提升监督活动的针对性、实效性。

(三)实现检警业务平台对接

在确保侦监平台与统一应用系统的数据信息同步更新,实现内部系统衔接互通的基础上,探索检警双方业务平台的外部对接。通过开通端口、系统升级,逐步实现侦监平台与警务综合系统的联通对接,要求公安机关开放特定权限,扩大信息共享范围,确保能实时掌握刑事案件分流路径和节点信息,实现信息高度

共享和双向传送。应开发系统自动巡查功能,自动甄别、提示公安机关在办案件的风险点和违法点,使监督模块深度嵌入侦查内部区域,破除监督“瓶颈”和禁区,同时能捕捉、纠正监督主体违规操作的行为,实现真正的远程、同步、规范监督,开创更加信息化、立体化的多维监督格局。

[原文发表于《人民检察》2017 年第 10 期]

非法证据排除规则的评析

——基于司法实践的观察

付　余*

摘　要:2012 年修正的《刑事诉讼法》和司法解释,2013 年最高人民法院《关于建立健全防范刑事冤假错案工作机制的意见》,对非法证据排除规则作了相应规定,提出了非法证据和瑕疵证据的概念,从而有了排除规则和例外规则的区别。但在规定上,由于概念模糊,界限不清,导致实践中出现两种规则的扩大化适用的情形。笔者结合理论和实践,提出了解决的对策:构建明确的司法解释,设置预防非法取证的机制,通过指导性案例来完善例外规则。

关键词:非法证据　瑕疵证据　预防机制　例外规则

一、立法现状

基于刑讯逼供等案件的频发,其在社会公众中所产生的负面影响较为突出,如"佘祥林案件""赵作海案件""聂树斌案件"等充分暴露出司法实践中存在的"刑讯逼供"等非法取证的严重问题,破坏了司法的公信力。为此,从中央到政法委、最高人民法院、最高人民检察院等先后颁发了多个关于非法证据排除的相关规定和司法解释、部门规章和部门规范性文件。

自 2010 年最高人民法院、最高人民检察院、公安部、国家安全部和司法部联合颁布的两个证据规定即《关于办理死刑案件审查判断证据若干问题的规定》《关于办理刑事案件排除非法证据若干问题的规定》之后,2012 年《刑事诉讼法》

* 付余:广东省佛山市人民检察院检察官。

修正，我国正式在《刑事诉讼法》中确立了非法证据排除规则。

2012 年 12 月，最高人民法院《关于适用〈中华人民共和国刑事诉讼法〉的解释》，进一步明确了非法证据排除的情形。2013 年中共中央《关于全面深化改革若干重大问题的决定》中，明文指出了严格实行非法证据排除规则；同年，在中央政法委《关于切实防止冤假错案的规定》（中政委〔2013〕27 号）对落实排除规则又提出了进一步的要求；之后，最高人民法院于 2013 年 10 月 9 日颁布了《关于建立健全防范刑事冤假错案工作机制的意见》（法发〔2013〕11 号），该意见对排除规则的内涵进行了细化，指出了非法收集被告人供述的方法主要是指采取刑讯逼供或者冻、饿、晒、烤、疲劳审讯等非法方法。2014 年，在中共中央《关于全面推进依法治国重大问题的决定》中，提出了要健全和进一步落实非法证据排除等法律原则的相关法律制度。2014 年年底，由最高人民法院、最高人民检察院、司法部、公安部、国家安全部联合制定的《关于办理刑事案件严格排除非法证据若干问题的规定》也及时出台。

二、实践中存在的问题

在执行过程中，司法实践出现了诸多问题，比较明显的，笔者认为主要是关于非法证据和瑕疵证据的认定和适用的问题。

（一）非法证据和瑕疵证据概念上的混淆

2012 年《刑事诉讼法》与最高人民法院《关于建立健全防范刑事冤假错案工作机制的意见》，将非法证据规定为采用刑讯逼供等非法方法收集的犯罪嫌疑人、被告人供述和采用暴力、威胁等非法方法收集的证人证言，而对于“非法方法”主要指的是使用肉刑、或者采用其他使被告人在精神上或肉体上遭受剧烈疼痛或者痛苦的方法，迫使被告人违背意愿供述的内容，这一规定在理论上被称为“痛苦法则”。而瑕疵证据是指“收集物证、书证不符合法定程序，可能严重影响司法公正的行为。”

最高人民法院《关于建立健全防范刑事冤假错案工作机制的意见》明确规定对于非法证据应当予以排除，对于瑕疵证据应当予以补正或者作出合理解释，不能补正或者不能作出合理解释的，再对该证据予以排除。

区分非法证据和瑕疵证据有什么意义呢？站在立法者的角度来看：对待非

法证据是从防止刑讯逼供等非法取证的程序保障出发,维护程序的公正性和合法性;而对待瑕疵证据是从证据本身的可靠性出发,侧重于补救功能,保障真实证据在定案中发挥其司法功用。所以两者的价值取向不同,非法证据排除规则关注的是证据合法性问题,瑕疵证据补救规则关注的是证据可靠性问题。[①]

现行立法采取"一刀切"的方式来区分非法证据和瑕疵证据,不仅导致侦查工作束手束脚,而且增加了法官的认定难度,同时也给"死磕派"律师留下了很大的发挥空间。那么在司法实践中,如何来区分哪些是非法证据,哪些是瑕疵证据,笔者结合实际进行探讨。

1. 非法证据的概念模糊

根据《刑事诉讼法》第 54 条的规定,采用刑讯逼供等非法方法收集的犯罪嫌疑人、被告人供述和采用暴力、威胁等非法方法收集的证人证言、被害人陈述,都属于应当予以排除的内容。该条文已经对非法证据的概念作了明确的界定,而且还明确规定了非法证据的对象是三种言辞证据:犯罪嫌疑人和被告人供述、证人证言、被害人陈述。

关于该条文中的"非法方法",我们可以在最高人民检察院 2010 年 12 月 30 日印发的《关于适用〈关于办理死刑案件审查判断证据若干问题的规定〉和〈关于办理刑事案件排除非法证据若干问题的规定〉的指导意见》中找到答案,该指导意见第 10 条规定,根据违法危害程度与刑讯逼供和暴力、威胁手段是否相当,来决定是否排除使用其他非法手段获取的犯罪嫌疑人供述、证人证言、被害人陈述,该条对"其他非法手段"作了解释,但违法手段如何来判断是否相当,存在各说各有理的情形,如果界定不明确,该条文将成为一个兜底条款,有存在概念扩大化的趋势,从而影响法官对证据的判断和采信,会导致"非法证据的扩大化适用"。

根据最高人民法院《关于适用〈中华人民共和国刑事诉讼法〉的解释》(以下简称《高法解释》)第 95 条对《刑事诉讼法》第 54 条进行了解释,该条第 1 款规定"使用肉刑或变相肉刑,或者采用其他使被告人在肉体上或者精神上遭受剧烈疼

---

① 龙宗智、夏黎阳:《区分非法证据与瑕疵证据的可行性讨论》,载《中国刑事证据规则研究》,中国检察出版社 2011 年版,第 257 ~ 259 页;闵春雷:《非法证据排除规则适用问题研究》,载《吉林大学社会科学学报》2014 年第 3 期。

痛或者痛苦的方法,迫使被告人违背意愿供述的,应当认定为刑事诉讼法第五十四条规定的'刑讯逼供等非法方法'"。其中"非法方法"采用的是痛苦法则[①],但何种情况下是痛苦的,痛苦的标准是什么,如何界定被告人是违背自己意愿的,这在实践中操作是比较困难度的。因为痛苦是人的主观感受,因人而异,而且如果是因其他非法方法而获得没有痛苦的供述,认定为非法证据吗?这一点也是值得研究的。

2.瑕疵证据的概念模糊

根据《刑事诉讼法》第54条规定,[②]瑕疵证据的对象是两种实物证据:物证和书证。瑕疵证据的界定有两点,一是是否严重影响了司法公正;二是能否对该证据予以补正或者作出合理解释。

关于"是否严重影响了司法公正",《高法解释》[③]对于第一点细化了标准:违反法定程序或者造成后果的严重程度。《人民检察院刑事诉讼规则(试行)》(以下简称《高检规则》)第66条,也明确了标准:是否严重影响了司法公正,主要是看收集书证、物证的行为有无明显违法或者情节严重,是否会对司法机关办理案件的公正性造成严重损害。但造成后果的严重程度、对公正性造成严重损害均是一个弹性概念,空间很大,在司法实践中不好把握;关于"能否补正和作出合理解释",《高检规则》第66条指出,对取证程序上的非实质性瑕疵进行补救叫做补正,对取证程序的瑕疵作出符合常理及逻辑的解释叫做合理解释。该条文只是对补救的对象和解释的程度进行了解释,但都具有很大弹性,没有明确补救到什么程度,合理解释达到哪个标准。在司法实践中,对于该条文的适用,有很多种解释,但都没有一个具体明确的标准,导致调查取证、勘验、鉴定、搜查、辨认等侦查过程中,经常会遇到之前的程序不合法,但补救也不合法、解释也很牵强的情形。

除此之外,其他法律和司法解释,都并未对两者的概念和标准进行明确。

---

① 龙宗智:《我国非法口供排除的"痛苦规则"及相关问题》,载《政法论坛》2013年第5期。

② 《刑事诉讼法》第54条:收集物证、书证不符合法定程序、可能严重影响司法公正的,应当予以补正或者作出合理解释;不能补正或者作出合理解释的,对该证据应当予以排除。

③ 《高法解释》第95条:"可能严重影响司法公正"应当综合考虑收集物证、书证违反法定程序以及造成后果的严重程度等情况。

3. 非法证据和瑕疵证据的概念混淆

正因为法律和司法解释并未明确和细化两者的概念，但立法愿景又是想通过“双轨制”的设计方式来区分非法证据和瑕疵证据，因此导致司法实践中存在认定风险。

从《刑事诉讼法》第 54 条我们可以看出，非法证据主要是指证人证言、被害人陈述、犯罪嫌疑人和被告人供述这三种言词证据，瑕疵证据指的是物证和书证这两种实物证据。前者针对的是实体证据，后者针对的是程序证据。也就是说，前者侵犯公民的实体性权利，后者侵犯公民的程序性权利。但根据《刑事诉讼法》第 48 条的规定，除了以上五种证据，还有勘验、检查、辨认、侦查实验等笔录；鉴定意见；视听资料和电子数据。这类证据能否构成非法证据或者瑕疵证据在司法实践中存在较大争议。当然也有学界的观点认为，《人民检察院刑事诉讼规则(试行)》[①]采用广义的非法证据和瑕疵证据概念，也就是所有的证据都可以成为非法证据被排除。但笔者认为，这样解释又似乎与《刑事诉讼法》的本意是相冲突的，非法证据指的是侵犯公民宪法性权利，与侦查人员采取刑讯逼供或其他暴力等方式相联系，而瑕疵证据指的是侵犯公民的程序性权利，与我国侦查工作规范化建设相联系，因此两者是不同的。

(二) 排除规则和例外规则适用不当

由于对非法证据和瑕疵证据的概念规定模糊，两种证据之间的界限不清，相互交叉，因而排除规则和例外规则在适用上出现混乱，甚至有些已经超越了法律的底线。在司法实践中，有两种情形出现：排除规则的扩大化适用，例外规则的扩大化适用。这两种情形可能会导致既无法保障被害人的合法权益，也无法保障侦查人员的合法权益。

1. 排除规则的扩大化适用

在司法实践中，通常会遇到排除规则的扩大化适用的情形，导致例外规则处于被架空的趋势。比如，辩护律师往往出于辩护的需要，将非法证据作扩大化解释，例如，“询问时间超过 24 小时涉嫌变相羁押”“疲劳审讯”“犯罪嫌疑人在精

① 《高检规则》第 379 条规定：人民检察院公诉部门在审查中发现侦查人员以非法方法收集犯罪嫌疑人供述、被害人陈述、证人证言等证据材料的，应当依法排除非法证据并提出纠正意见，同时可以要求侦查机关另行指派侦查人员重新调查取证，必要时人民检察院也可以自行调查取证。

神状态不佳的情况下接受审讯”“侦查机关违反告知义务获得的供述”“供述笔录明显出现复制和粘贴,前后笔录雷同”“侦查机关越权办案”“犯罪嫌疑人曾经受到侦查人员的诱供”“犯罪嫌疑人曾经受到侦查人员的辱骂和呵斥,涉嫌构成威胁”“侦查机关超过法定范围的技术手段获得的证据”等。

检察官和法官出于证据真实性和谨慎的态度,也有主动对“三种非法言词证据”作广义理解的,检察机关在起诉前主动撤回这些证据,法院直接予以排除。

虽然《高法解释》并未将“引供、诱供”纳入非法证据的“其他非法手段”的范围,但是有的学者或司法人员认为,在《刑事诉讼法》已经规定了严禁引诱、欺骗等非法方法收集证据,也就是从审查证据的角度否定了引供、诱供取得证据的合法性,因此应将其纳入非法证据的范围予以排除。

为何《高法解释》只是将肉刑、变相肉刑以及痛苦法则的相应形式纳入非法证据的范围,而且在最高人民法院《关于建立健全防范刑事冤假错案工作机制的意见》中也只是列举了冻、饿、晒、烤、疲劳审讯、刑讯逼供这几种形式。笔者认为,这不是立法者没有想到“引供诱供”,而是在实践中的确存在引供、诱供难以界定,与侦查谋略界限模糊的实际问题,因此暂时没有将其列入非法证据的范围。至于是否应当将“引供、诱供”纳入“非法证据”取得形式的范围?在后文解决对策中再详细论述。司法实践中如何判断引供、诱供,笔者认为,其主要形式表现为:一是利益引诱,包括情感和诉讼利益;二是诱导讯问;三是重复自白。[①]排除规则扩大化适用的后果,不但放纵对罪犯的打击,还挫伤侦查人员的办案积极性,使办案手段被无限制的束缚。

2. 例外规则的扩大化适用

例外规则在实践中被扩大化适用的情形也大量存在,表现为将大量的非法证据当做瑕疵证据进行补正或补救。比如,检察机关在审查起诉中发现存在涉嫌非法证据的情形,则以“违法通知书”的形式主动向侦查机关发出,侦查机关纠正完毕,并将新取得的证据重新移送到检察机关。另外,法院会依据当事人提出的关于涉嫌非法证据排除的申请,要求检察机关补充,检察机关会将整个案件退回公安机关补充侦查,但是公安机关只是将之前的讯问重新再做一遍,内容和之

---

① 转引自佛山市人民检察院公诉部门的“关于非法证据排除规则适用”的讲座。

前的相似。以前还存在法院让侦查机关出具一份自己证明是否存在刑讯逼供的说明。以上的例子,实际上就是例外规则的扩大化适用。

例外规则扩大化适用的后果,将会导致以非法证据不排除为原则,排除为例外的局面,不但影响了司法公信力,还会导致冤假错案的发生。

三、排除规则和例外规则扩大化适用的原因

由于前面谈到的立法上对于非法证据和瑕疵证据的概念和区分比较模糊,从而导致司法实践中出现的适用不当的若干问题,面对这些问题,笔者从两方面来分析原因。

一是排除规则的扩大化适用问题,也就是例外规则。在美国,例外规则实际上很早就被认可,学者提出,遏制非法证据的力度过大,有时会导致定案的关键证据缺失,以非法方法获得的证据有时是案件的关键证据,具有高度的证明力,排除这类证据是对警察非法行为的超乎寻常的制裁。① 但有的学者提出,美国辛普森案创设的“毒树之果”法则应当被借鉴,所有非法取得的原始证据、衍生证据应当统统排除,否则不能体现程序的正义和司法的公正,笔者认为这种观点比较极端化。实际上,美国的司法制度为此付出了沉重的代价,20 世纪 80 年代之后,美国法院通过判例的形式来确定例外规则,比较有代表性的有污染稀释例外法则、善意的例外法则等。② 反观我们国家,设立例外规则,具有重要的理论和实践意义。从理论来看,例外规则是排除规则的有效补充,两种规则的运行,正是为了更好地相互促进和相互补正,从而体现排除规则的价值。从实践来看,正因为一些案子因为非法证据的扩大化适用导致瑕疵证据被不合理排除,使具有证明力、关键性的证据得不到最终证实,从而无法将犯罪嫌疑人绳之以法,放纵了对罪犯的打击,也使得被害人的合法权益得不到保障。

二是例外规则的扩大化适用。“佘祥林”“赵作海”等案件在审查起诉期间,某些证据已经被公诉机关、法院发现存在利用非法手段取得的可能性,但仅仅是把这些非法证据当做瑕疵证据退回侦查机关来补正和补救,让侦查机关重新审

---

① 朱朝亮等:《刑事诉讼之运作》,台湾五南图书出版公司 1997 年版,第 129 页。

② 林辉煌:《论证据排除》,北京大学出版社 2006 年版,第 9 ~ 10 页。

讯或出具一份不存在刑讯逼供的说明,作出牵强的解释等,从而导致了冤假错案的发生。

有人会提出,严格按照法律规定的非法证据的范围来认定,不就能解决两种规则扩大化适用的问题吗?这在司法实践中是无法做到的,因为法律和司法解释的模糊使得列举再多事项也无法说明“非法证据”的范围。虽然2013年最高人民法院已经将冻、饿、晒、烤、疲劳审讯、威胁等变相刑讯逼供都纳入其中,但始终无法涵盖所有的非法证据获取手段,就像前面列举的辩护律师提出来的事项,能否统统纳入非法证据中,也是存在争议的。①

四、非法证据排除规则的解决对策

(一)构建更为明确的司法解释

2012年《高法解释》采取列举式和痛苦法则的方式对非法证据进行了规定,对瑕疵证据未作出更明确的规定。2013年最高人民法院在《关于建立健全防范刑事冤假错案工作机制的意见》对“非法方法”又进一步列举规定。另外,“五部委”《关于办理刑事案件排除非法证据若干问题的规定》及最高人民检察院的指导意见、其他部门规章和部门规范化文件,都只是从原则上对非法证据排除规则的适用作出解释,有些甚至与《刑事诉讼法》的第54条明显冲突。

采取列举式立法的缺陷在于“挂一漏万”,即使考虑再多,随着经济和社会的发展,各种各样的非法手段又会呈现出来,新类型的非法证据永远都难以涵盖其中,解释越多,越让人感觉混乱,最终导致非法证据排除规则流于形式。

目前,关于如何严格实行非法证据排除规则的有关规定尚未面世。在此,笔者建议应当首先界定非法证据和瑕疵证据的范围,非法证据仅仅是言词证据,瑕疵证据则为除言辞证据以外的所有证据;其次应当严格区分非法证据和侦查谋略,牢牢把握非法证据排除的原则,采取间接立法约束技术,非法手段限于侵犯公民宪法性权利的相关行为,②以非法手段获取的所有言词证据均属于排除的范围。瑕疵证据适用补正和合理解释原则,司法解释必须要进一步明确补正和合

① 目前有的学者建议把引诱获取的证据纳入非法证据中,但实务界却有多人反对,原因是无法鉴别引诱和侦查谋略。

② 参考美国非法证据排除规则的模式。

理解释的标准,笔者建议运用“目的解释”,也就是从目的上能印证证据的真实性和有效性即可。[①]

(二)设置预防刑讯逼供等非法取证的机制

非法证据排除规则的出台,主要是基于冤假错案中刑讯逼供等非法手段的大量运用,导致非法证据横行,颠倒事实,被害人的合法权益得不到保障,罪犯逍遥法外,损害了国家司法的公信力。其实,要解决非法证据产生的源头,还是要预防和惩治并行,一是检察机关和法院加强对案件证据的审查;二是对诉讼当事人和辩护律师提出的申请要进行认真核查,[②]发现问题及时反馈;三是加大对刑讯逼供、非法取证等违法、违纪行为的案件倒查和问责力度,绝不姑息。[③]

对于上面提到的瑕疵证据,如果侦查人员能够补救或作出合理解释,不影响其真实性的,可以采用。但对于取证方法违反法定程序、收集的物证或书证无法补正、[④]无法作出合理解释,则应当从排除原则来判断,不是真实的,或者存疑的,则要排除,同时按照相关规定追究办案人员的相应责任。

结合理论界和实务界关于非法证据排除规则的呼声,我国现阶段应当加快构建预防刑讯逼供等非法取证手段的机制,防患于未然,既要让案件得到公正的判决,也要让办案人员能够不受其他因素的[⑤]影响,合法办案。

(三)通过指导性案例完善例外规则

目前对于非法证据排除规定,我们依靠的主要是《刑事诉讼法》和相关司法解释,对于非法证据和瑕疵证据概念的把握,还是比较模糊,比如“可能严重影响司法公正”“补正或作出合理解释”等,在运用上都比较难以操作。通常是各地法院采取各地的做法。例如,“在笔录中出现复制和粘贴现象”“未告知当事人权利

---

① 采取法庭调查、侦查人员出庭作证、重新补正等形式,以印证证据的真实性、有效性。

② 现阶段要求侦查机关实行的同步双录机制,正是防止刑讯逼供、引供、诱供的有效途径。

③ 近两年,全国检察机关和公安机关加大违法违纪案件的问责力度,发现案件中有刑讯逼供等非法调查取证行为的,一律追究办案人员的纪律责任或刑事责任。

④ 某地曾经出现过电子视频丢失的案例,法庭启动了非法证据排除规则,因为丢失的电子证据是无法补救的。

⑤ 很多实务界的办案人员反映,因担心非法证据排除规则的扩大化适用,不明确非法证据获取手段和审讯谋略的区别,不知道审讯时什么话算引供、诱供,多少小时算疲劳审讯等,导致一时没了头绪,直接影响到正常办案。

义务”“询问时间超过了24小时”“采取技术侦查不符合法定程序”[①]等，在实践中补正和合理解释都五花八门，因此，最高人民法院应当加强案例指导，在立法确立完善的非法证据排除规则以后，通过公布指导性案例来进一步规范例外规则的补救措施。

[原文发表于《上海公安学院学报》2016年第6期]

① 有的法院要求侦查机关补正笔录，侦查机关则重新做一份笔录，让犯罪嫌疑人重新讲一遍，之前讲的不算。这在实践中到底可不可行，存在争议。

疑难案件中的公诉职能探解

刘婵秀*

摘　要:司法活动的一切安排都应围绕着确定性展开。与审判裁决规定意义上的确定性不同,公诉作为刑事诉讼的重要环节,其在司法确定性上的使命是程序意义的“追寻”而非结果的直接“达至”。探究疑难案件中的公诉职能必须实现公诉职能的法理回归,达成司法者的“解释共识”,实现诉审关系的“共识同构”。

关键词:疑难案件　司法确定性　诉审共识同构

疑难案件是相对于简单案件而言的,后者也常被称为一般案件、普通案件。在成文法体系中,按照“大前提、小前提、结论”的三段论演绎方式,司法往往就是将确定的法律规范适用于确定的案件事实并相应地得出确定结论的过程。这样的案件就是简单案件,它们在司法中占大多数。较之而言,疑难案件是指那些规范意义难以明确或事实认定容易发生分歧或规范与事实明确但两者在司法中难以相互建构的案件。这类案件在公诉环节主要表现为是否起诉、以何种案由起诉难有定论,[①]如何处理才能不枉不纵,是对公诉职能的一个考验。笔者拟从疑难案件的法理特征——司法不确定性出发,就公诉职能在此类案件中的应然要求及经验悖反进行分析,并在此基础上对公诉职能及诉审关系尝试一个新视角的考察。

---

*　刘婵秀:广东省东莞市人民检察院检察官。

①　本文主要只针对是否起诉这一情形进行讨论。

一、疑难案件的困惑:司法不确定

(一)公诉难题:诉还是不诉

前不久,一起简单的贩卖假烟案①给南京市雨花台区检察院出了一个不小的难题:一辆货车在查报站被警方拦停接受查验时,车上两名驾乘人员张某、吴某趁机逃逸。经查,警方发现车上装有标值800多万元的假冒伪劣卷烟一万多条。在被警方通缉3年多后,犯罪嫌疑人之一吴某投案自首,称其与张某在福建装货驾至上海时,张某告知其车内装的是假货,由于上海、常州买家均不接货,张某只得向南京行驶,结果在南京被查,张某当时见情况不妙,停车前即告诉吴某下车后快跑。侦查阶段,吴某开始不认罪,称不知道车上装的是什么货,后又表示认罪并写了亲笔供词。侦查机关遂以销售伪劣产品罪将吴某移送审查起诉。在审查起诉阶段,吴某又拒不认罪,称自己只是帮张某开车,一直不知车上装的是假烟,之前的有罪供述是刑讯逼供所致。尽管查证没有刑讯逼供,且按经验法则判断,吴某辩解的不明知车上装假烟的事实根本站不住脚,但张某的潜逃,使吴某的供述没有旁证,仅靠这种不稳定的供词,要作出起诉决定有一定难度。为稳妥起见,检察院将案件退回侦查机关要求补充侦查"主观明知"的证据、追捕同案犯张某,但没有进展。该案提交检委会后委员们意见并不一致。起诉?由于该案只有吴某供述,且供述不稳定,虽然事实清楚,但证据似乎还达不到确实、充分,法院能否采信公诉意见?一旦法院判决无罪,那这就是一起"错案"。不起诉?如此大批量的贩假行为,如果主观明知,确已构成了销售伪劣产品罪,吴某的供述虽有反复,但根据经验法则判断,其"明知"的可能性很明显,不起诉就是放纵犯罪。

有意思的是,十余年前,该院也办理过一起类似案件:犯罪嫌疑人胡某以虚假商业承兑汇票骗取某公司财产,其在侦查及审查起诉阶段均辩称不明知该商业承兑汇票是假的,没有诈骗的故意。起诉到法院后,胡某仍坚持不明知,法院没有采信公诉意见,检察院只好撤案。有了这个"前车之鉴",该院对是否起诉吴

---

① 崔洁、肖水金、雒呈瑞:《诉还是不诉?一个基层院的困惑》,载《检察日报》2009年7月8日,第5版。

某非常慎重并最终决定起诉，准备好在法庭上打一场艰苦诉讼战。而庭审中吴某竟然承认了“明知”。最终，法院对其定罪处罚。

尽管诉求得到了支持，但公诉机关看来“赢”得并不精彩，多少有点碰运气的成分，一旦被告人在法庭上咬定“不明知”，审判结果还真难说。该案的焦点就在于，如果被告人不自认明知，什么样的证据和经验分析足以判断其“明知”，这一主观事实如何通过客观行为来验证，恐怕难有划一的标准，通常的因案而异、具体情况具体分析也仅是应景之说，难以令人信服。其实，这种情况并非个例，在审查起诉时常常会因需要证明“明知”“非法占有目的”等条件及行为的非典型性、相关的事实认定能否排除合理怀疑等情况而使公诉陷入两难境地，部分案件凭借壮胆似的风险起诉也能体验到上述有惊无险的幸运，但也有部分案件因思虑太多而被终结在公诉阶段。①

(二)疑难案件的认识论考察:司法不确定

事实上，上述案件在公诉阶段的困惑关涉一个法理学上的经典论题——疑难案件是否有唯一正确答案？这一论题在西方法学史上是围绕法律的确定性这一问题而展开的，不同的法学流派、不同的理论家对此有不同的看法，这些论争并非仅就疑难案件而提出，但对疑难案件而言，无疑会更有意义。

自然法学派和分析实证法学均从对法律的界定入手认为法律问题有唯一确定的答案。② 前者认为自然法是反映自然存在秩序的法，体现自然、正义的要求及神与人的理性，是人定法的标准，由此理应得出“唯一正确答案”，德沃金为维护法的确定性还将法律的外延扩展至原则和政策，他表明，如果法律的确定性是指法律一望可知，那么现代社会不存在这种法律，但这并不意味着我们不能获得唯一正确答案，因为无论是明确法律还是隐含法律，其根据如原则、政策、道德、普遍接受的信仰、学说及观念都基于相同的文化背景，人们完全可以知道或大致

---

① 如笔者对某市级检察院检委会讨论的疑难案件进行调研发现，2007 年及 2008 年经讨论决定绝对不起诉、存疑不起诉的犯罪嫌疑人中，有近 1/3 存在上述司法不确定情况，讨论时争议较大，对个别案件虽有建议尝试示范性起诉，但考虑到无罪风险，最终还是作出不起诉决定。而这些案件若能定罪，从社会危害性来讲，通常都可能判处无期徒刑以上之刑罚，所以公诉机关对如何把握此类案件极为困惑。

② 柴玉丽、李怀德：《德沃金“唯一正确答案”——一种实用的策略》，载陈金钊、谢晖主持：《法律方法》(第 2 卷)，山东人民出版社 2003 年版，第 482 页；朱继萍：《论不确定性对法律的基本建设作用》，载《法律科学》2006 年第 2 期。

了解这些背景根据,并从中推论出具体的法律权利和义务;后者则运用分析的方法从外延上明确法律的界限,厘清法律与道德的区别,并借此使明确性、肯定性、稳定性、可预见性等一系列形式法治原则产生,让主观权利有客观准则可依,如哈特从法律规则语言的意思中心和开放结构进行分析,承认语言因外缘地带的模糊性使法律有相当数量的不确定性,但这仅是规则体系的一种边缘现象,它大体上能为案件提供明确的结果。

两种解释都有一定的道理,但面临疑难案件时,其弊端也非常明显:疑难案件正好处于语言意义的边缘地带,哈特所指的大体明确的结果只对一般案件有效,疑难案件仍难以捉摸;自然法学对法的确定性的辩护基本上是形而上学和宏观层面的,实践操作力不够,且德沃金声称任何疑难案件的判决都能从法律内部找到唯一正确的答案,“他就不得不将法律的外延扩大到极度宽泛而又难以辨识的地步……诚如波斯纳对德沃金的讽刺,法律被界定得越宽,‘法治’就变得越不确定,如果法律被包括进了一片广阔的政治原则领域,那么司法者在搞政治的时候就可以凭良心说在执行法律。所以,德沃金没有消除(只是在一定程度上掩盖了)法律和司法的不确定性”。[①] 也正因如此,源于西方人文学科的怀疑主义传统对法的确定性的质疑之声始终没有停止,其中的主要代表现实主义法学从对法的适用过程的分析入手,认为法是不确定的,主要表现为“规则的不确定”和“适用的不确定”,后者主要指事实认定的不确定性及司法人员个性因素对事实认定和法律适用带来的不确定影响。

如同“确定性”的法律含义远非其字面语意所能表达的,立法、司法的确定性与不确定性在不同的研究者及不同的研究材料中也有着纷杂难解的阐释,唯一可以肯定的是,在复杂的社会实践中,司法的确定性较立法更难企及,每一个案件的发生,都不会将立法者作为导演,“司法面对个案,而个案总是有差异的,并且司法必须对个案中的差异给予充分的承认与尊重”,[②]在此意义上,具体发生的案件常常难以与既定的规范相吻合,即使在有法可依的前提下,法律运行中也充满了不确定性的因素,对一个案件作出一个裁决,且不说正确与否,事实方面证

---

① 桑本谦:《理论法学的迷雾——以轰动案例为素材》,法律出版社2008年版,第71页。

② 李琦:《法的确定性及其相对性——从人类生活的基本事实出发》,载《法学研究》2002年第5期。

据的充分性、法律规范的适恰理解、法律运行中事实与规范的相互建构都会因人而异,这些不确定因素或许可以因为立法的完善而减弱,但绝不会消除。

因此,可以说,从认识论的角度评价,就疑难案件而言,法律现实主义的观点无疑更有说服力。回到疑难案件在公诉阶段的困惑,上述司法的不确定性还得稍稍作些澄清与修正:基于案发事实及证据情况的特殊性,现有的法律规范还无法提供一个如同简单案件那样清晰明确的"罪"与"非罪"导向,这样,在法律的边缘地带就形成了一定的解释与认知空间,不同的解释者在此必然产生分歧与论争,解释者既不能确信"罪"之解释为唯一正确,也不能否认"非罪"之解释为相对合理,"并不是说争论本身就证明了不确定",而是"在一个无法说哪一方的论点更强的纠纷中,这个纠纷就是不确定的",[①]疑难案件就属于这样的纠纷。解释者对其认识之分歧不仅有解释者自身因素,更重要的是这种认识分歧本身就源于司法在疑难案件上"不确定"的内在规定性,只不过是这种质的规定性通过人的认识表现了出来。近年来,研究者开创的模糊法学对司法的这一特征作了较有意义的分析,人文社会科学领域中,研究对象普遍没有明确的界限,不能作非此即彼的划分,对犯罪嫌疑人罪与非罪很难作出绝对的肯定或否定的判断,而是要看其行为在多大程度上构成犯罪,也就是说,不用真与假或 1 与 0 这两个值去度量犯罪嫌疑人的行为是否构成犯罪的程度,而是用 1 与 0 之间的某个数值去测度它,例如,当取 0.8 时,认定犯罪嫌疑人构成犯罪的程度是 0.8,这就是犯罪属性的模糊、不确定特征。而我们的司法还不可能实现该种意义上的犯罪程度与定罪与否的关联对接。[②] 模糊法学对司法的最直接启示就是,传统法学对三段论的迷信存在致命缺陷,以法律条文为大前提、案件事实为小前提,不见得就能推导出唯一正确的裁判结论,事实上,一个案件的判决或法律结果往往有多项选择,答案并不是唯一的。这时候,检察官到底该不该起诉可能就会因人而异了。如同上述案例,被告人不承认明知时,公诉人无法确信自己的判断,即便确信,也同样基于案件的特殊性,他无法判断审判人员是否确信,他能确信的仅是审判人员也会有同样的困惑。

---

① [美]波斯纳:《法理学问题》,苏力译,中国政法大学出版社 1994 年版,第 252 页。

② 陈云良:《法律的模糊问题研究》,载《法学家》2006 年第 6 期。

需要说明的是,对疑难案件司法不确定性的强调,只是意在认识司法确定性的局限,并不是要否定现代法治对司法确定性的追求。相反,正是因为对刑事司法在疑难案件上非确定性的正视,才力促我们寻求更有效的路径去实现对其确定性的追求。

二、疑难案件中公诉职能的应然要求:追寻确定

法律的产生和存在是人类克服不确定性的需要,法律是人们拣选出来的用来应对不确定性的手段。① 然而,从上述分析来看,疑难案件中,"确定性"和"自主性"都不是法律和司法固有的性质,它们只能成为公众对法律和司法的一种理想要求。在此意义上,司法活动的一切安排都应围绕着确定性展开。不同于审判裁决规定意义上的确定性,公诉作为刑事诉讼的重要环节,其在司法确定性上的使命是程序的意义"追寻"而非结果的直接"达至",即其应有意识地将案件向审判推进,而并非自我实现案件的终结性确定,这主要是基于司法确定性要求在疑难案件中的意义转化之考虑。

(一)司法确定性在疑难案件中的意义转化:从合法性到合理性

疑难案件的结果并非唯一,这只意味着逻辑合法性上其不能得出一个单向明晰的结论,而仍可能在法的精神与价值向度内有可供选择的不同答案。实践中,司法又必然需要有一个确定的答案,这个答案不能仅以规范意义上的合法性为标准,它又该具备什么意义上的正当性呢?一般意义上的三种正当性为道德哲学上的实质价值正当性、社会学上的"经验事实上获得社会成员的一致同意而取得的正当性"及上述符合实在法规定的合法性,这并非基于同一种理论立场所作的分类,而是体现了不同的理论范式对正当性概念的不同理解,这些不同的理论之间实际上存在一种互相补充、相互支撑的关系,②因此,在规范性标准存在一定缺陷时,我们可以从上述多元正当性意义融合的案件处理的合目的性、有效性、可接受性进行考量,这实际上是对一般案件司法确定性进行了合法性意义的转化,由于疑难案件关涉的事实常常超出了形式意义上的法律规定,其正当性已

① 朱继萍:《论不确定性对法律的基本建设作用》,载《法律科学》2006 年第 2 期。

② 刘杨:《法律正当性观念的转变——以近代西方两大法学派为中心的研究》,法律出版社 2008 年版,第 67 页。

并非合乎规范意义上的合法性所能意指,即便有“罪刑法定”的指引,多学科意义上的正当性都会在此争夺解释权,司法作为一种实践理性对此又不能断然拒绝,因此,疑难案件的司法确定性也就从单向的合法性、正确性转化为包含多元意义的合理性。具体来讲,这种合理性是指对疑难案件“处理结果和过程的正当性、妥当性的评价”,对“刑事司法实践活动是否‘正当’‘应当’‘可取’的认识和评价”。[①] 它要解决的问题是,如何为疑难案件找到一个使争议各方及社会公众感到公平和满意的答案。

(二)司法合理性对公诉职能的应然要求

问题决定方法,什么样的司法或者说公诉扮演什么样的角色才有利于形成这样的合理性结论呢?不少研究者就世界范围内不同国家推行的两类基本程序模式——对抗性程序模式(当事人主义模式)和非对抗性程序模式(职权主义模式)进行过实验研究。美国弗吉尼亚大学法学院的L.沃克教授与伊利诺伊大学心理学系的A.林德教授组织的一系列社会心理实验分析表明,两类模式各有利弊,非对抗性程序模式更有利于解决事实真相之争;但相对于非对抗性程序模式而言,对抗型程序模式有助于减少偏见,因其能使裁决者避免在听完所有证据事实在之前草率作出裁决;对抗型程序模式更利于解决公平之争(让争议各方及社会公众觉得司法是公正的),其主要原因在于裁决控制权归于第三者,争议者只掌握程序控制权。[②] 这样,对疑难案件而言,更好的解决办法是让其接受一种有多方参与论辩同时由第三方进行居中裁决的司法诉讼模式,由此得出的结论更易被当事人及社会公众所接受。这并不是对我们当今正在倡扬的程序正义、当事人主义的简单认同,[③]只是说在疑难案件这里它可能有更好的用武之地。具体到公诉职能,这种对抗性程序模式对其有两方面的角色要求:

一是强化其程序性角色。这需要通过强化公诉程序的推进性及当事人性而非职权性来实现:程序性是相对于终结性及实体性而言的,尽管部分公诉职能具

---

① 韩哲:《刑事判决合理性研究》,中国人民公安大学出版社2008年版,第17页。

② 陈敏:《程序模式的实验效应分析》,载《中外法学》1992年第3期。

③ 笔者认为这更多的是意识形态上的倡导,以为这种当事人主义程序对解决所有的争议都是最正当的,其实,这种程序正义并不能天然地享有论证其在解决某类特殊争议更具有优越性的豁免权,它的正当性并非不证自明。现今,对程序失灵的诸多担忧就是对将其视作当然正义而进行的反思。

有一定的终结性及实体性,但总体上,公诉职能仍是一种程序性权力,其主要是启动程序,将纠纷提交审判并提出请求事项。特别是疑难案件自身存在不确定性,公诉人的判断只是一方意见,这时候,其更合适、更理性的做法就是发挥程序的积极推进作用,让这种不确定经由审判获得多维解释并由法官最终裁决。另外,公诉的价值是多元的,除上述提到的真实、公平合理外,效率也是其价值指向,疑难案件中,在事实真相已穷尽可能的司法资源后,公诉就会在效率与公平间作适当的偏侧了。对简单、清晰案件的处理更在意效率,职权性也较强,如对简易案件、被告人认罪案件、相对不起诉案件、绝对不起诉案件和证据明显不足的案件,检察官就会发挥职权之能适时简化相关程序或终止案件,这样也不会影响实体结果;而对疑难案件,检察官理应偏向公平合理,其更重要的角色是当事人,应积极明确向审判机关表达主张、表明自己确定追寻的方向和立场,为审判机关作出一个确定性的法律决定提供基础。因审判程序开放性更强,疑难案件更有条件接受社会的评价与检验,对这些因素的吸纳有利于公正的实现。

二是突出其对于审判的独立性及与审判的异质性。行使公诉职能的检察官虽然在组织法上具有上命下从的行政一体化色彩,但其在诉讼法上却具备体现司法属性的独立性,这种独立性除保障公诉职能免受行政机关及其他团体的不当干涉外,更为重要的是相对于审判机关的独立性,这种独立不仅在于行为上行使职权的独立,更在于其司法认识、司法理念上的独立,这也是诉审分离的必然要求。体现在审查起诉中就是,公诉决策不能太多地受审判因素所左右,而是要强调自主认识。这一点在我国《刑事诉讼法》中是有明确规定的,很多研究者认为我国的起诉标准与审判定罪标准相同,笔者对此持有异议,这实际上只能算是一种现实样态而非规范要求。事实上,《刑事诉讼法》还是有意识地对此进行了区别,如《刑事诉讼法》第 172 条规定,"人民检察院认为犯罪嫌疑人的犯罪事实已经查清,证据确实、充分,依法应当追究刑事责任的,应当作出起诉决定……"这里就很明显地强调了"事实清楚、证据确实、充分"的认识标准,体现了公诉职能的主体性、独立性,不同于《刑事诉讼法》第 195 条审判机关作出有罪判决所要求的"事实清楚,证据确实、充分"的规定。

异职性是指公诉职能与审判职能的"同质不同职"。从欧陆检察发展史来看,对于"双控"角色及"国家代理人"角色两种抽象的立法模式,现行的检察官制均未采取,而是采取了一种暧昧立法:组织上归属行政官,但功能上以检察官职务与法官职务之接近度及《刑事诉讼法》课予检察官之强烈合法性及客观性义务以观,检察官又似与法官同为仅依法律及良知自行负责之独立官。由此,学说上对检察官之双重定位一直争论不休,特别是基于第二种因素的考虑,还形成了"等同法官说"。① 由于这些争论的出发点主要在于检察官的身份保障及事务处理上的独立性,不免带有功利性。如果单纯从案件办理的职能性质要求出发,至少我们认为"等同法官说"是值得质疑的。公诉与审判尽管在法律依据上、法律思维上有同一性,但控审分离的职责要求及不同主体认识论意义上的天然差异注定了他们的职能不应也不能竞合,检察官不是法官,公诉也不是审判,这是控诉原则下之所以要有检察官、要有公诉的根本理由,也是采行现代检察官之各国法制的基本前提。② 尽管检察官与法官、公诉权与审判权有高度的"近似性"与"接近度",但从"近似性""接近度"到等同性,中间还有一段距离与落差的,特别是对疑难案件而言,这种距离与落差因为公诉与审判的认识不同会更明显,与此相应,公诉在了解到这种差异可能性极大的情况下仍自我作出不起诉的终局决定,是不符合疑难案件确定性所蕴含的合理性要求的,最起码,它有意规避了审判的参与,拒绝接受审判的认同性评价,也是不符合司法规律的。因此,疑难案件中,公诉职能的理性姿态仍然是推进程序,而非如同法官那样终结程序。法院和检察院工作侧重点毕竟不同。虽然检察机关要在惩罚犯罪与人权保障两大目标中进行平衡,但侧重点是不一样的,公诉的首要目标是惩罚犯罪,保卫社会,也要兼顾人权的保障目标,但人权保障毕竟还有辩护制度和公正审判进一步把关,而如果不提起公诉,就可能存在放纵犯罪之虞,而这种放纵必定削弱了公诉的职能。③

这样的分析似乎有滥用追诉权之嫌,其实不然,我们一再强调,这种积极起诉的立场只是适用于少数基于认识不同而导致的司法不确定的疑难案件,而非对证据不足已得到确定判断的普通存疑案件均贸然追诉;再者,公诉职能的客观

---

① 林钰雄:《检察官论》,法律出版社2008年版,第53~60页。

② 同上书,第69页。

③ 崔洁、肖水金、雒呈瑞:《诉还是不诉? 一个基层院的困惑》,载《检察日报》2009年7月8日,第5版。

公正义务也是一种起诉制约，其能行使积极起诉的筛滤功能。

三、疑难案件中公诉职能的经验悖反："拟制"法官

尽管从应然要求上讲，公诉应积极地对疑难案件提起公诉以获取有效的确定性判断，而并非自己充当法官给疑难案件一个仓促的确定性结论，但实践中公诉职能却时常在自我及外界的型塑中自觉不自觉地成为"拟制"法官，行"法官之前的法官"之职。

（一）公诉职能的自我悖反

1. 僵化理解罪刑法定

对于司法中出现的特殊疑难案件，如同文中案例，公诉机关也时常会面临《刑法》依据上的两难困境，一方面，这类案件没有《刑法》的明文规定，若起诉则难逃违背罪刑法定主义的责难；另一方面，若听之任之又显失公正，既潜在地放纵了危害社会、侵犯人权的行为，也违背《刑法》的初衷。出于对起诉的谨慎，在行使公诉职能时，检察官习惯于从形式上理解罪刑法定，只要行为在《刑法》中不能直接找到对应的具体犯罪种类，就认为属于"法无明文规定不为罪"而放弃起诉。可事实上，"罪刑法定的'定'不是抽象概念（具体罪名的定义）或某个具体的犯罪种类，而是犯罪的类型"。犯罪不可能在法定的构成要件中经由明确的概念完全地加以定义，在判决前，永远只是"未定"的状态，[①]这个"未定"赋予了公诉职能一定的能动空间，公诉机关对这类疑难案件不应基于狭隘的罪刑法定观而提前充当法官将其终结在程序之外。

2. 人为扩大"存疑不起诉"的适用范围

《刑事诉讼法》第171条第4款规定，对于二次补充侦查的案件，人民检察院仍然认为证据不足，不符合起诉条件的，应当作出不起诉的决定。这一规定在实践中被归纳为"存疑不起诉"，很明显，这里的"疑"（强调的是满度）指的是证据不足，实质上指的是因证据量的不够或质的欠缺而导致的证明力不强，且这种证明力的差强在审查起诉中一般已能得到确认，而并非我们讲的疑难案件中因对

---

① 雷磊：《方法和限度：回到事物"本身"——解析考夫曼〈类推与"事物本质"〉》，载郑永流主编：《法哲学与法社会学论丛》（2006年第1期），北京大学出版社2006年版，第269页。

法律和证据的认识和看法不同而产生的不确定之“疑”(强调的是纯度)。“大多数疑难案件在法律的适用和事实的认定上都存在相当大的模糊性,即法学界长期争论不休的法律上的不确定性,对该类案件的处理是关于法律标准和事实标准的认识问题”,[①]这类疑点很难有定论,如有些检委会成员明确表明,其在参与讨论时,有些疑难案件确实难下定论,但讨论总得表态,所以最终给出的结论不免有点应急或偶然。因此,这两类“疑”的性质是不同的,但实践中,公诉机关对此并未区分,而一概以“存疑不起诉”处理。

3. 起诉证明标准与审判定罪标准同一

一般认为,根据我国《刑事诉讼法》的规定,检察机关提起公诉和法院作出有罪判决所要求的证明标准都是一样的,均是“事实清楚,证据确实、充分”。尽管笔者对这一结论持有怀疑,但不可否认的是,实践中,公诉部门以法院定罪标准进行审查起诉已是常态。事实上,即使使用同一种表述“证据确实充分”,也有个证明、认识主体的问题,是法官认为证据确实充分呢,还是检察官、法官都认定的证明标准?西方是给法官定一个标准,这种标准能否作为一个一贯到底的标准,还是值得思考的,它容易给司法带来危害,最典型的就是拒绝纠正错误,甚至用更大的错误来掩盖过去的小错误。[②] 而现今,公诉在审查起诉时就遵循这样的要求,疑难案件中,尽管内心从经验认识上已确信犯罪嫌疑人应该定罪,但考虑到相关的不确定因素,仍不敢作出“证据确实充分”的认定,而是自发参考大陆法系、英美法系的“自由心证”“排除合理怀疑”来循环说明该案存在某些无法排除的疑点,即便这种怀疑的可能性微乎其微。

4. 过分依赖法官

疑难案件中,检察官面临因司法不确定而无法确定诉与不诉的困惑时,有些就乐于事先联系法官“听风把音”。这样即便不能起诉,也觉得心安理得。其实这样才是真正的司法风险:检法关注的细节可能不同,商议时检察官只是个人判断了哪些细节重要,或者因没能开庭正式审理,辩方意见还不能充分体现,都会影响法官的客观、全面、准确判断,这种情况下,案件的处理存在多种不确定性,

---

① 黄维智:《刑事司法的潜规则与显规则》,中国检察出版社2007年版,第14页。

② 孙谦、樊崇义、杨金华主编:《司法改革报告——检察改革、检察理论与实践专家对话录》,法律出版社2002年版,第232~233页。

检察官基于此诉前潜行为就决定案件程序走向,放纵犯罪或打击错误的双重危险仍然不能得到有效消除。

(二)评价机制的悖论

1. 公诉质量评价指标的偏失

在对公诉质量进行评价时,实践部门及司法研究者习惯于以法官裁判为标准,如以"控审一致率""罪名变更率""宣告无罪率"作为评价公诉质量的评价指标,甚至认为"无罪判决是一定意义上的无效指控"。① 由此,一些公诉机关也把高定罪率作为一种成绩,无论是对部门工作还是公诉岗位上的先进典型,均以多年来所办案件无罪判决率为零作为依据,认为起诉得到了法院的认可就是公诉成功。这种标准对于简单案件当然有其合理性,但将其毫无原则地推广至疑难案件时,其局限性也非常明显,它忽视了对公诉环节司法不确定性的科学考量,忽视了基于司法不确定而总会存在无法预测的无罪判决的司法规律,更抹杀了程序的功能与价值。就疑难案件而言,即使出现了控审不一、罪名变更、无罪判决,我们也不能一概认为公诉质量不高,而是要看这些不一致的原因,是否因为案件固有的不确定因素造成。若如此,我们就应该积极地看待这些差异。

2. "错案追究制"的误区

"错案追究制"是我国在进行审判方式改革时自发出现的一项旨在加强对法官的监督、确保办案质量的措施,这一做法后为公安机关、检察机关试用。至于什么是"错案",理论中和实践中都有不同的界定,但不管错案如何界定,其总有一个较为正确的标准或答案,这个标准或答案一般就是法院的裁判,因为只有法院的裁判才具有终结性。这种要求使公诉人员在办理疑难案件时,尽管有自己的看法,也极力抑制这种自主性,而要花费心思考虑法官如何思考及法官思考的答案,实际上也就是把自己当成了法官,放弃了自己应基于案件本身而给出处理意见的职责。

四、疑难案件中公诉职能的法理回归:诉审共识同构

我们的分析意在表明,疑难案件中,由于司法不确定性的客观存在及司法职

---

① 白建军:《法律实证研究方法》,北京大学出版社2008年版,第217~218页。

责的必然分工,公诉的职能只是追寻确定而非由其直接达至确定。但这仅仅是一种宏观思维导向,这种确定追寻具体依赖的路径,还与公诉司法角色的扮演及诉审关系相关。

(一)疑难案件中司法者的法理学:解释共识

司法过程实际上是司法者解释法的过程,包括规范解释、事实认识以及规范之一般适用于案件之个别的逻辑推理的解释。对疑难案件中的这些解释元素,我们往往发现或经历着这样的处遇,即不管对法规应然的含义作出什么说明、解释,对模糊事实的可能作出什么分析,也只是表达某种意见而已,这些意见也往往相对封闭,在证成自我的同时却不能证否他人,以致疑难案件的处理仍充满变数,司法不确定的局面也不会有彻底改观。为解决这种疑难,法律解释学试图通过解释方法的排序以降低疑难案件司法难度而探索出的一套解释方法规则,仍无力回答在何种情况下后位的解释方法相对具有优越性而可以取代前位的解释方法。一些研究者据此认为,法律解释只是为之前已经大致确定的结果填充理由,结果不是解释出来的,相反,是解释结果确定了如何解释,解释只是用来掩盖法官的创造性活动。[①]

其实,对解释的功能大可不必如此悲观,上述分析只是从一种静态的横断面上观察解释,而事实上,由于司法是一种动态的历时性活动,解释的目的也是在法律的边缘地带得出可接受的结论,在这个历时过程中,不同解释者的意见碰撞及共识达成是其获得可接受性的必要途径。在疑难案件的公诉环节中,为达至一个相对合理的确定结论,应尽量让疑难问题获得这种历时性的解释共识。这就是司法者的法理学。[②]“与其给解释者的案头堆放上各种抽象且无约束力的意见,还不如让他们了解自己——司法者群体对相关法律问题的‘平均’解释”,[③]

---

① 桑本谦:《理论法学的迷雾——以轰动案例为素材》,法律出版社 2008 年版,第 52 页、第 53 页、第 67 页。

② 白建军:《公正底线——刑事司法公正性实证研究》,北京大学出版社 2008 年版,总序。

③ 白建军:《法律实证研究方法》,北京大学出版社 2008 年版,第 201 页。另有研究者也提到刑事司法合理性的最理想状态,就是在由控辩审三方主体、法律职业家共同体、社会普通民众三类不同主体形成的三个共识圈之间达成合意、共识。参见韩哲:《刑事判决合理性研究》,中国人民公安大学出版社 2008 年版,第 291 页。

从而达成一些共识,"共识几乎是最弱意义上的法律客观性的必要条件",[①]其有理由成为下次疑难的重要参考,使不确定向确定性的转化有些可把握的依据、线索与规律,而这些智识无疑有助于提高司法实践在整体上的可预测性。

(二)司法不确定视域下诉审关系的法理回归:共识同构

诉审关系的回归实际上也就是公诉职能的回归。从公诉制度的产生及公诉职能的运行来看,通常都是为控制审判权的擅断,从审判权的消极方面强调两者的对立,但这只是诉审关系的一个方面。在达至疑难案件的司法确定性方面,作为法律共同体,诉审必须有共同的努力方向。对起诉机关据己方确信而提起公诉的疑难案件,在诉辩双方充分发表意见后,审判机关据此对《刑法》适用形成的结论,既可能与诉方的主张一致,也可能与诉方的主张背离,但这种背离并非证实诉审双方消极互否,作为一个确定性的实体结论,这是双方智识与经验多回合交互后,在法律间隙处进行积极同构而找寻到的相对合理的裁判。合法的审判程序通过横向的控辩交流和纵向的法官与控辩之间的交流对事实的再造功能和合作作用,有利于合理性结论的形成。

"法治社会成功的经验表明,法律家集团的力量来自于它内在的统一和内部的团结,而统一和团结并不是因为组成这个共同体的成员出身一致,而是由于知识背景、训练方法以及职业利益的一致……在这些方面获得高度一致的法律家们会自然地凝聚为一个所谓'解释的共同体'"。[②] 因此,这种共识同构是有可能的。对法律的理解、对事实的认定、对两者之间间隙补漏的不同以及前见的不同,诉审对疑难案件不免会带上自身的偏见和主观性,通过文书、庭审的商谈交往,这种偏见和主观性可以转化为哈贝马斯社会交往理论意义上的交互主体性,通过将先验性转化为程序性,达成对《刑法》适用的共识、合意,以消除单方结论的主观性、片面性,同时也使《刑法》适用获得合理性、正当性和可接受性。丧失多方参与性的裁判活动之所以会使裁判的内在品质受到破坏,是因为这种裁判不具有最起码的公正性。[③] 因此,公诉既不能独断疑难,也不能依赖审判,必须进

---

① [美]波斯纳:《法理学问题》,苏力译,中国政法大学出版社1994年版,第161页。

② 转引自万毅:《历史与现实交困中的案件请示制度》,载《法学》2005年第3期。

③ 陈瑞华:《问题与主义之间——刑事诉讼基本问题研究》,中国人民大学出版社2003年版,第21页。

行多方同构,诉审同构是其中的必然。

值得注意的是,这里的"共识同构"很容易被理解为法律上界定的检法"互相配合"关系,这种配合关系经常被学者们指责为检法将犯罪一追到底的协同作战。笔者无意加入诉审配合关系的论争,而且这里的共识同构并非意指法官要迁就、屈从检察官的起诉意见,只是强调在面对疑难案件中司法不确定性的客观存在时,检法相互抑短、同构共识的实践理性对于一个合理性、确定性结果产生的意义。在这种共识同构中,诉审应以积极的姿态向着司法目的、司法效果在经验、个性、知识等方面进行同构,它体现的是司法者集体的智慧。

(三)共识同构对公诉职能的启示

作为理解司法不确定视域下诉审关系的新视角,共识同构帮助公诉机关明确了在这种特殊语境下的职能方向——通过共识同构达至确定,这一认识思路对公诉职能有如下启示:

一是实体上有助于有意识地提高公诉争点质量。尽管我们不赞成疑难案件的审查起诉中办案人员以审判标准要求自己,但并不意味着我们在任何情况下都强调公诉自主、忽视审判。案后对司法不确定的具体表现、诉审一致与不一致、罪名变更、无罪率等情况进行分析与调研对提高公诉质量是非常有帮助的。疑难案件中,我们经常面临的问题是,这一个疑难解决了,但当我们参照这一结论试图处理好下一个看似类似的疑难时,其实不然,这个疑难又会成为一个新的疑难,个中原因很大程度上在于我们没有明确真正有法律意义的争点。而在共识同构的基础上,先前的疑难案件经过审判程序后对公诉就后续的疑难案件明确争点是极有帮助的。"具体案件中控辩双方的博弈所产生的焦点问题质量越高,案件与规则之间的联系就越到位,案件的处理质量也就越高",①这种提高又会促进公诉有意识地提高争点质量。

二是实现疑难案件审理行政化向司法化的观念转变。以往碰到疑难案件,出于各方面因素的考虑,总是习惯向上级请示,以先行从内部系统确保法律的统一适用,即基于内部行政权力型共识来达至确定,疑难案件在公诉阶段的终止就是一种典型表现。这种非诉讼化的司法活动,使得控辩双方难以通过行使诉权

① 白建军:《法律实证研究方法》,北京大学出版社2008年版,第217页。

来对案件处理产生司法影响，这曾被学界指责为司法的非正当。共识同构则强调在不同的司法机关之间达成共识，真正实现刑事案件的司法化处理，而这才是实现正义的正当途径。

三是促进公诉资源的有效利用。“我们的法律制度并没有平均检察官和被告的资源，而是在通向定罪的路上树起各种难以对付的程序障碍。这些障碍成功地将判定无辜者有罪的概率减少到极低水平，但其代价是许多有罪的人被无罪开释了，或者从来就没有对他们提出指控，或者允许他们承认比他们实际犯下的轻许多的罪行”。[①] 虽然这是对对抗制在阻碍有效查获犯罪方面的某些偏颇的异议，但在倡导不确定的疑难案件进入司法程序方面却对我们讨论的问题有共享意义：将疑难案件终止在公诉环节，是对公诉职能、公诉资源的抑制，而这常常是基于对被追诉人权利的考虑而以程序正义的理由来实现的，可这一理路“始终无法摆脱理论上如何自圆其说时的一个阻隔，这就是以被告人（被追诉人）权利为导向的程序正义理论何以必然优先于刑事被害人权利和社会秩序”？[②] 因此，公诉资源的限制是有底线的，在司法处于认识论意义上的不确定时，我们更需要有效利用其去探知而非人为地对其终止运行。

[原文发表于《武汉大学学报》（哲学社会科学版）2010年第5期]

① [美]波斯纳：《法理学问题》，苏力译，中国政法大学出版社1994年版，第263页。

② 刘忠：《“命案必破”的合理性论证——一种制度结构分析》，载《清华法学》2008年第2辑。

刑事庭前会议主持人模式比较与分析

韦晓一*

摘　要:我国刑事庭前会议制度的设立对庭审准备程序的完善具有重要意义。关于庭前会议由谁主持的问题直接影响到庭前会议功能的发挥。目前我国理论界对于庭前会议主持人的问题分歧较大,主要存在庭前庭审合一与庭前庭审分立两种模式。我国司法实务中多采取合一模式,但也不排除分立模式的适用。相比较而言,合一模式符合我国法律规定,更有利于提高诉讼效率和庭审质量,但是存在法官预断可能。我国庭前会议应当建立以合一模式为主、分立模式为辅的体系,并适当赋予主持人裁断权。

关键词:庭前会议　主持人　合一模式　分立模式

当今世界上绝大多数国家的《刑事诉讼法》均设立了科学、完备的庭前程序。长期以来,我国刑事审判的庭前程序都比较简单,2012 年《刑事诉讼法》对此进行了修改和完善,除了恢复庭前卷宗移送制度之外,第 182 条庭前准备程序中新增 1 款规定:“在开庭以前,审判人员可以召集公诉人、当事人和辩护人、诉讼代理人,对回避、出庭证人名单、非法证据排除等与审判相关的问题,了解情况,听取意见。”由此,庭前会议制度在我国《刑事诉讼法》中得以正式确立。一方面,公诉人、辩护人和诉讼代理人在开庭审判前充分表达其对相关程序性问题的意见,有利于保障各方的程序性权利,促进控辩双方平等对抗,彰显程序公正;另一方面,通过庭前解决回避申请、出庭证人名单、非法证据排除等程序性问题,确保庭审集中、有序、高效开展。但是,2012 年《刑事诉讼法》仅用 1 款条文规定了庭前

---

* 韦晓一:广东省人民检察院检察官。

会议,规定召集者为审判人员,至于由谁来具体主持庭前会议,立法并未作明确说明。出于对刑事庭前会议程序价值导向的不同理解,对于主持庭前会议的人员是否必须是审判人员以及能否负责后续案件的法庭审理活动等问题,理论界与实践界争议较大。为了真正发挥庭前会议提高诉讼效率和审判质量的功能,有必要对我国刑事庭前会议的主持人问题进行探讨,为未来的立法提供可资借鉴的经验。

一、学界关于刑事庭前会议主持人的两种模式

2012年《刑事诉讼法》关于庭前会议内容的增设,被刑事诉讼法学界誉为"皇冠上的明珠"。当前对于庭前会议由谁来主持的问题,理论界撰文探讨的比较多,主要存在庭前庭审分立模式与庭前庭审合一模式两种观点。

(一)庭前庭审分立模式

庭前庭审分立模式(以下简称分立模式)是为了避免先入为主的主观预断,庭前会议的主持法官与庭审法官不可以是同一人,必须予以分离,否则其内心将受到非法证据的影响,对后续庭审活动产生预断,不利于案件的公正审理。不可否认,裁判者往往很少能够中立地对待不具有可采性的证据信息所产生的影响。如果事实裁判者接触到了不具有可采性但又具有可信性的信息,我们的第一反应即是由未受到该证据影响的其他裁判者取而代之。因此,学者认为最为理想的方式是"将审判组织一分为二预先设置绝缘措施",①在庭前排除非法证据,使事实裁判者不可能接触到不具可采性的证据信息,从而不会对裁判者的心证造成影响。域外多数国家承担预审的机构和人员都不是负责开庭审判的法院或者法官。即便在德国,刑事诉讼立法在规定主持中间程序和主审程序可以是同一法官的同时,又明确要求在中间程序中由首席法官指定一人负责阅卷,其他法官及陪审员事先不能过多地了解案件情况,一定程度上防止了先入为主的质疑。②

在分立模式的具体制度设计中,我国理论界又存在两种不同的观点。以陈卫东教授为主的学者认为"审判人员"不应局限于参加案件庭审的人员,可以适

---

① [美]米尔吉安·R.达马斯卡:《比较法视野中的证据制度》,吴宏耀、魏晓娜译,中国人民公安大学出版社2006年版,第221页。

② 张军主编:《新刑事诉讼法法官培训教材》,法律出版社2012年版,第231页。

当扩大到立案庭的其他法官。由立案庭的法官来主持庭前会议,不仅不必增加司法人员的数量,增添司法负担,也对现有的体制影响最小。同时,从立案庭法官的工作内容来看,由于其既从事公诉审查工作,也承担庭前会议的主持工作,尽管没有预审法官的头衔,但实际上已经具备预审法官的实质。而吉林大学的闵春雷教授等学者主张由法官助理主持庭前会议,并认为,将法官助理置于业务庭很难避免法官庭前实体审查以及先入为主的现象,若将其安排于立案庭,又因无审案法官的切身指导而无法解决案件的相关问题,也不利于其自身素能的提高。通过法官助理制度,既在很大范围内杜绝了未审先断现象,也避免了案件在部门间的流转。主张分立模式的学者认为,唯有坚持庭前会议主持人与庭审法官的分离,才是彻底阻断庭审法官预断的有效方法。①

(二)庭前庭审合一模式

庭前庭审合一模式(以下简称合一模式)是庭前法官与庭审法官不相分离,由审理案件的法官担任庭前会议程序的主持者。主张该模式的学者认为,我国庭前会议程序创设的初衷就是让法官在庭前充分了解控辩双方对案件所持意见后,能够在庭审中对证据采信、事实认定有的放矢、主次分明、轻重合理,切实强化法官司法判断的正确性和准确度,提高审判质量和效益,实现诉讼经济的价值目标。② 将庭前法官与庭审法官分离,不仅无助于案件的客观公正审理,对实现庭审实质化也毫无益处。

从比较法的视野来看,域外当事人主义的刑事诉讼模式虽然设置了独立完善的预审法官制度,将庭审法官与公诉审查法官从法律上予以分离,但庭审法官与庭前法官之间也并不存在一个完全不可跨越的界限,两者在特殊情况下亦可重合。如在法国,二者虽然分离,但并不绝对,重罪法庭的审判长仍然可以介入庭前程序,讯问被告人;若预审没有达到法律要求,或者出现新情况,审判长可自行补充侦查或要求预审法院进行相应的工作。况且,庭前会议程序只是准备性的程序,"无论是实行职权主义的国家还是实行当事人主义的国家,都有庭审法

---

① 陈卫东、杜磊:《庭前会议制度的规范建构与制度适用——兼评〈刑事诉讼法〉第182条第2款之规定》,载《浙江社会科学》2012年第11期。

② 钟毅:《庭前会议程序该解决哪些问题》,载《检察日报》2013年9月27日,第3版。

官主持庭前准备程序的制度设计"。[①] 如德国,主持庭前准备程序的法官可以(并且很可能)作为庭审法官主持法庭审判,并有权对案件作出判决。[②] 在英国答辩和指导听证程序中,主持该程序的法官不能参加后续的法庭审判活动,而用以解决法律问题的审前听证会程序则是由进行法庭审理的法官主持的。[③] 日本的准备程序和审理前的整理程序都不受预先判断排除原则的限制,法院可以在一定范围内积极地开展活动。[④] 域外审判程序通常都是经过良好准备的,而包含准备阶段所有材料的文件也都可以在审判中得到充分利用。

同时,有学者指出,我国庭前会议本身不具有分立模式所主张的避免证据受到污染的功能。根据2012年《刑事诉讼法》的规定,当事人在庭前与庭审程序中均可申请排除非法证据,通过庭前法官与庭审法官分离来避免证据受到污染的必要性不大。虽然庭前会议程序的一项重要功能是解决非法证据排除问题,为了避免非法证据的污染效应,参加庭前会议的法官不应继续进入法庭审理程序。该方法固然有效,但是这仅在实行二元式审判组织的诉讼制度中有效,并且这种补救方法因成本太高令人望而却步。正是因为成本方面的原因,大陆法系国家宁愿选择以下方案:责令事实裁判者对于此类不具可采性的证据信息应当不予理睬或者予以忽略。[⑤] 在我国一元式审判组织制度下,根据现行法律规定,辩护方会更多地选择在法庭审理过程中申请排除非法证据,法庭可先行调查或在法庭调查结束前一并进行,即同一个裁判者既要负责证据可采性的裁判,又要对证据的证明力作出判断,赋予了法官对非法证据的"免疫力",让他们从头脑中清除这种偏见。因此,在我国现行的刑事审判组织下,主张主持庭前会议的法官与庭审法官相分离,从而防止庭审法官受到非法证据的"污染"并没有多少价值可言。

二、两种主持人模式在司法实务中的体现

根据2012年《刑事诉讼法》第182条第2款的规定,庭前会议的主持者是人

---

① 韩红兴:《刑事公诉庭前程序研究》,法律出版社2011年版,第204页。

② 陈光中主编:《21世纪域外刑事诉讼立法最新发展》,中国政法大学出版社2004年版,第494页。

③ 卞建林、刘玫主编:《外国刑事诉讼法》,中国政法大学出版社2008年版,第38~39页。

④ [日]田口守一:《刑事诉讼法》,张凌、于秀峰译,中国政法大学出版社2010年版,第207页。

⑤ [美]米尔吉安·R.达马斯卡:《比较法视野中的证据制度》,吴宏耀、魏晓娜译,中国人民公安大学出版社2007年版,第219页。

民法院的审判人员。但究竟应当如何界定“审判人员”呢？单从这一法律条文的词义来看，庭前会议程序的主持者并不必然是合议庭的组成人员，也并不必然参加后续的案件审理活动，只要具备“审判人员”的身份资格尚可。由于法律规定的不明确，导致对究竟应采取何种模式，司法实践中也存有一定争议。下面结合各地的规范性文件规定及法院的实际做法来具体分析两种模式在司法实务中的体现。

(一)各地规范性文件关于庭前会议主持人的规定

自2012年《刑事诉讼法》颁布后，全国各地部分检察院、法院先行先试，积极选择典型案件大胆探索庭前会议程序，逐渐规范化，并研究制定了一些地方性工作文件，对法律和司法解释涉及庭前会议的相关条文进行了各种细化，对庭前会议主持人问题也进行了具体规定。例如，《重庆市第一中级人民法院刑事审判庭前会议实施细则(试行)》(以下简称《重庆一中院细则》)第7条规定，庭前会议一般由审判长指定合议庭成员一人主持；重大复杂案件，由审判长主持庭前会议。《广东省东莞市刑事案件庭前会议实施办法(试行)》(以下简称《东莞实施办法》)第8条也作了类似的规定。《广州市海珠区人民法院刑事案件庭前会议实施细则(试行)》(以下简称《海珠实施细则》)第6条规定，庭前会议一般由负责承办该案的审判人员主持召开。必要时，也可以由合议庭成员共同参加，由审判长主持召开，将主持庭前会议的权力完全授予了审案法官。《广州市刑事审判庭前会议操作指引(试行)》(以下简称《广州操作指引》)第5条规定，庭前会议一般由承办案件的审判人员主持召开，经合议庭或独任审判人员委托，其他审判人员也可以主持召开庭前会议。由此可见，《重庆一中院细则》、《东莞实施办法》和《海珠实施细则》均将庭前会议的主持人限于审理该案的合议庭成员之一，必要时全体合议庭成员都可参加庭前会议，只有《广州操作指引》规定可以委托合议庭成员之外的其他审判人员(不包括法官助理或者书记员)主持庭前会议。因此，就笔者收集的文件资料情况而言，各地关于庭前会议的主持人基本上都采纳了合一模式，但也不排除分立模式的规定。

(二)关于庭前会议主持人的实际做法

为了解我国实务操作中刑事庭前会议主持人所采取的模式，笔者在广东、四川、重庆、山东、江苏等地进行了调研，据不完全统计，各地采取合一模式的比例较高。采取分立模式的如山东省寿光市人民法院,该院自1996年起开始探索证据开示制度,在探索的过程中创设了庭前会议程序。为了防止法官未审先定,庭前会议一般由法官助理主持,主要围绕证据开示这项内容进行,一般不涉及其他事项。四川省成都市中级人民法院开展的庭审实质化试点工作中,对庭前会议的主持人规定了两种方案:一是由审判长另行指定同一个审判团队具有法官资格的法官阅卷和主持庭前会议,但不参加后续法庭审理程序;二是由审判长指定合议庭中一名成员(一般是案件主审法官)阅卷和主持庭前会议,并参加后续庭审。可见,在成都试点工作中两种模式都存在,但是基于诸多因素考虑,实践中基本上都采用了第二种方案,第一种方案很少实行。其中,笔者着重对广东省2014年召开庭前会议的98件刑事案件进行了调研,收集到68份庭前会议笔录,并对司法工作者进行了问卷调查。

在专门针对参加过庭前会议的检察人员的问卷调查中,关于庭前会议主持人一栏,从回答的措辞来看,主要有"审判长""经办法官某某""李某某""黄某某(刑三庭庭长)""审判长林某某""某中院刑二庭庭长""经办法官""主审法官"八种填法。经统计,具体可归为三类:第一类填"审判长""审判长某某"的有35份;第二类填"经办法官某某""经办法官""主审法官"的有52份;第三类填"李某某""黄某某(刑三庭庭长)""某中院刑二庭庭长"有11份。第三类的表述看不出是否为合议庭成员,第一类与第二类必定是合议庭成员,占案件总数的88.8%(见表1)。可见,广东省实践中绝大多数的庭前会议程序都是由审判长或主审法官主持的。

表1 庭前会议主持人情况统计

单位:件,%

主持人	案件数量	百分比
审判长	35	35.7
经办法官	52	53.1
其他	11	11.2

至于是合议庭全体成员还是其中一人参加庭前会议的问题,法律亦未作明确规定。目前庭前会议笔录格式不统一,由各地法院自行设计。笔者通过查阅

收集到的68份庭前会议笔录发现,针对庭前会议主持人问题,主要有4种记录方式:第一种,“主持:蓝某某(审判长)、孟某某(审判员)、颜某某(审判员)”;第二种,“合议庭组成人员:审判长吴某某,审判员林某某、杨某某”;第三种,“会议主持:审判员肖某某(本案经办人)”;第四种,“主持人:周某某(审判长)、黎某某(主审法官)”。第一种和第二种本质上都是合议庭全体成员参加庭前会议,共23份,占总数的33.8%,从会议笔录中记载的发言人来看,该部分案件的主持人都为审判长;第三种是主审法官一人独自主持会议,共40份,占总数的58.8%;第四种比较特殊,由审判长和主审法官两人主持庭前会议,共5件,占总数的7.4%(见表2)。可见,合议庭全体成员参加庭前会议的案件所占比例不高,约1/3,主要是一些社会影响重大或特别疑难复杂的案件,有利于节约诉讼资源。

表2 参加庭前会议的审判人员情况统计

单位:件,%

参加的审判人员	案件数量	百分比
合议庭全体成员	23	33.8
经办法官	40	58.8
审判长、经办法官	5	7.4

从表1和表2的统计数据来看,各项指标所占百分比虽不完全相等,但也趋于一致,经办法官主持庭前会议的比例较高。至于是由全体成员还是部分成员参加庭前会议并不绝对化,可以由合议庭根据案件的具体情况来确定。

迄今为止,广东省主持庭前会议的法官一般都参与了案件的后续法庭审理。庭前会议都是由庭审法官主持召开,尚不存在审案法官之外的人员主持庭前会议的刑事案件。即使广州市中级人民法院制定的《广州操作指引》规定“可以委托合议庭成员之外的其他审判人员主持”,但目前也无合议庭成员之外的其他审判人员主持庭前会议的案例。

三、对两种主持人模式的比较分析

合一模式可能会使法官庭前产生预断,但具有诸多益处,有利于法官全面了解案件事实,把握庭审重点,加强与庭审程序的衔接,成功主持法庭审理;分立模式虽然可以阻止庭审法官提前接触案件事实和证据，有效防止先入为主，但会耗费更多的司法资源。两种模式，可谓各有利弊。

（一）是否符合我国法律规定

合一模式符合我国现行法律规定。结合2012年《刑事诉讼法》的具体规定和语境来看，第182条中召集、主持庭前会议的“审判人员”，应当是承办案件的合议庭部分人员或者全体成员。在2012年《刑事诉讼法》中，“审判人员”这一概念总共出现了21次，在第二章“第一审程序”第一节“公诉案件”中共使用了7次。如第190条规定，审判人员应当听取公诉人、当事人和辩护人、诉讼代理人的意见。第197条规定，判决书应当由审判人员和书记员署名。由此可以推断，“审判人员”在我国《刑事诉讼法》中是指合议庭的组成人员。

分立模式将“审判人员”扩大到立案庭的其他法官不符合法律规定，而主张法官助理主持庭前会议也无法律依据。法官助理制度是我国近年法官制度改革的一项积极探索，尚未经立法确认。由于我国司法资源极其有限，一线审判力量捉襟见肘，因此，一些试点法院通过推行法官助理制度来减少法官的工作负担。例如，北京市海淀区人民法院针对简易案件试行“一审四助二书”的独任审判庭法官助理新模式，将4名法官助理分为2名前法官助理和2名后法官助理，将原来由法官负责的辅助性裁判工作交由前法官助理负责。但是，根据我国2012年《刑事诉讼法》的规定，庭前会议的主持人是“审判人员”，“审判人员”是法律明文规定的正式用语。《人民法院组织法》第33条已经明确，只有被选举任命的人民法院院长、副院长、庭长、副庭长、审判员和助理审判员才是人民法院的审判人员。至于法官和法官助理的工作内容，也有相关规定予以严格区分。最高人民法院有文件明确规定，法官助理是辅助人员，协助法官依法行使国家审判权。[①]可见，两者并非同一概念或者具有包含关系，审判人员与法官助理的工作性质互不相同，后者由于不具有审判职责而没有权限和资格主持庭前会议。同时，法官助理也难以胜任非法证据排除、争点整理、刑事和解等多项工作，从而不能保证庭前会议的有效开展和功能的发挥。从国外实践情况来看，主持庭前程序的法官大多是职业法官，都要求具备较高的专业素质和水平。而且，如果法官助理主

① 详见最高人民法院《关于在部分地方人民法院开展法官助理试点工作的意见》。

持庭前会议疏忽,在整理争点和证据的过程中出现错漏等情形,导致庭审法官定罪量刑时错误,则存在一个责任由谁来承担的问题。法官是否需要承担相应责任,法官的审判质效评价是否受影响等,都值得斟酌。因此,法官助理可以参加庭前会议协助审判人员做好相关工作,但不能主持庭前会议。

(二)是否有利于提高诉讼效率

正义也需要用富有效率的方式来实现。从经济学的角度来讲,诉讼资源本身就具有稀缺性和有限性,而刑事诉讼又是一项高成本的活动,再加之案件数量的不断膨胀,这就决定了现代刑事诉讼制度的设计必须将效率作为其重要的考量因素。相对而言,合一模式更有利于优化资源,达到诉讼效率提高的实质要求。通过庭前会议,庭审法官直接倾听公诉人、当事人和辩护人、诉讼代理人的分歧意见,准确了解第一手信息,在全面熟悉案情的基础上明晰争议焦点,提前找准庭审的重点和节奏,同时准确预判审判中可能出现的相关问题,有效把控庭审,这无疑会促进庭审效率的提升。倘若采取分立模式,主持庭前会议的法官不能继续主持后期的法庭审理,则前期掌握的相关信息无从适用,庭前会议所具有的功效也无法体现在后面的庭审法官身上,其不得不重新了解案情,既起不到提高庭审效率的功效,还造成司法资源的浪费。

(三)是否有利于提高庭审质量

司法的生命是司法公正,而司法公正的核心又是审判公正,合一模式更有利于促进司法公正、提高庭审质量。庭前会议的制度设计凸显了控辩双方的参与性,防止案件审理前法官单方面秘密接触双方当事人。在开庭审判前,庭审法官充分听取控辩双方对与审判相关的程序性问题的意见,了解情况,审查和采信证据更加全面、审慎、缜密,强化了裁判人员的司法责任感,有利于防止产生偏见,使案件得到客观公正的处理,也减少了司法不公和司法腐败的发生。

同时,庭审法官亲自主持庭前会议也有助于其全面准确地掌握案情,明晰控辩双方争议焦点,高度重视据以认定案件事实的证据,根据亲历感知的信息形成对庭审争点的预测和判断,有效进行诉讼指挥,不仅从形式上加快了审判进程,提高了诉讼效率,更是从实质上提高了庭审质量。多数法官很难在有限的几小时开庭时间里完全依靠控辩双方的对质来准确地查明一个其事先一无所知的案件。

(四)是否会让法官形成预断

分立模式彻底隔离了庭前法官所掌握的信息进入庭审中,阻遏法官先入为主的功效是不言而喻的。但是,合一模式只是有可能导致法官形成预断。庭前会议主要是汇总解决回避、管辖权异议等程序性事项,厘清争议焦点,对案件定罪量刑的问题较少涉及或者根本不涉及,无关乎案件的实体判断,对审案法官造成预断方面的影响非常有限,审案法官同时听取控辩双方的意见反而可能抑制法官形成偏见。同时,法官是否会先入为主未审先判,还应结合司法历史传统和司法人员的公正理念分析。完全杜绝法官在庭审前掌握案件的任何信息也是不切合实际的。毋庸讳言,中国的司法程序环境更接近于"科层式结构"。"案件的卷宗是整个程序的神经中枢,整合着各个层次的决策;如果在一个案件从一个步骤转向下一个步骤的过程中发生了信息阻隔或丢失的情况,导致主持后一个步骤的官员无法读取前一步骤留下的书面记录,整个科层式程序就会失去方向。"① 程序公正理念促使法官会随着庭审的推进及时改变对案件的司法判断。如今法官的素质已有较大提升,同时,由于实行法官办案质量终身负责制和错案责任倒查问责制,对法官的审判质量要求不言而喻。因此,法官不仅要充分听取公诉人的意见,更要重视辩护人的意见,在综合分析控辩双方意见的基础上真正实现"兼听则明"的司法判断理念和方式,未审先判的存在空间大大缩小。从职业性质上来说,一位训练有素的法官不会受到他在报纸上读到或者在电视上看到的任何东西的影响。现实中,法院系统管理渐趋规范化,法官素能不断提升,公正司法的理念日益深入,此外还有案情汇报、审委会把关等一系列有力的制度基础,这些均对案件的实体和程序公正给予了有力的保障。

四、我国刑事庭前会议主持人之路径选择

(一)建立以合一模式为主、分立模式为辅的体系

1. 合一模式符合我国司法现状

所谓诉讼成本,即人们购买司法正义的价格。"诉讼成本高昂、程序措施不

---

① [美]米尔伊安·R.达玛什卡:《司法和国家权力的多种面孔——比较视野中的法律程序》,郑戈译,中国政法大学出版社2004年版,第85~86页。

够经济是一个世界性问题。"[①]但在中国,"案件多资源少"的矛盾显得更为突出。[②] 在诉讼资源极为匮乏的情形下,如果硬性规定庭前会议主持人与庭审法官相互分离,只会导致司法机构雪上加霜、不堪重负。企图通过增加司法人员的数量来达到二者的分离也不是一朝一夕之功,而是一项任重而道远的事情。实际上,我国一些基层法院只有 1 个刑庭,且刑庭只有 3 名法官,这种情形下如果严格要求采取分立模式,实践中往往难以操作。

为了获得最大收益,削减不必要的司法负担,庭前会议法官与庭审法官不应相分离。因此,从节约诉讼资源的角度来看,合一模式更具有实用性,符合我国司法现状。实践中,刑事司法工作者对庭前会议主持人的态度也都倾向于合一模式。在关于"刑事庭前会议程序由谁主持"的问卷调查中,3.11% 的被调查者选择"A. 合议庭成员之外的法官",56.28% 的被调查者选择"B. 经办法官",14.19% 的调查者选择"C. 合议庭全体成员",24.14% 的被调查者选择"D. 经办法官或者合议庭其他成员均可",2.28% 的被调查者选择"E. 法官助理或者书记员",仅 5.38% 的被调查者选择了分立模式。

2. 合一模式对法官预断不具有实质性影响

庭前会议隶属于庭前准备程序,不同于域外一些国家和地区设立的预审程序,也有别于我国的公诉审查程序。虽然我们对庭前会议造成未审先判的结果应保持足够的警惕,但也不可无谓扩大,过于强调其不利影响。容易导致法官产生预判的是公诉审查程序而非庭前会议程序。如果公诉审查法官与庭审法官合二为一,在公诉审查阶段已经形成裁判结论,主持庭前准备程序的法官与庭审法官是否分离就没有什么实际意义了。1996 年《刑事诉讼法》为了防止审判人员产生预断,曾借鉴"起诉状一本主义",只移送主要证据复印件。事实上,这种做法并不能防止审判人员预断,恰恰相反,由于审判人员之前没有了解全案证据,在庭审时难以把握庭审的方向与争点,难以有效驾驭庭审,以至于庭上审理,庭后还要花费大量的时间审阅案卷,并不能做到"庭审实质化"。2012 年《刑事诉

---

① 钱弘道:《经济分析法学》,法律出版社 2005 年版,第 281 页。

② 1986 年我国各级人民法院审结一审刑事案件 29.8 万件,2011 年增加到 83.9 万件,即 25 年里人民法院审结的一审刑事案件增加了 2.8 倍;而全国各级人民法院审判人员(不含法院其他工作人员)的数量,1986 年有 14.7 万人,2011 年增加到 25 万余人,即 25 年里仅增加了 1.6 倍多。

讼法》又回归到全案移送制度,这种回归符合我国目前法院庭审的实际情况。因此,庭审法官完全可能在召开庭前会议之前,已经通过阅卷知悉了案件内容,企图通过强调庭审法官与庭前会议法官的区分来达到防止法官庭前预断的功能,显然是不现实的。实践中,法官庭前阅卷已是不争的事实。对于一些疑难复杂案件,为了全面了解案件证据情况,更为有效地驾驭庭审,一些主审法官在庭审前往往已经全案阅卷。笔者在"您认为庭审和阅卷对于查明案件事实哪个重要"的问卷调查中发现,阅卷在查明案件事实中仍然发挥着极其重要的作用,认为"庭审和阅卷同样重要"的法官占73.13%,认为"阅卷更重要"的比例比认为"庭审更重要"的比例高出6.25个百分点。如果由于法官庭前实体审查,先入为主形成预判,则庭前会议中听取辩方意见有利于削弱这种预先判断,而非强化这种判断。

3. 特殊情形下可考虑适用分立模式

不可否认,合一模式确有产生庭前预断的风险,尤其是专门针对非法证据排除问题而召开的庭前会议。因此,具体情形要具体对待,对于一些特殊类型案件,在人力资源相对充裕的法院,可以考虑采用分立模式,由合议庭成员之外的审判人员阅卷并主持庭前会议,且其不参加后续的法庭审理活动,从而防止合议庭成员先入为主形成预断。

(二)赋予庭前会议主持人一定的裁断权

2012年《刑事诉讼法》及相关司法解释均没有对刑事庭前会议主持人能否作出裁断进行明确规定,司法实务中对此比较谨慎。问卷调查显示,针对庭前会议是否可以就有关事项作出决定的问题,仅12.93%的人员认为"可以作出决定",63.67%的人员认为"只能听取意见,不能作出决定",另有23.40%的人员认为,"在控辩双方无异议的情况下尊重控辩双方的意见"。从各地法院实施情况来看,操作也各有不同。有的法院主持人作出裁断,例如,温州市鹿城区人民法院在召开吴某等涉黑案的庭前会议时,控辩双方就非法证据排除问题发生争议,控方出示了看守所的体检报告材料,辩护人无法举证刑讯逼供的时间、地点、人物,主持庭前会议的合议庭最终不予采纳,并表示如果辩方不能提出新的证据线索,庭审将不启动排除非法证据的调查程序,这实际上是对非法证据排除问题作出了决定。有的法院不作出裁断,例如,宁波市江东区人民法院在召开童某非法经营案的庭前会议时，控辩双方就管辖权问题发生争议，主持人仅听取了意见，并表示出于司法裁定或司法决定必须公开的原则，将择时宣布对管辖权异议问题的裁决。还有法院区分情形处理，例如，徐州市泉山区人民法院制定试行意见，将两种情形区别对待：一方面，确认审判人员就庭前会议相关事项作出的决定具有法律效力；另一方面，为防止将实体性审查带入庭前会议，特别规定庭前会议只就是否排除非法证据听取意见，不进行质证。

理论界要求赋予庭前会议主持人裁断权的愿望比较强烈，甚至希望庭前会议向域外的预审程序或中间程序发展。主要考虑是如果庭前会议主持人不作出裁决，又如何能将影响审判顺利进行的障碍在庭前予以排除？如果允许庭审程序中“旧事重提”，又如何保证庭审活动集中连贯进行？笔者认为，无论庭前会议主持人采取何种模式，法律都应当赋予作为庭前会议主持人的法官对会议中涉及的部分程序性问题和证据问题的裁断权，一方面将阻碍庭审顺利进行的障碍予以排除，另一方面又不涉及案件实体问题的处理，这才能符合庭前会议保障庭审活动顺利进行、节约司法资源、提高审判效率的价值目标。

1. 可以裁断的事项

控辩双方提出的程序性请求，不直接涉及证据取舍、事实认定、定罪量刑的问题，诸如对不公开审理、回避、管辖、调取证据、出庭证人名单、延期审理、庭审方案、申请变更强制措施等由单方提出的程序性请求，均属于可以在庭前裁断的范围，庭前会议主持人经审查成立的可以依法作出决定。同时，虽然辩护方的诉讼请求不一定正当，但作为诉权的一种方式，被告人及其辩护人提出某一项诉求时，法院应当在程序上给予一定的回应，通过附带理由的裁决，对该项请求是否成立进行说明，同时还应给予被告人申请救济的机会。

2. 不可以裁断的事项，控辩双方有争议的事项

与上述可以裁断的事项相反，对涉及证据取舍、事实认定、定罪量刑的问题，庭前会议不可以取代庭审，不可以在庭前会议中作出裁断。上述温州市鹿城区人民法院召开的庭前会议，实际上已异化为庭审程序了。由于缺乏审判公开、严格的控辩对抗，在庭前会议上作出证据排除与否的决定，有损于程序公正，冲击“审判中心主义”。

3.庭前会议相关事项裁断主体及时间

对于庭前会议上相关事项的裁断应由谁作出、会议主持人能否当场作出的问题,不能一概而论,需综合案件的审判组织和具体分析裁断的事项,两方面的情况决定:

一是如果由独任法官审理,且由该承办法官主持庭前会议,主持人在职权范围内即可以当场或会后作出裁断;但如果该事项需履行内部报批程序,如是否同意审判人员回避,需由法院院长决定,就有必要走完内部审批程序之后才能作出裁断,主持人不能当场作出决定。

二是如果是合议庭审理的案件,且由合议庭全体成员出席庭前会议,合议庭在职权范围内也可以当场作出裁决,如是否同意某个证人出庭,是否同意调取某个证据等,均可当场决定。同理,如果该事项需履行内部报批程序,需走完内部审批程序之后,才能作出裁断。

三是如果是合议庭审理的案件,但由单个法官主持庭前会议,该法官不能当场作出裁断,必须报合议庭讨论之后才能作出裁断,因此该裁断须待庭前会议结束之后才能作出。实行合议庭审理的案件,案件审理过程中的所有争议问题均需合议庭讨论决定,主持庭前会议的单个法官只是受合议庭委托主持庭前会议,了解情况、听取意见,其无权单独对争议事项作出裁断,还是要等到会后由合议庭讨论决定。

[原文发表于《河南社会科学》2016 年第 6 期,
获 2016 年度全国检察应用理论研究优秀成果一等奖]

侦查人员出庭作证相关问题

刘　洁*

摘　要:2012年修正后的《刑事诉讼法》(以下简称2012年《刑事诉讼法》)首度规定了侦查人员出庭作证制度,侦查人员出庭作证问题日益成为理论界和实务界重视的一个主题。但在司法实践中,该项制度仍存在一些问题并对其发展造成了一定的影响。本文拟对2012年《刑事诉讼法》中关于侦查人员出庭作证的条款进行解读,并对该制度的诉讼价值进行分析,然后就侦查人员出庭作证制度在司法实践中出现的问题进行探讨并对该制度的完善提出可行性对策。

关键词:侦查人员　出庭作证　2012年《刑事诉讼法》

沸沸扬扬的李庄案早已尘埃落定,然而关于这一案件的讨论却远远没有结束,其对中国法律制度的影响也还没有终止。该案引发我们思考与研讨的问题众多,其中之一就是侦查人员出庭作证问题。该案一审中侦查人员没有出庭作证,但二审中,重庆市江北区公安分局唐勇等6名警察出庭作证,对此,有关媒体在报道时说:"开创了重庆刑案公诉的历史"。从理论上来说,侦查人员出庭作证制度离我们并不遥远,但在现实中,这一制度的发展却异常缓慢。面对如此困境,我们只有找准问题,才能突破"瓶颈",取得预期的进步。

一、2012年《刑事诉讼法》中侦查人员出庭作证条款的解读

2012年《刑事诉讼法》明确规定了侦查人员出庭作证制度,结束了多年来"侦查人员出庭作证有无法律依据"的争论,是我国刑事审判的重大进步。关于

* 刘洁:广东省清远市人民检察院检察官。

侦查人员出庭作证的具体条款主要有:第57条规定,在对证据收集的合法性进行法庭调查的过程中,人民检察院应当对证据收集的合法性加以证明。现有证据材料不能证明证据收集的合法性的,人民检察院可以提请人民法院通知有关侦查人员或者其他人员出庭说明情况;人民法院可以通知有关侦查人员或者其他人员出庭说明情况。有关侦查人员或者其他人员也可以要求出庭说明情况。经人民法院通知,有关人员应当出庭。第187条第2款规定,公诉人、当事人或者辩护人、诉讼代理人对证人证言有异议,且该证人证言对案件定罪量刑有重大影响,人民法院认为证人有必要出庭作证的,证人应当出庭作证。人民警察就其执行职务时目击的犯罪情况作为证人出庭,适用前款规定。

从以上规定可以看出,侦查人员出庭作证的目的,一是对收集证据的合法性加以证明;二是对所目击的犯罪事实加以证明。侦查人员出庭作证的条件,一是证据的合法性受到质疑;二是侦查人员目击的犯罪事实对案件定性有重大影响,并存在争议。此外,法律还明确规定了人民法院对侦查人员出庭作证有最终的决定权。

二、侦查人员出庭作证的诉讼价值

(一)有利于保障人权,维护当事人的合法权益

尊重和保障人权虽然是我国《宪法》与《刑事诉讼法》的一项重要原则,但司法实践中,常常出现违背这一原则的现象,如被告人提出受到刑讯逼供并当庭否认侦查机关的笔录,在侦查人员不出庭作证的情况下,辩护方由于得不到同侦查人员当庭质证的机会,往往很难揭露并证实其非法取证行为。如果侦查人员出庭作证,非法取证行为则会在庭审过程中得到暴露。为了避免在庭审中出现比较难堪的局面甚至庭审后被追究法律责任,侦查人员在调查取证过程中,会尽量采取合法的手段。

(二)有利于解决被告人恶意翻供问题

长期以来,被告人恶意翻供是困扰我国刑事司法实践的一个普遍问题,但由于我国对此缺乏相关的操作规范,司法人员在庭审当中遇到被告人翻供时难以做出恰当的处理。如有的法官或者置被告人的翻供不理不睬,或者斥责被告人无理狡辩、态度不端正。而公诉人为避免尴尬也往往不愿就此过多地进行纠缠,

其结果是被告人翻供问题不了了之。侦查人员作为案件的直接经办人,对取证、采取强制措施等情况掌握全面。当被告人在庭审中恶意翻供时,侦查人员如果能够出庭同他们进行对质,无疑能有效地戳穿谎言,查明事实真相。

(三)有利于贯彻落实直接言词原则

根据直接言词原则,为了确保程序公正与审判公开,在法庭上提出任何证据材料均应以言词陈述的方式进行,诉讼各方应以口头方式对证据进行调查。因此,提供证言或者证据材料的一方一般应该出庭,当面接受控辩双方的交叉询问,而禁止法庭采用"传闻证据"。当法庭对某一侦查笔录产生怀疑时,侦查人员出庭作证则有利于法庭查清事实,并对是否采用该证据作出相应的判断。

(四)有利于提高诉讼效率与节省司法资源

在我国刑事庭审中,被告人及其辩护人常常辩称侦查人员有刑讯逼供等非法取证行为而要求排除非法证据,从而使某些关键证据的效力处于不确定状态。由于公诉人不是证据的直接收集者,对此往往难以回应。在这种情况下法庭只能宣布延期审理,等待补充侦查,从而拖延了诉讼时间。但如果侦查人员能出庭作证,就可以直接对辩方的提问作出回应,使法庭审理能够及时顺利进行,提高诉讼效率。

三、当前我国侦查人员出庭作证制度存在的问题

(一)现行法律规定不统一影响了出庭作证的操作性

2012 年《刑事诉讼法》第 60 条虽规定,凡是知道案件情况的人,都有作证的义务。生理上、精神上有缺陷或者年幼,不能辨别是非、不能正确表达的人,不能作证人。但该规定只是排除了部分由于生理或精神因素不能正确表达的人的证人资格,并没有排除侦查人员的证人资格,而第 28 条又明确规定曾担任过本案证人的侦查人员应当回避,仍然没有扫清侦查人员以证人身份出庭作证的障碍。此外,根据我国刑事诉讼法理论,侦查人员是行使侦查职能的国家司法工作人员,而证人则是除当事人以外的其他诉讼参与人。诉讼参与人是指在刑事诉讼活动中享有一定诉讼权利,负有一定诉讼义务的除国家专门机关工作人员以外的人,具体指当事人、法定代理人、诉讼代理人、辩护人、证人、鉴定人和翻译人员。显然,侦查人员的证人身份与司法工作人员的身份是不相符的。

(二)传统证据理论成为侦查人员出庭作证的障碍

根据我国的传统证据理论,证人是指除当事人以外了解案件情况而向公安司法机关作证的人,证人的此种定义源于我国法律对证人的界分。2012年《刑事诉讼法》第60条并没有改变现状,我国理论界既考虑到证人的内涵,又顾及证人在诉讼中的身份特征及其与诉讼结果之间的利害关系,因此把被害人陈述、犯罪嫌疑人供述和辩解以及鉴定意见作为不同于证人证言的独立证据种类,从而排除了被害人、犯罪嫌疑人、被告人、鉴定人与侦查人员作为证人的可能性。但证人是以本人所知道的情况对案件事实作证的人,必须在案件事实发生之时就了解案件情况,具有不可替代性。而侦查人员是在侦查办案过程中才了解案件事实情况,且对于某一任务是可以替代的,这与证人的不可替代性存在矛盾,致使侦查人员作为证人出庭作证存在争议。

(三)长期形成的刑事诉讼模式束缚侦查人员出庭作证

刑事诉讼的目的是立法者预先设计的关于刑事诉讼结果的理想模式,[①]它是整个刑事诉讼的灵魂。[②] 长期以来,我国刑事诉讼在目的上注重打击犯罪和提高刑事诉讼效率,对人权保障与程序公正较为忽视。因此,刑事诉讼坚持“分工合作、互相配合、互相制约”的原则,侦查、起诉和审判成为三个独立而互不隶属的诉讼阶段,公检法三机关分别在侦查、审查起诉、审判三个阶段独立地实施诉讼行为,检警处于分离状态,检察官仅仅对侦查活动有事后的监督权,而司法裁判与侦查、起诉相互平衡,无法在刑事诉讼中居于中心地位,从而导致侦查人员是否出庭的主动权完全掌握在侦查机关手里。另外,公检法三机关目标的一致性以及它们之间前后递进和接力互补的关系,使检警机构的案卷材料对法院的裁判结论具有决定性的影响,法院的审判只不过是对侦查结论的认定而已,造成侦查人员的诉讼活动随着侦查终结而终结,侦查人员是否出庭作证已无关紧要。

(四)传统法律文化的影响使侦查人员对出庭作证产生抵触

一是惧诉心理,由于我国长期盛行纠问式诉讼,诉讼过程中拷讯证人的情况时有发生,即使在今天,侦查人员违法取证与被追诉人残害证人的情况仍然存

① 宋英辉:《刑事诉讼目的论》,中国人民公安大学出版社1995年版,第3页。

② 徐静村主编:《刑事诉讼法学》,法律出版社2004年版,第54页。

在,侦查人员出于自身及亲属安全考虑,对出庭作证易滋生畏惧心理。且我国历来就有重实体、轻程序之传统,为发现实体真实,程序价值往往可以忽略不计,法庭审判可以周而复始地进行,证人一旦陷入诉讼即难以脱身。二是耻诉心理,我国民众自始有"和合"传统,凡事"以和为贵,以礼为先""以无诉为荣,以讼争为耻",在很多人看来,出庭作证是"过堂",是"受审",是极不光彩的事,唯恐被别人误解为疑犯。三是特权思想,部分侦查人员仍存有权力本位思想,从"包青天"到"父母官"称谓的沿袭,许多人将权力及其表现看成是一种荣耀,甚至将权力视为特权。① 认为如让他们出庭接受曾经被其拘留、逮捕与讯问的被告人及其辩护人的质证,有损侦查人员的形象。

四、完善侦查人员出庭作证制度的对策

(一)解决侦查人员出庭作证的身份问题

"无证人资格则无作证"是一条普遍认同的证人作证规则的逻辑定式。在现行法律未明确规定侦查人员以证人身份出庭作证的情况下,笔者认为侦查人员作为国家司法工作人员出庭作证在司法实践中更具可操作性。首先,从法律规定来看,侦查人员作为国家司法工作人员出庭说明情况,与《刑法》第 94 条及 2012 年《刑事诉讼法》第 106 条的规定并不矛盾。其次,侦查人员作证有两种情形,一是证明案发情况或者搜查情况等与案件事实有关的实体内容,二是证明取证过程合法性的程序问题。对于前者,侦查人员的身份符合证人的概念,反之,如果侦查人员证明的是案件取证过程的合法性,因为其证明的并非案件事实,因此其身份并非严格意义上的证人,这种情况应当叫做"出庭说明情况"。为了将上述两者统一起来,将侦查人员出庭作证理解为司法工作人员出庭说明情况似乎更贴切。

(二)改革案卷笔录中心主义的审判方式

应限制法官以阅卷方式自由裁量证据能力和证明力的权力,赋予控辩双方举证、质证与辩论的机会,对侦查人员当庭证言进行充分审查,保证其可信性与可靠性。当被告人当庭翻供时,法官必须审查被告人口供是否得到其他证据的

① 张明楷:《刑法格言的展开》,法律出版社 2003 年版,第 48 页。

印证,能得到其他印证的,法官就应审查是否存在确凿的证据证明存在非法取证行为。如被告方承担了初步证明责任,法官必须启动非法证据排除规则的听证程序,在控方不能承担证明责任或无法满足证明标准时,裁定排除非法证据。同时,侦查成功必须以公诉成功为标志,侦查活动应当服务于公诉且应受到检察官的引导。此外,侦查行为应纳入法庭审理范围,不仅在审前程序中法庭可以审查侦查行为的合法性,在审判程序中法庭仍有权通过非法证据排除的听证程序对之进行持续性的审查。在以裁判为中心的纵向诉讼构造下,侦诉关系、侦审关系才能理顺,侦查人员不出庭作证的问题也将迎刃而解。

(三)有针对性地提高侦查人员出庭作证的水平

在具体查办案件的过程中,侦查人员应做好被告人翻供、证人翻证的预测,制定好有针对性的预案,深入分析可能存在的翻供、翻证的原因,并及时将预测情况告知公诉部门,积极配合公诉人的出庭工作。此外,各级侦查部门也应该将侦查人员出庭作证纳入侦查业务培训的基础科目,采取一些针对性强的措施,进行强化训练。一是增强对"非法证据排除"和"审查判断证据"等相关法律法规的宣传教育,让侦查人员迅速转变思想观念,全面熟练地掌握规范执法的各项要求。二是进行"四能力一技巧"的针对性培训,认真抓好侦查人员出庭作证的心理承受能力、表达能力、应变能力、抗辩能力和作证技巧等方面的培训,提高侦查人员应对庭审中复杂局面的技巧和水平。三是适当开展模拟庭审演练,安排一些模拟法庭,进行出庭作证的实际体验,让侦查人员在相对真实的法庭环境中体验陈述作证及接受质询的过程,使其在较短时间内适应这一要求。

(四)建立保障侦查人员出庭作证的措施

"采用一切可行的手段来保护证人是法庭的职责,否则整个法律诉讼就会一钱不值。"[①]因此,为保障侦查人员的出庭,应赋予侦查人员相应的权利与义务,同时应对其不出庭设置惩戒措施,具体来说,首先,应赋予侦查人员拒证权,即为对因公务、职务或职业上涉及应当保密的事实或因提供证言对自己或自己亲属不利的,侦查人员享有可以不出庭作证的权利。当然,为防止侦查人员借此推脱出庭作证,应当向控方或者法庭说明情况并经准许。其次,建立侦查人员及其亲属

① [英]丹宁勋爵:《法律的正当程序》,李克强、杨百揆、刘庸安译,法律出版社 1999 年版,第 25 页。

的保护制度,检察机关及法院应对证人的基本情况进行保密,并采取保证其出庭安全的防护措施,同时相关部门也要积极予以配合。最后,制定对侦查人员不出庭作证的惩戒制度,对于在接到法院传票后无正当理由拒绝出庭作证的侦查人员,纪检部门应当给予警告、记过、降职、撤职等行政处分。情节严重的,还可以对其给予刑事处罚,并在《刑法》中增加有关规定。

侦查人员出庭作证是现代刑事庭审改革的迫切要求,是促进司法公正的基本举措,由于立法与司法上的原因,侦查人员出庭难已成为制约我国庭审改革的"瓶颈"。因此,在立法上明确侦查人员作为国家司法工作人员出庭作证的身份;强化侦查人员出庭义务,赋予其在特殊情况下的拒证权并完善其人身安全的保护机制等,应是解决目前司法实践中侦查人员出庭难问题的有效途径。

[原文发表于《中国检察官》2014 年第 5 期]

贿赂类案证人出庭问题研究

胡　波*

摘　要：证人出庭难一直以来是我国司法实践所面临的重要问题，而对于贿赂犯罪这一类案的庭审而言，证人出庭率则更低。本文从对贿赂类案证人出庭难的实践分析入手，以其证据的单一性、对合性、互证性等特点和程序的特殊性为对象，阐释了贿赂类案证人出庭作证的必要性，并在此基础上提出了保障证人出庭的各项原则和机制。

关键词：关键证人　质证　言辞诉讼原则　传闻法则

证人出庭作证被视为刑事法庭公正审判的重要基础之一，因为只有经过控辩双方质询的证人证言，才能被法庭予以采纳并作为定案之根据。然而，诸多实证资料显示，①证人“出庭难”早已成为我国刑事司法实践中不争之事实。对于贿赂类案而言，证人出庭率几乎为零，大量的书面证言通过宣读的方式被出示、质证以及用作定案根据，不仅使法庭审理的公正性受到质疑，而且对司法公信力造成了影响。为此，现行《刑事诉讼法》对证人出庭作证的前提条件、强制出庭要求、证人保护、证人补偿等问题均予以了规定和细化。应当说，这一立法变化是对证人出庭作证原则的进一步强化，同时也对于证人出庭难、贿赂类案证人出庭更难的现实形成了法律规制上的“高压”。然而从2012年修正后《刑事诉讼法》

* 胡波：广东省广州市海珠区人民检察院检察官。

① 左卫民等：《刑事证人出庭率——一种基于实证研究的理论阐述》，载《中国法学》2005年第6期；左卫民：《刑事证人出庭作证程序：实证研究与理论阐析》，载《中外法学》2005年第6期；胡云腾：《证人出庭难及其解决思路》，载《环球法律评论》2006年第5期。

的实施情况来看,效果似乎不容乐观,[①]这其中显然存在新法效果滞后的原因,但我们也不得不去审视这样一些问题,那就是在贿赂类案证人不出庭早已成为司法常态的情况下,司法者是否应该以一种法治国家建设者的担当去主动寻求证人出庭作证,而与此同时,在证人保护、证人补偿以及作证豁免等有明确规定的情况下,又需要通过建立什么样的配套制度来缓解贿赂犯罪这类特殊案件中证人出庭所带来的阵痛,以上显然是本文试图解决的关键问题。

一、贿赂类案证人出庭的实践困境

证人出庭缘何太难?对于这一老生常谈的话题可谓论著颇多,总体来看,除了因客观原因无法出庭外,无外乎内因和外因两个方面,前者主要是证人不愿出庭,这其中又包括传统文化的影响,如"厌讼""鄙讼"的心理等;而后者主要是立法上的不完备。如果说,一般普通刑事案件庭审证人出庭率低是基于立法层面的制度空白,那么对于贿赂犯罪这类特殊案件而言,证人出庭几乎为零的现实背后显然还承载着证人和司法机关的重重隐忧。

(一)源于证人——利益"受损"的担忧

贿赂案件证人出庭难,就证人自身而言主要在于对自身利益可能受损的担忧,而这种利益主要包括物质上的得失和精神上的安宁。在物质利益方面,证人一是担心因出庭作证会遭受到人身上的打击报复;二是担心出庭会导致财产性利益遭受更大损失,如对于作为证人的行贿人,其犯罪目的往往是通过对权力的赎买来获取更大的金钱利益,而一旦当庭指证受贿人,就会使证人产生再难立足于社会的巨大心理负担,而认为财富的获取和积累前景也将一片黯淡。就精神方面而言,证人往往会存有"明哲保身""多一事、不如少一事""息事宁人"等想法,再加上互为证人的行贿人和受贿人往往是同事、朋友、同乡,或者在权钱交易中形成较为亲密的关系,一旦出庭作证,将承认贿赂犯罪事实并指证他人公之于众,便会担心自己因这种"背叛"行为被"孤立",再难融入已经根深蒂固的人情社会之中。所以,为了获得精神的安宁,贿赂案件的证人往往会对出庭产生强烈

---

① 笔者就南方某基层人民检察院2013年1~2月的业务数据来看,开庭案件266件,证人出庭仅1例(警察出庭),比例为0.3%,与《刑事诉讼法》修改前的状况基本一致。

的心理抵制。

(二)源于控方——当庭"翻证"的预见

在检察一体的体制之下,贿赂犯罪这类属于检察机关自行侦查的案件,其侦查环节和起诉环节衔接紧密,而对于相当一部分由同一检察院进行侦查和起诉的贿赂案件,甚至会形成责任一体。是故对控方而言,往往希望移送审判的贿赂案件被告人能够顺利获判有罪。而一旦证人出庭作证,则当庭"翻证"的概率会显著增大。究其原因,一是因为证人出庭必然会受到辩方的质证,证人一旦对质证的问题无法澄清,便有可能对之前的证言予以推翻,毕竟在贿赂案件中,作为证人的行贿人或者受贿人翻证,也有可能推翻针对自己的指控;二是基于与被告人之间所形成的关系,证人出庭作证往往会存在巨大心理压力,其翻证的内心倾向也会大大增强;三是证人在侦查程序中接受侦查机关单方事实的调查,这种调查具有一定程度的内在心理强制和外在强制,而在法庭上,侦查方面难以继续其心理强制,作证条件和氛围发生变化,证言变化可能性加大。① 所以,对于控方而言,出示书面证言比证人出庭作证对于案件的顺利审理要"保险"得多。

(三)源于法官——庭审"变难"的困扰

从审判实践来看,法官往往乐于接受书面证言,这除了长期以来书面证言呈堂所形成的审理习惯之外,关键原因则是证人出庭作证会增加庭审和判定的难度。首先,书面证言具有客观性和外部可检验性,认定相对容易,而口述证言蕴含了丰富的背景材料、动作语言和表情语言,在信息量增多的同时,显然会增加准确判断的难度,需要法官具有足够的社会经验和办案经验,这无疑对法官素质提出了较高的要求;其次,如上所述,证人出庭作证会使得当庭翻证的概率提升,需要法官进行灵活的应对和冷静的判断,这无疑对法官驾驭庭审的能力提出的较高要求;最后,证言的变化以及认证上的困难会延长庭审的时间,降低庭审的效率,甚至会使庭审陷入僵局,这又会对法官意志的坚定性和事实真相追求的执着性形成考验。综上来看,庭审法官基于庭审难度增大的考虑,似乎并不太倾向于让证人出庭作证。

---

① 龙宗智:《证据法的理念、制度与方法》,法律出版社2008年版,第161~162页。

二、贿赂类案证人出庭的法理考量

出庭作证是证人作为公民应当为之的法律义务。证人出庭的目的是让法官能够直接辨识证言真意和可靠性从而作出正确的判断,同时也是对被告人质证权的切实保障。相对于一般刑事案件,贿赂类案对证人出庭的需求更甚。

(一)贿赂犯罪类案特点决定了证人证言的关键性

关键证人出庭是目前理论界和实务界比较认同的一种方式,其实质是在证人出庭难这一现实情况下的妥协。所谓关键证人,是指其证言能够对罪与非罪、轻罪与重罪以及法定量刑情节产生决定性影响的证人。贿赂犯罪作为一种对合犯,在庭审中,行受贿人互为对方证人,任何一方的证言对于犯罪事实的认定都缺一不可。不仅如此,基于贿赂犯罪的特点,证言的关键作用表现得更为明显。

1. 交易行为的极为隐秘。贿赂犯罪的本质是权钱交易,正是这一特点决定了贿赂犯罪的关键行为是“财物”的送予与收受。从实际查办的贿赂案件来看,受贿人和行贿人往往是深知其故,所以,实施具体的行受贿行为时均采取“三人不办事,两人不留条”的方式,在没有第三者时才进行交易,而且赃款赃物一般也是即时交付或者通过秘密渠道获得,较少出现书证。正是由于收受财物这一关键行为的隐秘性,行贿人或者受贿人的证言往往成为能够独立展现犯罪过程的重要证据,所以证人证言的关键性不言而喻。

2. 案发时间的普遍滞后。从司法实践的情况来看,除了个别通过技术侦查手段现行发现的情况外,绝大多数贿赂案件通常是在犯罪行为发生若干年后才被发现,案发的原因多为行贿人或受贿人在侦查机关的敦促下主动或者被动承认犯罪事实,其中,对于重大贿赂案件往往还存在贿赂次数多、时间跨度大的特点,而发现以及证实这些连续的贿赂事实,往往只能依靠行贿人或者受贿人的供述和陈述,所以,这也决定了证人证言在发现和证实犯罪中的关键性。

3. 言词证据的高度依赖。正是由于贿赂案件的发现一般是在犯罪行为发生相当一段时间以后,所以在证明行受贿事实的问题上,难以取得除言词证据以外的其他证据,这就决定了侦查人员往往只能寄希望于行贿人和受贿人的有罪供述来判断是否存在贿赂犯罪。不仅如此,在具体事实认定中,犯罪的数额、次数、时间、地点等一系列关键要素也必须通过证人证言来展示和证实,所以,证人证言不仅是贿赂犯罪定罪与否的关键,甚至是决定罪行轻重的关键。

(二)贿赂犯罪证明实践决定了法庭质证的必要性

刑事诉讼中的质证是控辩双方在审判过程中针对对方举出的证据进行质疑和质问,其既是诉讼双方反驳和攻击对方证据的重要手段,也是帮助和影响法官认证的重要途径。[①] 2012 年修正的《刑事诉讼法》明确将当事人和辩护人对证人证言存在异议作为启动证人出庭程序的前提条件之一,就是为了保障被告人的质证权。而以我国现有的贿赂犯罪法庭证明实践来看,证人出庭接受质证犹显必要。

1. 单宗犯罪证据数量较少,需要通过质证丰富证据信息量。证人出庭作证能够使法官通过"察言观色"等方式感知证据,并判断其可靠性,尤其是在对原始证人进行控辩质证的情况下,这种判断不仅易于形成,而且趋于准确;证人不出庭,只向法庭提供其书面证言时,证据信息的多样性和丰富性消失了,只剩下简单的文字表述内容。[②] 就单宗贿赂犯罪事实而言,呈上法庭的证据往往局限于行贿人和受贿人各自的有罪供述,在这样一种证据总体数量较少却多是书面证言呈堂的客观情况下,法官难以对书面证言的产生以及是否准确形成稳定和自信的判断。所以,为了保证法官的判断建立在证据信息量充足的基础上,就应当让证人出庭并接受质证。

2. 侦查取证违法风险较大,需要通过质证检验证据合法性。从司法实践的情况来看,贿赂案件的定罪高度依赖于行贿人和受贿人的有罪供述,且缺一不可。通过审讯这样较为单一的方式获取最为关键的证据,无疑增加的办案的难度。正因为如此,在突破犯罪嫌疑人才能定案的诉讼逻辑之下,违法办案的风险将有所增强。显而易见,对自侦办案采取同步录音录像的方式无疑就是降低违法办案风险的方式之一。然而,由于侦查审讯持续时间较长,向法庭呈送全部录音录像资料的方式并不符合实际(庭审无法对时长为几十甚至上百小时的录像进行连续不断的审查),所以,只能通过证人出庭接受质证,来达到检验证据合法性的目的。

---

① 何家弘、杨迎泽:《检察证据教程》,法律出版社 2002 年版,第 238 页。

② 龙宗智:《印证与自由心证——我国刑事诉讼证明模式》,载《法学研究》2004 年第 2 期。

3. 书面言词证据可信度低，需要通过质证确保裁判准确性。正如有些学者所说的，人的证据在先天上有四个不可靠因素存在：一是人的观察不一定可靠；二是人的记忆不一定可靠；三是人的表达不一定清楚；四是人不一定老实，因此，于英美法，乃人为未经过推敲之人的证据，不得采为证据。[①] 如前所述，对于贿赂案件，需要行受贿双方有罪供述，且在双方言词证据相互印证的情况下才能定案。在司法实践中，贿赂案件庭审鲜有证人出庭接受质证而大量以书面证言代替，从而难以通过进一步询问、反询问查明其真意，检验其真实可靠性。所以，必须在证人出庭的情况，借助质证这一重要手段去确保发现真实，准确判决。

（三）检察机关职能性质决定了证人出庭的明确性

推动证人出庭作证是我国刑事司法改革所孜孜以求的目标之一，也是保障人权理念被逐步认同和强调的题中应有之义。而基于检察机关的职能地位，更加应该促成贿赂案件庭审证人出庭作证。

1. 作为贿赂案件侦查的承担者，检察机关具有力促证人出庭的需求。一方面，案件的侦办机关要求证人（主要是控方证人）出庭，能够进一步表明控方的指控立场，而将证人主动置于接受质证的境地也显示出了侦查机关对案件办理质量的自信；另一方面，贿赂案件的证人通常是另案的犯罪嫌疑人，往往接受过侦查机关的审讯和其他强制侦查手段，同意证人出庭接受质证，无疑能够对侦查行为的合法性进行直接有效的检验。

2. 作为宪法定位的法律监督者，检察机关应当承担力促证人出庭的责任。从法的运行过程考察，法律监督是法的运行不可或缺的构成部分，是保证法的实现的贯穿性机制和维护法的统一、权威和尊严的保障性机制。[②] 证人不出庭显然对法庭审理的权威造成了较为严重的影响，正如台湾学者林钰雄所说："侦讯笔录的记载，断简残篇，不一而足，单单借由朗读侦讯笔录，根本难以还原证人当初陈述时的氛围……承认此种证据之替代品，本来功能不同的侦查程序与审判程序，容易变成接力赛关系，即由侦讯官员跑完前段，再交棒给法院，由法院接力跑

---

① 黄东熊：《谈传闻法则》，载台湾《军法专刊》1989 年第 35 卷第 1 期，转引自龙宗智：《书面证言及其运用》，载《中国法学》2008 年第 4 期。

② 张文显主编：《法理学》，高等教育出版社、北京大学出版社 1999 年版，第 316 ~ 317 页。

完后段。”①所以,对于这种因程序不规范而导致职能变异继而影响司法公信的情形,检察机关显然有责任加以改变。

3. 作为司法公平正义的维护者,检察机关应当具有力促证人出庭的担当。证人出庭不仅是直接言词原则实现程序公正的重要条件,也是直接言词原则发现案件事实真相、实现实体公正的前提条件,②这显然与检察官客观义务的要求一脉相承。检察官不仅应当履行追究犯罪的控诉职能,而且应当代表国家维护法律的尊严与公正,实现社会正义。笔者认为,检察官的客观义务也分两个层次,在实体事实的审查上,应当跳出单纯追诉的角色限制,做到不偏不倚,排除怀疑;而在程序维护上,也应当从公正角度出发,以实现控辩双方真正意义上的平等。所以,检察机关应当力促证人出庭作证。

三、贿赂类案证人出庭的规则确立及制度配套

作为中国刑事司法现代化的一个重要环节,证人出庭作证显然有利于法官独立、中立地审理案件,因为书面证言的大行其道,必然模糊侦查与审判的界限,使得侦查成为整个诉讼活动的中心,而法庭审理则沦为一种形式。诚然,改变贿赂案件仅审理书面证言这一现状,必然会出现一些司法实践上的难题。所以,应当寻求一套有效且可行的规则和制度,使贿赂类案证人出庭普遍化、技术化。

(一)明确贿赂类案庭审中的言辞诉讼原则

原则上看,证据应当产生于法庭,质辩于法庭,而对证据的认识包括心证也应形成于法庭,③所以,必须最大限度地限制书面证言在贿赂类案庭审中的使用,明确以证人出庭为原则,不出庭为例外,确立言辞诉讼原则。

从立法例来看,确立言辞诉讼原则符合法治社会发展方向,世界各国无不将言辞诉讼原则作为刑事审判的重要原则之一。如《德国刑事诉讼法典》第250条规定:对事实的证明如果是建立在一个人的感觉之上的时候,要在审判中对他询问,询问不允许以宣读以前的询问笔录或者书面证言而代替。法国对书面证言的处理及其依据的法理与德国较为接近。但值得注意的是,欧洲人权法院的诉

① 林钰雄:《严格证明与刑事证据》,法律出版社2008年版,第45页。

② 樊崇义等:《刑事诉讼法再修改理性思考》,中国人民公安大学出版社2007年版,第438页。

③ 龙宗智:《书面证言及其运用》,载《中国法学》2008年第4期。

讼实践使欧洲国家刑事诉讼中言辞诉讼原则得到进一步贯彻。《欧洲人权公约》第6条第3款d项规定:任何被告人都有询问或提请法院询问对其作有罪证词的证人,并且有权获准按照对其作有罪证词的证人相同的条件,传唤与询问对其作无罪证词的证人。① 英美法国家虽然没有明确规定言辞诉讼原则,但传闻法则受到普遍确认、采纳被认为是英美法的一大特色。② 如《美国联邦证据规则》第802条规定的传闻证据规则,即传闻证据,除本证据规则或其他由联邦最高法院根据立法授权或国会立法所确认的规则另有规定外,不能采纳。③ 其他国家,如日本、俄罗斯等也都确立了言辞诉讼原则。④

对于贿赂犯罪而言,承担侦查和控诉职能的检察机关在审前会反复筛选、认真组织控诉证据体系,书面证言的自洽性以及与其他证据的协调性在形式上通常无明显瑕疵;被告人在庭上即便有所质疑,但只要证人不出庭,质证也只能产生某种矛盾,充其量构成某种疑问,法官并不能有效地辨识真伪。所以,在贿赂案件的庭审中,公诉人应当主动向法庭申请证人出庭作证,让原始人证出现于法庭,以使证言提出于法庭、质辩于法庭,以捍卫自己法律守护人的地位。

(二)规范贿赂类案庭审中的传闻排除法则

言辞诉讼原则要求人的陈述作为证据,应当在法庭上以言词方式提出,对于这种原则性的规定,必须要有传闻法则这种操作性的规范来加以保障。所谓传闻法则,就是"非由作出陈述者本人在诉讼中提供的言词证据不得被采纳"。⑤ 随着传闻法则在法律实践中的不断运用,又形成了许多传闻例外。所以,贿赂案件庭审所要建立的传闻排除法则实质是"排除加例外"的证据规则体系。

---

① [英]克莱尔·奥维、[英]罗宾·怀特:《欧洲人权法原则与判例》,何志鹏、孙璐译,北京大学出版社2006年版,第254页。

② [美]约翰·W.斯特龙主编、[美]肯尼斯·S.布荣等编著:《麦考密克论证据》,汤维建等译,中国政法大学出版社2004年版,第479~481页。

③ 《美国联邦刑事诉讼规则和证据规则》,卞建林译,中国政法大学出版社1996年版,第120页。

④ 《日本刑事诉讼法》,宋英辉译,中国政法大学出版社2003年版,第73~76页;《俄罗斯联邦刑事诉讼法典》,黄道秀译,中国政法大学出版社2000年版,第216~218页。

⑤ 郭志媛:《刑事证据可采性研究》,中国人民公安大学出版社2004年版,第197页。

1. 证人不出庭的情况下,如果存在以下例外情形,可以使用书面证言,否则,应禁止使用

(1)必要性例外。必要性例外主要是指出现证人因客观作证不能而有必要使用书面证言的情形。对此,笔者认为,对于在庭审期间身患严重疾病或者行动极为不便的,居所远离开庭地点且交通极为不便的,身处国外短期无法回国的情形,可以使用庭前书面证言;对于有其他客观原因,确实无法出庭的,应由法庭进行判断是否可以使用书面证言。当然,对于上述情形如果存在视频作证的可能,则另当别论。值得一提的是,在贿赂案件侦查中,对于承认贿赂事实的行贿人和受贿人,检察机关都会及时制作书面证言并对其采取相应的人身限制措施,所以,出现必要性例外的情形相对较少。

(2)可信性例外。可信性例外主要是指有能够代替反询问的因素来支持该陈述的真实性。[①] 就贿赂犯罪而言,应当限于辩方律师或法官在场情况下制作的书面证言才能在证人不出庭时予以使用。因为辩方律师和法官能够基于自身立场保证书面证言的真实可靠以及切实维护被告人的合法权益。值得一提的是,有学者认为配有全程录音、录像的询问笔录和实施监督职能的检察官在场情况下制作的书面证言亦可接受。[②] 笔者认为,此两种情形并不适宜在贿赂犯罪中适用。对于前者而言,由于全程录音录像资料冗长(普遍都在50小时以上),实践中难以在法庭上全部出示,故在印证作用上大打折扣;而对于后者,基于贿赂案件的侦查、逮捕、起诉均由检察机关一体完成,很难秉持中立的立场,而且一旦适用例外,有可能使言辞诉讼原则形同虚设,所以应予禁止。

(3)协商性例外。控辩双方在庭前会议等审前程序中,对不需要证人出庭达成一致意见,并征得被告人和法官同意的,可以在庭上使用书面证言。如此既充分尊重被告人的合法权益,也能够在一定程度上减轻传唤证人出庭的负担,提高审判效率。如果被告人及其辩护人在庭审中反悔,要求证人出庭,例外的合理性即告消失,不能因庭前的协议而对抗庭审中的出庭要求而强行采纳书面证言。

---

① 王进喜:《刑事证人证言论》,中国人民公安大学出版社2002年版,第363页。

② 龙宗智:《证据法的理念、制度与方法》,法律出版社2008年版,第160页。

2. 证人出庭情况下,庭上陈述与庭前书面证言不一致时,书面证言如何使用

从英美法国家的规定来看,一旦出现这种情况,庭前书面证言仅作为弹劾证据对证人庭上作证进行质疑,但如果要予以使用则必须满足严格的条件。如《美国联邦证据规则》就要求书面证言必须是在司法调查程序中作出,且保证了诉讼对方的质询权。[①] 考虑到贿赂案件中证人证言的关键性和唯一性的特点,如果证人在庭上翻供,且无合理理由时,书面证言可视情况酌情使用。

(1)证人在庭前会议中接受了法官和辩护律师询问而形成的书面证言,由于符合可信性例外的条件,所以可以作为质疑证人庭上"翻证"的弹劾证据以及证实被告犯罪事实的定案根据。

(2)被告人同意法官采用证人庭前书面证言。从司法实践来看,证人"翻证"一般是对贿赂事实的否认,如果被告人仍能接受检察机关在庭前制作的用于指控犯罪的书面证言,说明证言的可信度较高,同时也充分尊重了被告人的权利,应当予以采信。

(三)建立贿赂类案证人出庭作证从宽规则

贿赂犯罪的特殊性决定了贿赂案件的定罪往往高度依赖行贿人和受贿人的有罪供述。为此,往往需要通过对行受贿人适用较宽松政策来获取据以定案的证据。如美国,法官通常可以通过免除刑事责任的办法使证人丧失所拥有的"拒绝自我归罪特权",强制其进行作证,以此来证明受贿人或其他共犯者有罪;[②]新加坡1970年《防止贿赂法》第33条规定:任何被要求提供证言的人员,当法院认为他在合理讯问中真实和全面揭发了全部事实时,应当有权收到法官签署的证明书,该证明书应当排除就所有这些事项对他进行任何追诉。[③] 在我国,基于促使贿赂案件证人出庭的考虑,应当建立一套行之有效且较为规范的坦白从轻规则。

1. 在宽宥条件上,庭前坦白和出庭作证缺一不可

在我国,坦白从宽刑事政策的效果往往体现在被告人在庭上如实供述可以

---

① 龙宗智:《证据法的理念、制度与方法》,法律出版社2008年版,第162页。

② 王云海:《美国的贿赂罪:实体法与程序法》,中国政法大学出版社2002年版,第146页。

③ 最高人民检察院反贪污贿赂法研究起草小组编:《惩腐反贪各国政府关注的焦点——中外反贪法分解比较》,经济科学出版社1995年版,第177页。

给予量刑酌情从轻的宽宥。但由于缺乏针对性，使其对贿赂犯罪这类特殊案件的效果并不明显。司法实践中，办案部门出于审讯突破需要往往随意立定尺度，难以形成统一的规范，甚至有可能滋生“腐败中的腐败”。笔者认为，在贿赂犯罪侦查中，可以坦白从轻作为攻心策略，但应杜绝明确的司法承诺，应明确告知坦白从轻必须以证人出庭为前提，且由法庭决定宽宥的幅度。唯有如此，才能既有效引导证人出庭作证，又保证从轻政策的适用规范有序。

2. 在宽宥幅度上，应明确标准，同时行贿人和受贿人应当区别对待

对于从轻的幅度，应当主要从涉案金额、侦查难度、社会影响、危害程度等方面予以考虑，宽宥幅度一般应降低一个量刑档次，但同时应严格缓刑的适用。对于行贿人在满足相应条件的情况下，应当获得比受贿人更大幅度的从轻，这是因为：其一，从犯罪发生的机理以及社会危害性来看，受贿罪恶性显然要重于行贿罪；其二，从瓦解犯罪、消除侦查障碍的角度考虑，也只有拉开幅度，才能更为有效地促使贿赂案件证人出庭作证。

[原文发表于《人民检察》2015 年第 10 期]

刑事政策视野下的网络谣言风险之防控

——以秦火火网络造谣事件为例

郭泽强　朱　敏*

摘　要:网络谣言的泛滥给企事业单位和个人带来了切实的利益损害,扰乱了社会秩序,有时甚至会危及民主本身。网络谣言的产生、传播,呈现出越来越复杂的特点,并存在一定的刑事法律风险。对此,我们可以在借鉴国外成功经验的基础上,结合我国国情和现实状况,塑造具有我国特色的防控体系,以净化网络空间,营造安全有序的网络环境。

关键词:网络谣言　刑事政策　风险　防控

不可否认,自我国1994年接入互联网以来的20多年时间里,互联网以迅雷不及掩耳之势覆盖了生活的方方面面,其所提供的开放、良好、通畅的对话空间,让交流突破了时空的限制,同时也为言论自由的行使提供了宽松的环境,网民通过互联网参政议政、建言献策,缓解了社会矛盾,推动了和谐社会的建设。但是我们必须认识到网络是一把"双刃剑",虚拟的网络环境也为各类谣言的滋生、扩散提供了土壤,网络谣言的产生、传播,呈现出越来越复杂的特点,其本身所具有的刑事法律风险,引起了学者们的广泛关注,如何规避刑事法律风险已经成了首要问题。本文以刑事政策为视角,在解析个案的基础上,探讨网络谣言刑事法律风险防范的对策。

* 郭泽强:中南财经政法大学刑事司法学院教授;朱敏:广东省珠海市人民检察院检察官助理。

一、网络谣言的现状分析

(一)网络谣言泛滥

1995 年 5 月国家智能计算机研究开发中心开通了中国大陆第一个 BBS 站——曙光 BBS,同年 8 月 8 日水木清华 BBS 作为国内教育网第一个 BBS 开通,但公民对网络信息的参与十分有限,主要是网络的单向传播和网民的消极接受,截至 1995 年年底,水木清华的注册用户也仅在 10 人左右。[①] 直至 2002 年博客的引入,2003 年新闻跟帖的开始,"公民权利年"才形成,公民开始知晓并参与信息的发布和传播。2003 年的孙志刚事件、2005 年的松花江水污染事件、2008 年的汶川地震,刷新了人们对网民力量和网络舆论的认识[②];2009 年 8 月新浪微博内测版的提出,使公民由单纯的信息接受者转变为信息的提供者和发布者。[③] 然而,网络在为人类社会提供无可比拟的便利的同时,也逐渐成为"恐怖主义和江湖巨骗的工具,或是弥天大谎和恶意中伤的大本营",[④]病毒、色情、垃圾邮件、赌博、不正当交易、诽谤、谣言、欺诈、暴力、假民主、恐怖主义等充斥着整个网络。其中网络谣言以其成本低、覆盖广、传播快等特点呈现出不断上升的趋势(见表 1)。另外,据统计,截至 2013 年年底,微信的注册用户已达 6 亿人,微信谣言也呈现出泛滥趋势。[⑤] 总之,网络谣言的泛滥给企事业单位和个人带来了切实的利益损害,扰乱了社会秩序,有时甚至会危及民主本身。[⑥] 中国人民大学危机管理研究中心发布的《网络谣言 2014 年度风险评估与 2015 年度防治报告》(以下简称《报告》)指出,2014 年网络谣言已经成为社会高危风险[⑦]之一,对网络谣言的全面防治应该成为常态。

---

① 新浪科技:《科技 60 年之互联网》,载 http://tech. sina. com. cn/focus/tech60net/index. shtml,2015 年 5 月 27 日最后访问。

② 肖榕:《网络言论在公民基本权利平衡实现中的地位》,载《法学》2012 年第 5 期。

③ 于志刚:《网络、网络犯罪的演变与司法解释的关注方面》,载《法律适用》2013 年第 11 期。

④ [美]埃瑟·戴森:《2.0 版数字化时代的生活设计》,胡泳,范海燕译,海南出版社 1998 年版,第 19 页。

⑤ 集月音:《微信谣言为何蔓延》,载《重庆日报》2014 年 12 月 12 日,第 3 版。

⑥ [美]卡斯·R. 桑斯坦:《谣言》,张楠、迪扬译,中信出版社 2010 年版,第 13 页。

⑦ 汲东野:《网络谣言已成高危社会风险》,载 http://www. legalweekly. cn/index. php/Index/article/id/6813,2015 年 5 月 27 日最后访问。

表1 各平台关于谣言"曝光"话题的统计数据①

单位:件

年份	微博	新闻	论坛	博客	总数
2011	11118304	28800	2359	1049	11150512
2012	978	50500	2712	1134	55324
2013	48176568	104000	5357	1699	48287624
2014	32567228	160000	6795	1876	32735899
2015	708959	111000	83053	33992	937004

资料来源:人民舆情综合管理系统。2011~2014年为全年检索数据,2015年数据截至5月6日19时。

(二)网络谣言呈多元性特征

《报告》以2014年1月1日到12月31日在互联网、移动客户端流传的124个谣言典型案例为研究对象,将其分为四大类,其中时政类谣言数量最多,占28%;生活类谣言数居次,占26%;经济类谣言和人物类谣言分别占24%和22%(见图1)。②

时政类谣言主要是涉及政治、军事、经济、外交等社会公共事务以及有关社会突发事件的谣言。权威信息的缺失和发布的迟缓,给这类谣言的出现和传播留下了空间,而这类谣言的传播也极大地损害了真实信息的权威性,甚至引发了社会恐慌,影响和谐的社会秩序。例如,2014年3月1日云南省昆明火车站的暴力恐怖案件发生后,大量类似于"云南红河州多地抓获恐怖分子""四川音乐学院后巷有少数民族口音嫌犯砍人""大树营发生暴恐事件""昆明长水机场抓两个新疆人,称有人出1亿元让他们暴乱"等谣言在互联网盛行,③正是因为事件发生

---

① 齐思慧:《透视网络谣言:从求证意识说起》,载 http://yuqing.people.com.cn/n/2015/0512/c354318-26986124.html,2015年5月28日最后访问。

② 汲东野:《网络谣言已成高危社会风险》,载 http://www.legalweekly.cn/index.php/Index/article/id/6813,2015年5月27日最后访问。

③《昆明暴恐案后,这些都是谣言!》,载 http://t.cnool.net/view/post=8088957,2015年5月27日最后访问。

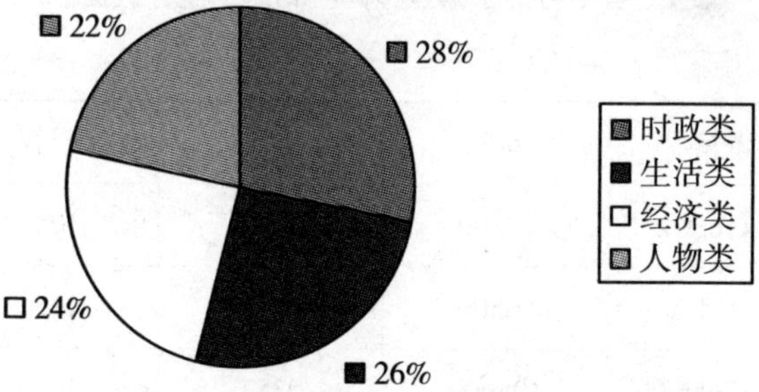

图1　124个谣言典型案例的分类比例

初期传统媒体缺乏权威发声，使得谣言疯长。又如，2014年马航失联事故，由于事件发生在国外，信息极度缺乏，人们只能从有限的信息中选择，因而也就出现了误传、误报、误信。生活类谣言在中国也较常见，既有“爱心捐助”性质的，也有“科学普及”类的，像“中国大陆发现埃博拉病例”的谣言，以及“羊年不宜生宝宝”“含paraben的沐浴露恐诱发乳癌”“木耳猪血能清肺”“鸭血清肺”“木瓜丰胸”等一般性谣言。[①] 这些生活类谣言的盛行，更多的是引发社会猜忌和民众恐慌，威胁信奉者的身体健康和生命财产安全。此外，为了谋求经济利益而发布的经济类谣言，如“4G上网流量消费无上限，一夜间倾家荡产”等也较多。针对公众人物的人物类谣言也时有出现，如金庸先生曾“被死亡”20多次，这类人物类谣言因为事关公众人物，谣言制造者往往是靠编造段子来引起网民关注，使得谣言传播迅速，而且维权较难，往往会对个人形象造成持久而难以挽回的危害。涉及公职人员的人物类谣言也较多，法制网在2012年对网络谣言进行的具体分析中，认为官员腐败、炫富、名人的负面信息等谣言占据多数，其中55.2%的谣言涉及腐败，主要是公职人员涉及色情（24.1%）、非法敛财（20.7%）以及滥用职权和暴力执法（17.2%）方面的谣言。[②]

《报告》根据能查证的案例，认为造谣主体呈现多元化的特征，包括个人（39%）、企事业单位（32%）、某些官员（29%）三方（见图2）。其中造谣的原因

---

① 曲源：《谣言狙击榜：2014年3月十大谣言逐一粉碎》，载 http://www.people.com.cn/32306/363234/383323/index.html，2015年5月29日最后访问。

② 法制网舆情监测中心：《2012年网络谣言事件研究报告》，载 http://www.legaldaily.com.cn/index_article/content/2012-12/05/content_4031140.htm?node=5955，2015年5月29日最后访问。

主要有规避危害(42%)、谋取利益(37%)、推卸责任(21%)三种(见图3)。[①] 造谣主体和造谣原因的多元化,都使网络谣言的治理变得更加困难。

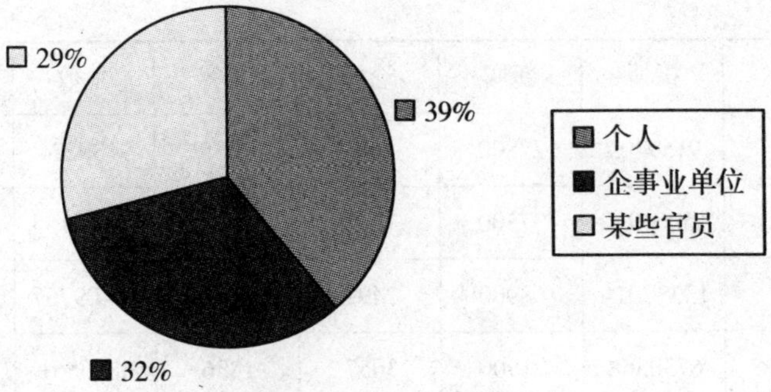

图2　造谣主体比例

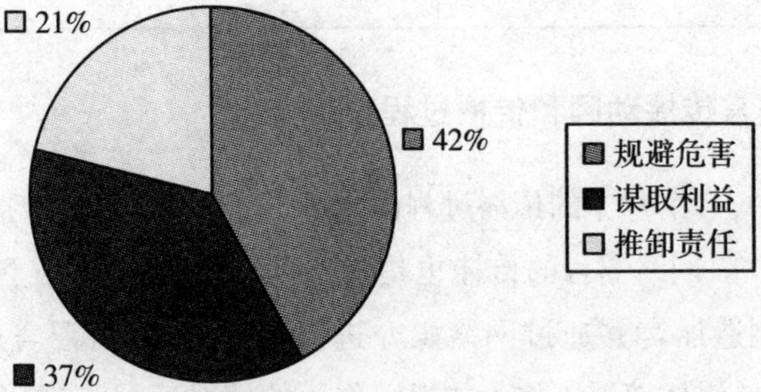

图3　主要造谣原因比例

(三)受众求证的积极性不高

谣言的传播虽然是造谣者主动传播、受众被动接受,但是从目前现状来看,受众对信息进行甄别和核实的积极性普遍不高。2011～2015年,虽然新闻、论坛、博客中关于"求证"的话题总体呈上升趋势,媒体对各类求证的曝光度也逐年增加,但是,相比谣言的增长速度,求证数量确实过少。对于微博,其在2012年达到"求证"峰值,随后随着微博热度的降低以及微信的分流,2013年以来"求证"次数逐步减少。而微信中有关谣言求证的文章则有所增加,2014年相关文章共计3万余篇,传播效果良好,但是从总体上来看,求证的总数还是下降的

---

① 汲东野:《网络谣言已成高危社会风险》,载 http://www.legalweekly.cn/index.php/Index/article/id/6813,2015年5月27日最后访问。

(见表2)。

表2　各平台关于谣言"求证"话题的统计数据①

单位:件

年份	微博	新闻	论坛	博客	总数	谣言总数
2011	9159404	27800	982	1038	9189224	11150512
2012	15064972	37500	1535	1148	15105155	55324
2013	13337016	68900	2499	1352	13409767	48287624
2014	6730368	91900	3057	1236	6826561	32735899
2015(数据统计截至5月6日)	30712	86800	49419	22047	188978	937004

二、网络谣言传播动因和传播过程分析

在传播学中,一个基本的传播过程由以下五个要素构成:传播者、讯息、受传者、媒介和反馈。② 网络谣言的传播也是由这几个要素构成的,谣言制造者基于某些心理需求制造谣言并通过网络媒介进行传播,受众对谣言进行转发、评论等,在政府或传统媒体辟谣不作为或迟缓作为的情况下,一定程度上纵容了谣言的传播。笔者将以秦火火网络造谣事件为例,对秦火火编造、传播谣言的动因和过程进行分析和简要概述。

(一)谣言制造者和传播者

秦火火原名秦志晖,2010 年首次以"中国秦火火"在新浪微博注册,并疯狂求粉。2011 年"7·23 甬温线特别重大铁路交通事故"发生后,秦志晖开始第一次造谣并得到了他想要的"回报",他发表微博称中国向外籍遇难者赔偿 3000 万欧元(折合人民币 2 亿元),这一微博在发布后两小时内被转发了 1.2 万次,他的

① 齐思慧:《透视网络谣言:从求证意识说起》,载 http://yuqing.people.com.cn/n/2015/0512/c354318-26986124.html,2015 年 5 月 28 日最后访问。

② 郭庆光:《传播学教程》,中国人民大学出版社 2003 年版,第 58 页。

粉丝也增加了1500名。[1] 尝到了"甜头"的秦火火此后便一发不可收拾,不但利用谣言继续攻击铁道部,还借助郭美美及卢俊卿事件攻击红十字会,更是将谣言的"枪口"对准了罗援将军、张海迪、杨澜、于膨玮等名人,甚至声称雷锋生活奢侈,还曾造谣李双江之子并非亲生。由于发布谣言,秦志晖先后有11个微博账号被封停,截至2013年8月19日被抓获,其利用微博账户共造谣传谣3000余条(见表3)。[2]

表3　秦火火发布的典型谣言罗列[3]

序号	网名	内容
1	中国秦火火	铁道部对在"7·23"动车事故中遇难的意大利籍旅客赔偿3000万欧元
2	中华秦火火	受郭美美及卢俊卿事件影响,红十字会2011年七八月捐款严重缩水,通过民政部门发文向各地单位企业职工按照工作年限强行募捐,不捐者单位从工资中扣除
3	东土秦火火	少将罗援的大哥和三弟分别在德国和美国公司任高层,并有利益交换关系
4	秦火火	李天一是1991年出生,已是成年人,且非李双江亲生
5	炎黄秦火火	张海迪的妹妹张海燕更名为张挪威,是亿万富翁、山东瑞森建筑工程有限公司董事长,该公司曾经与残联有项目往来,张海迪具有德国国籍
6	江南秦火火	诋毁雷锋形象,称其1959年拿6元工资却穿90元行头,生活奢侈
7	中国秦火火	铁道部发言人王勇平全家当领导,大女儿是铁道部财务局主任,大女婿是交通局副局长,二女儿是北京计生局处长,二女婿是北京中心医院副院长,小儿子是铁道部质检科科长,儿媳是北京市妇联主任
8	华夏秦火火	司马南、孔庆东收钱为重庆模式说话,并拿此钱送家人留学、移民
9	川中秦火火	2005年杨澜通过严重亏损的"阳光卫视"发布虚假消息并从股市骗钱转到其名下的"阳光投资"公司,后其"阳光基金"又在汶川、玉树等灾难中诈捐逃税

---

① 秦川:《秦火火已熄灭,反谣仍在路上》,载《京华时报》2014年4月12日,第10版。

② 宋齐:《网络谣言的特点、成因与应对——以"秦火火"造谣事件为例》,载《理论前沿》2014年第6期。

③ 陆涵之:《网络时代应如何防止个人新闻侵权——以秦火火事件为例》,载《新闻前哨》2014年第7期。

(二)讯息——谣言

分析秦火火所造谣言,主要有三类:其一,借热点事件造谣,如动车事故的天价赔偿、红十字会强行募捐、名人收钱为重庆模式说话以及铁道部发言人全家当领导等。其二,借助名人炒新闻,如编造罗援兄弟任职外企、造谣李双江之子并非亲生、攻击张海迪、造谣雷锋生活奢侈以及杨澜诈捐等。对于借助名人炒作,秦火火有一套自己的理论:只有颠覆已经成名的名人,才能快速提高自身的知名度。其三,运用色情手段帮助欲出名的女性炒作,如秦火火及立二拆四(真实姓名为杨秀宇)等人炒作的郭美美炫富事件以及干露露、凤姐、王月楠等的色情事件,通过色情包装,以"博人眼球"的方式迅速提高这些人的知名度,以获得利益。

美国奥尔波特与波斯曼是谣言理论研究的奠基人,其在《谣言心理学》一书中列出了一个谣言强度的公式,即 $R \approx i \times a$,其中 R(rumor)表示谣言,i(importance)表示事件的重要性,a(ambiguity)则表示事件的模糊性。[①] 该公式表明,谣言的产生应具备两个基本条件:其一,事件主题必须对造谣者和传谣者具有某种重要意义,其二,事件的真相被某种模糊性所掩盖。其中,这种模糊性产生的原因主要有:缺少新闻或新闻太粗略,新闻具有矛盾性,人们不相信新闻,或者某些紧张情绪使个人不能或不愿意接受新闻中所陈述的事实。[②] 正如美国社会学家特·希布塔尼所认为的,"谣言总是起源于一桩重要而扑朔迷离的事件",事件越重要,真相越模糊,产生谣言的概率就越大,传播的范围也就越广。知乎 CEO 于霄很好地总结了谣言的六张面孔,分别是假借权威、捏造数据、制造恐慌、嫁接图片、偷换概念、直击刚需。[③] 在此基础上,我们也可以很好地解释秦火火造谣主题的选择原因,选择热点事件、名人,是考虑到网民的关注度和情绪、情感,而借助色情炒作郭美美、干露露等人,是基于网民对这类事件的敏感度和猎奇心理。

---

① 这一公式用语言表述就是:流行谣言的传播广度随其对相关人员的重要性乘以该主题证据的含糊性的变化而变化,重要性和含糊性之间的关系不是加法而是乘法,因为如果两者之间有一个为0,则没有谣言了。

② [美]奥尔波特等:《谣言心理学》,刘水平等译,辽宁教育出版社 2003 年版,第 17~27 页。

③ 南方都市报:《权威披露 2014 微信十大最火谣言》,载 http://www.100toutiao.com/index.php?m=Index&a=show&cat=3&id=40691,2015 年 4 月 3 日最后访问。

（三）媒介

谣言制造后，借助网络所具备的虚拟性、及时性等特征，以惊人的速度传播，也体现出网络媒体监管责任的缺失。例如秦火火等人编制的"别针换别墅"的谣言，本是国外的励志、温情故事，经过秦火火等人的"包装"改头换面，成为要出名女孩的"辉煌梦想"，谣言在网上传播的100天内不少新闻、网络媒体并未考察事件的真实性，不经查证就予以报道，后来由于造谣者和当事人发生矛盾，策划人自曝真相，才让人们看到了媒体报道的不负责以及虚假新闻报道的危害性。[①]

在传统媒体领域，有编辑、记者作为"守门人"对内容进行重重把关，讲究的是"什么事都要搞清楚了再说"，而将那些明显不合逻辑的谣言屏蔽掉。而在自媒体时代，"人人都有麦克风"，技术的革新使人人都可以成为媒体人，但同时，传统媒体所具备的守门人（gate keeper）没有了，一时间各式言论鱼龙混杂地充斥在网络上。[②] 而且信息时代讲究的是"先声夺人"，第一轮公布的信息更易获得关注，官方的辟谣信息甚至无法覆盖谣言传播的范围，或者网友对谣言印象深刻而不信官方辟谣。造谣事件一再发生，网络媒体显然未能承担起应有的社会责任，存在"一切靠点击率（收视率、发行量）"的错误观念，对新闻不把握尺度、不论客观真实，只为博眼球、引关注、多点击，甚至不管信息传播可能对社会和受众带来何种影响。

（四）受众

据统计，我国自1994年正式接入国际互联网以来，截至2014年12月，网民规模已达6.49亿，其中以10～39岁年龄段为主要群体，比例合计达到78.1%，而20～29岁年龄段的网民占比最高，达31.5%。从网民学历结构来看，截至2014年12月，网民中具备中等教育程度的群体规模最大，初中、高中（中专/技校）学历的网民占比分别为36.8%与30.6%，与2013年年底相比，网民的学历结构基本保持稳定（见图4）。另外，网民中学生群体以23.8%的比例居最高，其次

---

① 《策划人自曝别针换别墅真相网友称上当受骗》，载http://news.sina.com.cn/s/2007-02-05/035712228093.shtml，2015年5月30日最后访问。

② 时延安、刘计划主编：《大案聚焦——中国2013年最受关注刑事案件评点》，清华大学出版社2014年版，第115页、第129页、第130页、第135页。

为个体户/自由职业者,比例为22.3%,企业公司[①]的管理人员和一般职员占比合计达到17.0%。受制于学历结构,受众的认知水平和网络素养较低,对信息的感知往往缺乏理性和专业的分析、辨别,多停留在表面感知的层次,正如秦火火所说的,"网民很容易忽悠",要使他们成为"社会不公"的审判者,必须煽动他们的情绪和情感。

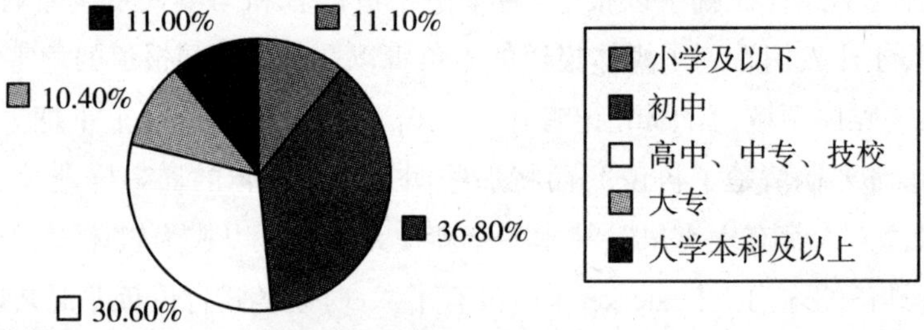

图4　中国网民学历结构

目前网络谣言主要的造谣对象是社会热点和敏感话题,如官员腐败、炫富、名人负面信息或者关于色情、公权人员滥用权力、暴力执法等,这些反映社会不公的谣言,一些带着不满以及仇官仇富仇贪情绪的网民会借此宣泄负面情绪。再如某些关于地震、滑坡等灾难性事件的谣言,因与其生活息息相关,很多网民抱着宁信其有不可信其无的心态予以信任。卡斯·桑斯坦则表示,"这类言论(谣言)尚未被证明真伪,却从一个人传向另一个人,其可信度不是因为人们有直接的证据支持它们,而是因为别人也似乎对其信以为真"。[②] 殊不知,他们在查看、转发、评论谣言时被谣言所"绑架",成为谣言的消费者和传播者。

(五)政府

在秦火火网络造谣事件中,政府辟谣的不及时助长了谣言的传播。在信息时代,信息的报道往往是"先声夺人",谁先报道谁先获得主动权,这也是信息不对称的局限。重大事件的发生往往会成为人们关注的焦点,而政府部门未能及时发布权威信息,给了网络谣言"机会"。秦火火的谣言看似荒诞不经,却能获得

---

① 中共中央网络安全和信息化领导小组办公室:《第35次中国互联网络发展状况统计报告》,载http://www.cac.gov.cn/2015-02/03/c_1114222357.htm,2015年2月3日最后访问。

② [美]卡斯·R.桑斯坦:《谣言》,张楠、迪扬译,中信出版社2010年版,第3页、第13页。

那么多人的信任,很重要的原因就是他们总是在事实真相出来前将谣言传得沸沸扬扬,赚足了眼球。而政府不公布或公布真相迟缓或是公布信息模糊、不精确,更是给了秦火火等人可乘之机,曾有人进行调查,谣言传播的速度是“辟谣”传播速度的10~100倍以上,[①]正因如此,才导致在权威真相出来后已无法覆盖谣言的传播范围,也难以获得信任。

三、网络谣言的刑事法律风险

言论自由的权利以及网络的匿名、隐蔽环境并不表示对谣言的容忍和放纵,秦火火、立二拆四等网络造谣者被判处刑罚,也反映了造谣者“谣翻”他人,最终定会“谣倒”自己,这充分体现了我国对待网络谣言的态度和打击网络谣言犯罪的决心。目前,我国对网络谣言的规制主要是立法,有《宪法》《民法通则》《侵权责任法》《刑法》《治安管理处罚法》以及一些行政法规和部门规章,网络谣言的刑事法律风险主要存在于《刑法》及其司法解释中。

(一)现有刑事法律所列明的风险

目前网络造谣可能涉嫌以下犯罪:侮辱罪,诽谤罪,敲诈勒索罪(以发布、删除网络信息为由,威胁、要挟相关人,索取财物),侵犯商业秘密罪,虚假广告罪,损害商业信誉、商品信誉罪,编造、故意传播虚假恐怖信息罪,编造并传播证券、期货交易虚假信息罪,诬告陷害罪;此外,为保护国家安全和公共秩序,对于情节严重的网络造谣者还可能涉嫌煽动颠覆国家政权罪、煽动分裂国家罪以及煽动民族仇恨、民族歧视罪,煽动暴力抗拒法律实施罪;对于违反职责的军人适用战时造谣惑众罪、战时故意提供虚假敌情罪、战时造谣扰乱军心罪等。对从事网络造谣的企事业单位,若以营利为目的,通过信息网络有偿提供删除信息服务,或明知是虚假信息,通过信息网络有偿提供发布信息等服务,还涉嫌非法经营罪。

另外,《刑法修正案九(草案)》还提到,如果网络服务提供者不履行网络安全管理义务,经监管部门通知采取改正措施而拒绝执行,致使违法信息大量传播的,致使用户信息泄露,造成严重后果的或者致使刑事犯罪证据灭失,严重妨害

① 南方都市报:《权威披露2014微信十大最火谣言》,载http://www.100toutiao.com/index.php? m=Index&a=show&cat=3&id=40691,2015年4月3日最后访问。

司法机关依法追究犯罪的,追究刑事责任。[①]

(二)具体案例中所显现的刑事法律风险

近年来,存在不少损害个人权利的谣言,如艾滋女闫德利案、河南王帅案、山西韩兴昌案、山东段磊案,因为网络捏造诽谤对被害人名誉造成侵害。更有甚者造成了被害人不堪压力自杀的情况,例如,2013 年广东惠州赫某莉因其朋友在网上捏造谣言称其"与他人存在不正当男女关系",跳楼身亡;2014 年江苏兴化市一村支书周某因不堪网络上诽谤造谣而自杀。也有针对商业单位、商品的谣言,例如,2008 年四川广元的"蛆橘事件",让全国柑橘滞销;网传安利老板早逝、安利纽崔莱采用转基因原料的谣言,损害安利公司形象。另外,还有一些关于突发事件、环境问题等事件的谣言,如 2010 年网络谣传山西一些地区将发生地震,导致山西数百万人街头避难,以及 2011 年网传"碘盐防辐射",引发多城市抢盐风波,破坏了市场秩序。[②]

2013 年 8 月 20 日,公安部启动对网络谣言的专项治理行动,公安部统一部署,各地成立专项领导小组,公安厅(局)负责指挥,宣传部门负责引导,开启打击网络谣言的重点工作。启动当天北京警方就以涉嫌非法经营、寻衅滋事罪刑拘秦火火等 4 人。至 8 月 31 日短短 12 天内,数以百计的网民因"制造传播谣言"而受到处理,其中仅湖北省就刑事拘留 5 人,行政拘留 90 人。[③] 同年 9 月 8 日,公安部在其官网公布了一批公安机关集中打击网络有组织制造传播谣言等违法犯罪专项行动案例,"今日焦点网""社会焦点网"等 11 个网站被公安机关依法查处。据有关媒体对各地"抓谣"数据的不完整统计,从行动启动至 9 月 9 日,河南批捕了 131 人,陕西批捕了 22 人,山西刑拘 49 人、批捕 23 人、治安处罚 29 人。[④] 2014 年 2 月 27 日,中央成立网络安全和信息化领导小组,中央总书记习近平亲

---

① 《刑法修正案(九)(草案)全文》,载 http://www.npc.gov.cn/npc/xinwen/lfgz/flca/2014-11/03/content_1885029.htm,2015 年 5 月 31 日最后访问。

② 《盘点 2011 年十大网络谣言》,载 http://news.xhby.net/system/2011/12/23/012369098_01.shtml,2015 年 5 月 31 日最后访问。

③ 刘俊、鞠靖:《打击网络谣言的台前幕后》,载 http://yuqing.sjtu.edu.cn/index.php?option=com_content&view=article&id=3476:2014-02-08-02-21-57&catid=47:201010-14-10-43-07&Itemid=65,2015 年 5 月 31 日最后访问。

④ 湛中乐、高俊杰:《论对网络谣言的法律规制》,载《江海学刊》2014 年第 1 期。

自担任组长,李克强和刘云山任副组长。成立此小组的重要任务就是建设安全、有序的网络空间,习近平总书记还指出“没有网络安全就没有国家安全”,这充分体现了中国最高层保障网络空间健康发展的决心。

秦火火因网络造谣被认定为诽谤罪和寻衅滋事罪,被判处3年有期徒刑,像秦火火这样因网络造谣被判处刑罚的人绝不是少数。对此,有学者以实证研究为基础,分析了网络谣言存在的法律风险。例如,有学者对媒体报道的2013年1月1日至10月10日涉及160人的80起造谣案件进行分析,其中51%的造谣为煽动、危害公共安全类谣言,19%的为攻击政府类谣言,10%的为捏造、夸大灾害事故类谣言,6%的为攻击企业或个人的谣言,另外4%的为抹黑历史名人的谣言。通过对事件的追踪,笔者发现80起案件中9起的当事人被以涉嫌寻衅滋事刑事拘留,13起案件当事人以其他罪名(或涉嫌罪名不详)被刑事拘留(1起案件当事人后被释放),39起案件当事人被以扰乱公共秩序为名予以行政拘留(1起案件当事人后被撤销拘留),19起案件当事人被罚款训诫或处以其他行政处罚。[①] 另外有学者对2010~2012年发生的社会影响较大的3119起公共事件中涉及谣言传播的168起进行研究,统计发现,截至2012年年底,其中16起事件的造谣者已被问责。例如,“襄阳飞深圳航班遭匿名电话威胁”事件中,航班起飞后紧急备降,事后对造谣者以涉嫌编造、故意传播虚假恐怖信息罪立案;江都响水县化工厂爆炸谣言事件,引发群众逃亡致4人遇难,嫌疑人被以编造、故意传播虚假恐怖信息罪予以刑事拘留或行政拘留。[②]

四、网络造谣的刑事法律风险防控对策

网络是一个特殊的公共领域,其所具备的及时性、开放性、便捷性较传统信息流通方式更为特殊。所谓“谣言猛于虎”,任由谣言的传播,对个人和社会而言无疑都是有害的。随着网络的普及和发展,各国政府都面临网络谣言的问题,对

---

① 孙万怀、卢恒飞:《刑法应当理性应对网络谣言——对网络造谣司法解释的实证评估》,载《法学》2013年第11期。

② 王理、谢耕耘:《公共事件中网络谣言传播实证分析——基于2010~2012年间网络谣言信息的研究》,载《上海交通大学学报》(哲学社会科学版)2014年第2期。

此各国均采取“零容忍”严厉打击的立场。[①] 不同国家立足不同国情，打击手段各异，但目的都是要净化网络空间，以真实和正面的舆情主导网络世界。例如，英国、委内瑞拉、巴塞罗那等国家和地区采取疏导方式，将真实信息及时准确发布给受众，避免谣言传播的扩大和失控；美国、墨西哥、印度、韩国、日本、澳大利亚、法国等国则采取打击的方式，通过制定和修改法律，设立专门的负责机关，对网络谣言予以处罚制裁。[②] 笔者认为，对于网络谣言的治理以及其所存在的刑事法律风险，我国可以在借鉴国外成功经验的同时，结合我国国情和现实现状，塑造具有我国特色的防控体系。

（一）对造谣者的管制——法律法规的健全

秦火火等人在被抓前发布了3000余条谣言，而只受到了封号、禁言的惩罚，对比造谣的成本和所带来的收益，这样的惩罚无关痛痒，并不能制止他们再次制造、传播谣言。公安机关在2013年8月抓获了秦火火，并以此为契机开展了网络谣言的专项治理行动，许多网络大V、网络水军即销声匿迹，可见打击惩处力度加大的效果是很明显的，完善法律法规的规制无疑是预防和打击网络谣言的利器。

其一，加强立法、严密解释，对一些新出现的网络谣言的处罚有法可依。对一些复杂的网络谣言，在我国现行的刑法体系中无法找到切实可行的制裁依据。如四川广元的“蛆橘事件”，网络上散布的虚假信息对当年种植柑橘的农民的利益造成了严重侵害，严重破坏了市场秩序，但是有关蛆橘的信息并不是恐怖信息，不能以编造、故意传播恐怖信息罪定罪，也不是损害某一特定公司、企业的信誉及其特定产品信誉的信息，不能以损害商业信誉、商品声誉罪处罚，对于这一具有巨大影响力的谣言，我国《刑法》中并无具体罪名与之对应。[③] 因此，对新出现的谣言形式，需要及时进行立法或司法解释，以填补法律规制的空白实现刑法理论与司法实践的统一。

---

① 张慧中等：《各国多管齐下严打网络谣言》，载《人民日报》2012年4月17日，第1版。

② 时延安、刘计划主编：《大案聚焦：中国2013年最受关注刑事案件评点》，清华大学出版社2014年版，第115页、第129页、第130页、第135页。

③ 王雯、刘雯：《食品安全网络舆情危机治理的公共政策研究——基于公害品的视角》，载《理论与改革》2014年第3期。

其二,对网络造谣者的处罚力度有待加强。例如,利用网络进行诽谤的犯罪,最高人民法院、最高人民检察院《关于办理利用信息网络实施诽谤等刑事案件适用法律若干问题的解释》中并未区分现实社会和网络社会中诽谤刑罚的区别,而网络诽谤传播速度快、范围广、影响难以消除,造成的社会危害性更大,若适用同样的量刑幅度,有违罪刑均衡。[①] 例如,秦火火所编造的关于雷锋生活奢侈的谣言,虽然秦火火受到了刑事处罚且官方也已辟谣,但是网络搜索中还有此类谣言,对于不明真相的网民,这样的谣言还会刺激他们的眼球。[②] 另外,在上文所列的罪名中,只有虚假广告罪和编造并传播证券、期货交易虚假信息罪涉及罚金刑。对于其他网络谣言,其可得利益与犯罪成本相比,确实难以实现罪刑相适应。作为互联网发源地的美国,现有约 130 项法律法规规制互联网的传播内容,并逐年加大法律监管力度,对传播网络谣言的行为严加惩戒。[③] 另外,韩国立法规定对于利用电子通讯设备公然散播虚假信息的人,处以 5 年以下有期徒刑并缴纳 5000 万韩元以下的罚金。[④] 我国立法应增强对违法者的处罚力度,细化"情节严重"和"其他情节严重的情形"的规定,便于操作执行。

其三,现有法律规定不利于网络谣言的被害人提起自诉,难以实现被害人权益的保护。由于网络具有匿名性且网站又没有义务向受害人提供造谣者、传谣者的真实信息,在公安机关不予立案的情况下,受害人往往很难获取诽谤者、传谣者等侵权人的真实信息,不利于被害人提起自诉维护权益。

(二)谣言和媒介——新闻网络媒介把好关

网络作为网络谣言发布和传播的平台,谣言的传播与媒介责任的缺失具有密切关系,同时网络服务提供者有必要并且有责任筑起防范网络谣言的防线。对于网络信息的发布,网络新闻媒体须本着客观、真实的原则进行审查和限制。

网络媒体在网络谣言的防范上,可从两方面入手:其一,网络实名制的实行。网络谣言的传播在很大程度上与匿名的网络环境有关,真假难辨的谣言以及难

---

① 张存:《网络谣言的刑法规制》,河北经贸大学 2014 年硕士学位论文。

② 湛中乐、高俊杰:《论对网络谣言的法律规制》,载《江海学刊》2014 年第 1 期。

③ 《各国多管齐下严打网络谣言》,载 http://media.people.com.cn/GB/17670702.html,2015 年 5 月 31 日最后访问。

④ 时延安、刘计划主编:《大案聚焦:中国 2013 年最受关注刑事案件评点》,清华大学出版社 2014 年版,第 115 页、第 129 页、第 130 页、第 135 页。

以追查的造谣者,为打击谣言设置了障碍。实名制会让他们发布网络信息时有所顾忌,也会更容易找到谣言制造者和传播者,便于及时制止和打击网络谣言犯罪。日本并未依靠法律规定推行实名制,而是通过 IP 地址备案、手机实名注册等方式,在事实上实现了网络实名制,这点值得我国借鉴。① 其二,网络服务提供者要加强对网站内信息发布的监管。对信息加强审核,及时发现虚假信息,屏蔽不良信息,删除谣言。在网络谣言技术拦截上,微信较典型。近年来,微信通过用户举报、人工审核、进样本库、技术拦截几个步骤,可以覆盖 60% 的微信谣言,据统计,至 2014 年微信每天的谣言拦截量已达 210 万次。② 此外,在主流媒体的舆论引导方面,最典型的案例是《人民日报》2011 年开设的《求证》栏目,其通过核实、查证,还原事实真相,积极引导舆论;在微博中,"江宁公安"以政务人士的身份发布辟谣帖 390 余条,③澄清事实的同时也培养了网民的求证意识。

(三)受众——网民个人层面的防控

受众虽然是被动接受信息,但是从秦火火所编造的谣言来看,漏洞很多,水平很低,然而网民却未求证真伪,"想当然"地相信谣言,进行传播,这与网民自身素质以及辨别意识、辨别能力的缺乏有关,也是网络谣言得以迅速滋生蔓延的重要因素。英国《卫报》曾对微博的使用列出规定约束网民,其中就表示除非你看到事情发生,否则不要发微博,所发微博要具体,并要求网民看到谣言,首先是提出质疑,设法求证,并进行纠正。④ 遏制谣言的产生和传播,网友才是主力。"谣言止于智者",网民要提高对自己言行所造成的负面影响的认识,主动对各类网络信息进行有意识的辨别审查,杜绝虚假谣传,自觉抵制谣言;⑤同时理性对待各式谣言,不要偏听偏信、人云亦云、以讹传讹,添加个人感情,发泄消极情绪,遇到谣言要等待政府权威信息的发布。

另外,政府也要呼吁网民遵守网络基本道德和社会公德,确保自己消息的发

① 湛中乐、高俊杰:《论对网络谣言的法律规制》,载《江海学刊》2014 年第 1 期。

② 南方都市报:《权威披露 2014 微信十大最火谣言》,载 http://www.100toutiao.com/index.php? m = Index&a = show&cat = 3&id = 40691,2015 年 4 月 3 日最后访问。

③ 齐思慧:《透视网络谣言:从求证意识说起》,载 http://yuqing.people.com.cn/n/2015/0512/c354318 - 26986124.html,2015 年 5 月 28 日最后访问。

④ 胡若愚:《教你怎样用微博》,载《现代快报》2011 年 8 月 15 日,第 A11 版。

⑤ 李宗桂:《网络时代谣言传播的特点及其危害》,载《人民论坛》2010 年第 2 期。

布具有切实的事实依据，不会对社会、对他人造成不良影响；守住不造谣、不信谣、不传谣的底线，人人都当“谣言的粉碎机”，配合政府打击谣言，积极举报、证伪。正是由于网民的举报，最终警方才立案调查秦火火，这充分说明网民在遏制谣言产生和传播中能起到巨大作用。[①]

（四）政府——及时准确公布信息

正如奥尔波特与波斯曼所提出的谣言强度公式所表明的，谣言传播的强度和广度与事件的重要性和模糊性相关。在现有的网络谣言中，很大一部分是由于政府信息公开的速度和力度不够所致。在一些突发事件中，政府可能出于各方面的考量，披露信息不够或者不及时或者直接简单粗暴地封锁消息，致使谣言传播泛滥，最后再公布真相的时候无法控制谣言，甚至引发公众质疑。《中国青年报》早在2011年进行的调查结果就显示，73.1%的受访者认为谣言泛滥的原因是政府发布信息的不透明。[②]

我们虽然无法主宰一些与群众生活密切相关的信息的重要性以及群众的关注度，但是对于事件的模糊性，是可以控制的。这就需要政府加强信息公开的准确、及时、透明，信息的准确度越高、越及时、越透明，越贴近公众的需求，就越能挤压谣言传播的空间，谣言也就无法传播。权威机构多发声，自然可以压低谣言的分贝。另外，政府也应努力借助传统媒体提升辟谣能力，巩固传统媒体的主流地位和社会影响力，建立“嗅觉灵敏，反应快速”的反馈机制，跟进舆论走势。网上有句调侃的话，“谣言动动嘴，辟谣跑破腿”，谣言发生后，政府还是需要用最快的速度发掘真相、还原事实，以正确的舆论引导受众，将谣言可能带来的损害降到最低。[③] 最后，政府也应畅通社会工作正常的意见表达渠道，以保障公民的言论自由，缓解社会矛盾，[④]这样也减少了网民上网发泄情绪、吐槽行政机关的机会。

---

① 徐会、李芒：《试论网络谣言的一般特征及治理机制》，载《宿州学院学报》2013年第12期。

② 向楠：《83.2%的受访者确认现在社会谣言多》，载《中国青年报》2012年9月8日，第7版。

③ 庞小宁、陈泽：《政府危机管理中的网络谣言控制》，载《中国国情国力》2013年第4期。

④ 王雯：《我国网络谣言的形式及治理——基于公共政策的视角》，世界华商经济年鉴2012年刊。

五、结语

莎士比亚说,“谣言是一只凭着推测、猜疑和臆度吹响的笛子”①,倘若放任笛子吹响,终会摧毁世界和谐的天籁。网络谣言虽不像传统的诽谤、寻衅滋事、煽动等犯罪一样有挑衅殴打、高谈阔论般的场面,但其既是“工具”,也是“武器”,可以帮人,也可以杀人,其所造成的危害远高于传统犯罪。秦火火网络造谣事件虽然以刑罚处罚告终,但是网络谣言的滋生和传播并未因此而停止。乌云是遮不住太阳的,谣言也是见不得阳光的。相信在国家、政府、网络媒体和每个公民的共同参与下,终会实现“网络无谣”,网络世界会更纯洁净化。

[原文发表于《山东警察学院学报》2015 年第 4 期]

① 时延安、刘计划主编:《大案聚焦:中国 2013 年最受关注刑事案件评点》,清华大学出版社 2014 年版,第 115 页、第 129 页、第 130 页、第 135 页。

论众筹出版的融资风险与立法完善*

杨春磊　江　华**

摘　要：由于奖励型众筹模式与我国现行法律中的“禁止性规定”相抵触，因此，以出版物作为主要回报形式的众筹出版事实上处于涉嫌违法犯罪的状态。为了促进出版业的转型升级，实现传统纸媒的可持续发展，防止众筹出版发生金融风险，就必须将众筹融资纳入法治化的轨道，形成支持普惠金融的立法指导思想，制定众筹融资特别法，修改相关配套的法律规范，使众筹出版过程中项目发起人、众筹平台和投资人实现共赢。

关键词：众筹出版　融资风险　金融创新　立法完善

一、问题与思路

不同于传统的融资方式，众筹作为一种依托互联网的社会化融资形式，借助社交网络基于信任传播的特点，能够在短时间内集聚公众的资金、能力和渠道，为中小微型文化企业或创意项目提供足够的支持。众筹降低了融资门槛，且不以是否拥有商业价值作为唯一的投资标准，众筹项目可以成为投资人就某种兴趣展开交流的平台。而出版物本身就是一种高度普及的交流对象和交流工具，且属于典型的小规模文化创意项目。因此，自 2011 年众筹商业模式进入中国以来，众筹出版项目就成为许多众筹网站青睐的主打产品之一。随着以《社交红利》《本色》《清华金融评论》为代表的一批书刊的众筹出版，业界希望依靠这一

* 本文系广东省检察机关省级检察理论研究课题“检察机关对行政违法行为进行监督的权力边界问题”、荆州市软科学项目“荆州文化创意产业扶持机制建构研究”（2016AD50－8）成果之一。

** 杨春磊：长江大学法学院副教授；江华：珠海市人民检察院检察官。

新的运营与筹资模式来实现利润增长和去库存化,以此来抵御数字出版和电商渠道给传统出版业带来的内忧外患。[①] 徐艳则乐观地预计,众筹出版将催生大量新的出版业务、盈利模式和创新型出版组织,并最终完成出版产业生态系统的更新。[②] 但是,我国目前关于金融的法律体系都是针对传统金融业务设计的,众筹这类互联网金融创新形式在填补传统金融空白的同时,自身也行走在合法性存疑的"灰色地带",随时面临法律风险。而且,在缺乏有效金融监管的环境下,众筹资金也确实存在被非法使用的可能。[③] 罗雪英、周淑云就形象地指出,众筹融资这种"打擦边球"的行为因涉嫌非法集资,如同"戴着镣铐跳舞"。[④] 在规避违法风险方面,张书勤就认为,众筹出版只要不采取债券型和股权型众筹形式,而以"团购+预购"的回报运营模式就能避免涉嫌非法证券或非法集资等罪名。[⑤] 其实,这是对现有法律的误读。奖励型众筹模式同样与我国现行法律规范中的"禁止性规定"相抵触。众筹领域的立法滞后与不完善,不仅导致众筹出版项目缺乏吸引力,也不利于投资者利益的保护。特别是 P2P 网贷平台这种债券型众筹融资的资金风险突然爆发,互联网金融试点的春天很可能遭遇政策收紧的寒冬。清华大学五道口金融学院常务副院长、互联网金融实验室主任廖理在第一届中古金融科技大会上指出,"截至 2016 年 4 月底,全国累计成立网贷平台 5022 家,其中 2200 家出现问题,仍有 2822 家网贷平台正常经营,问题平台占比 43.8%"。这里面,问题与跑路平台有 77% 都失去联络,投资人难以提供证据进行维权。[⑥] 规模最大的"易租宝"甚至直接卷走了 700 亿元人民币。跑路的网贷平台中有 2/3 涉嫌故意诈骗。

债券型众筹的融资乱象很可能会殃及众筹出版的融资尝试。为了维护金融稳定和市场秩序,监管部门和执法机关通常会加强管制的力度,司法机关在适用

---

① 黄河、刘琳琳:《出版众筹运作方式及发展路径》,载《中国出版》2014 年 10 月下刊。

② 徐艳:《众筹出版发展趋势研究》,载《青年记者》2014 年 8 月下刊。

③ 张立红:《众筹出版:互联网助力纸媒出版》,载《科技与出版》2014 年第 5 期。

④ 罗雪英、周淑云:《中国众筹出版何处去:对国内众筹出版热的冷思考》,载《出版广角》2014 年第 11 期。

⑤ 刘尧远:《浅析众筹出版的融资模式》,载《科技与出版》2015 年第 2 期。

⑥ 宋易康:《4 月末网贷问题平台占比 43.8%　跑路平台平均寿命仅 8 个月》,载 http://www.yicai.com/news/5040471.html,2016 年 7 月 10 日最后访问。

法律的时候也倾向于对条文采取限缩解释,以配合“严打”的刑事司法政策。为了促进“互联网+”背景下出版企业的转型升级,实现传统纸媒的可持续发展,未雨绸缪地防止众筹出版发生大规模金融风险,就必须从法律层面完善众筹出版的顶层设计,既要为其建章立制,使其有序发展,又要为其扫清不必要的羁绊与障碍。为此,本文通过分析在众筹出版融资过程中项目发起人、众筹平台和投资人面临的风险,针对性地提出防控融资风险的立法完善方式,在兼顾降低金融风险和促进金融创新的前提下,探索相关领域的法治改革。

二、众筹出版中融资风险的可能表现形式

目前,我国众筹出版的常见流程是项目发起人(主要是出版商)与众筹平台订立合同,通过平台网站发布书刊写作创意和出版计划,在平台的监督和辅导之下向公众即潜在投资者进行宣传和推广,[①]在指定时限内将潜在投资者转化为实际出资人,当募足项目所需资金后,在规定期间向出资人交付出版物并履行其他约定义务(如举行读者见面会、座谈会等),同时向众筹平台支付佣金。这一过程中不涉及股权、债权、利息或分红,但这就真的不会触碰法律的禁区吗?答案是否定的。因为,2010年出台的最高人民法院《关于审理非法集资刑事案件具体应用法律若干问题的解释》(法释〔2010〕18号)对《刑法》第176条“非法吸收公众存款或者变相吸收公众存款罪”的认定标准做了扩张解释,[②]将一切以货币、实物、股权等方式还本付息或者给付回报的情形均列为构成犯罪的条件之一。而且该解释还规定,单位非法吸收或者变相吸收公众存款,数额在100万元以上或对象150人以上的就构成犯罪。可见,以出版物作为主要回报形式的众筹出版事实上处于涉嫌违法犯罪的状态。

通过梳理现行法律规范和司法实践案例可知,众筹出版的项目发起人与众

① 张书勤:《众筹出版运营机制探析》,载《科技与出版》2014年第5期。

② 最高人民法院《关于审理非法集资刑事案件具体应用法律若干问题的解释》(法释〔2010〕18号)第1条第1款规定:“违反国家金融管理法律规定,向社会公众(包括单位和个人)吸收资金的行为,同时具备下列四个条件的,除刑法另有规定的以外,应当认定为《刑法》第一百七十六条规定的‘非法吸收公众存款或者变相吸收公众存款’:(一)未经有关部门依法批准或者借用合法经营的形式吸收资金;(二)通过媒体、推介会、传单、手机短信等途径向社会公开宣传;(三)承诺在一定期限内以货币、实物、股权等方式还本付息或者给付回报;(四)向社会公众即社会不特定对象吸收资金。”

筹平台可能牵涉《刑法》第179条“擅自发行股票或者公司、企业债券罪”、第191条“洗钱罪”、第192条“集资诈骗罪”、第222条“虚假广告罪”、第225条“非法经营罪”、第271条“职务侵占罪”和第272条“挪用资金罪”等罪名。具体而言，上述法律风险主要分为准入限制和经营异化两类。准入限制型法律风险的产生源于我国现行经济体制和金融制度的法律障碍。我国《公司法》《合伙企业法》《证券法》等法律所建构的市场经济秩序尚未给众筹融资预留发展的空间。[①] 法律条文中常常作为前置性条件存在的“未经有关部门依法批准”“未经国家有关主管部门批准”“经国务院授权的部门核准后”等表述，明确反映出国家对金融系统稳定性的担忧和对传统金融机构垄断地位的保护。最高人民法院《关于审理非法集资刑事案件具体应用法律若干问题的解释》第6条再次重申，未经批准向社会不特定对象发行、以转让股权等方式变相发行股票或者公司、企业债券，或者向特定对象发行、变相发行股票或者公司、企业债券累计超过200人的，应当认定为“擅自发行股票和公司、企业债券”。2013年“美微传媒”在淘宝网上出售公司原始股票的行为被中国证监会制止，则形象地说明了金融领域行政执法的严格尺度。

此外，作为中介经营主体的众筹平台自身的身份准入限制也十分棘手。当前我国众筹平台主要以两类形式存在，一种是信息技术网络科技公司，以“点名时间”“追梦网”为代表；另一种是金融信息服务公司，以“阿里众筹”“天使汇”为代表。但是，依据国家工商行政管理总局2015年颁布的《企业经营范围登记管理规定》和国家统计局2011年发布的《国民经济行业分类（GB/T 4754—2011）》，这两类企业的经营范围都不包括投资、财务咨询服务、资信评级等资本市场的服务，特别是不允许从事金融中介与支付服务。那么，从缺乏前置许可的角度分析，众筹平台的经营行为就与“非法经营罪”认定标准中的“未经国家有关主管部门批准非法经营证券、期货、保险业务”“非法从事资金支付结算业务”

---

① 例如，《公司法》第24条规定，有限责任公司由50个以下股东出资设立。《合伙企业法》第61条规定，有限合伙企业由2个以上50个以下合伙人设立。《证券法》第10条规定，公开发行证券，必须符合法律、行政法规规定的条件，并依法报经国务院证券监督管理机构或者国务院授权的部门核准；未经依法核准，任何单位和个人不得公开发行证券。有下列情形之一的，为公开发行：(1)向不特定对象发行证券；(2)向特定对象发行证券累计超过200人的；(3)法律、行政法规规定的其他发行行为。非公开发行证券，不得采用广告、公开劝诱和变相公开方式。

"严重扰乱市场秩序的非法经营行为"相吻合。所以,众筹融资如果无法事先获得行政许可,就极易引发准入限制型法律风险;"非法吸收公众存款或者变相吸收公众存款罪""擅自发行股票、公司、企业债券罪""非法经营罪"都系此类风险,且主要属于行为犯,即只要实施了禁止性行为,尽管没有造成危害后果也不影响定罪。

经营异化型法律风险的产生则是基于众筹融资经营方式监管的法律空白,在缺乏有效约束的情况下,部分融资者和平台打着互联网金融的幌子蒙蔽投资者和司法机关有预谋地单独或共同实施犯罪行为。例如,为众筹项目提供虚假宣传,以非法占有为目的进行集资诈骗,或掩盖、转移非法财产;抑或是在正常经营过程中,经营者发生道德风险,临时起意挪用、侵占资金,秘密转移资产甚至携款潜逃。[①] "洗钱罪""集资诈骗罪""虚假广告罪""职务侵占罪""挪用资金罪"均系此类风险,且主要属于结果犯,即根据危害后果的严重程度进行定罪。显而易见,无论是上述哪种风险,相对于项目发起人和众筹平台,个体投资者由于信息不对称和博弈能力不足等因素,都会直接或间接成为受害者,一旦权益受损,只能无奈地面对救济不利的客观现实。

三、防控融资风险的立法完善方式

一个无法有效保护大多数投资者利益的融资体系是没有生命力的。虽然2015年7月中国人民银行、工业和信息化部、公安部等十部委联合印发了《关于促进互联网金融健康发展的指导意见》(银发〔2015〕221号),提出积极鼓励包括众筹融资在内的互联网金融稳步发展。但是此规章效力等级较低,在相关上位法律法规尚未配套修改之前,对经济实践工作的指导作用非常有限。出版业要想摆脱低迷,走出经济下行的压力,除了加强行业自律,共同经营好众筹出版这样的创新理念以外,更需要国家决策层对众筹融资的准入门槛、行业标准、经营模式和风险控制机制等系统性问题高屋建瓴地加以立法完善,使这一金融创新方式能够良性发展,从而通过降低信任的成本来降低金融成本、提高融资效率,促进以出版业为代表的实体经济的转型发展。

---

① 刘宪权:《互联网金融股权众筹行为刑法规制论》,载《法商研究》2015年第6期。

(一)形成支持普惠金融的立法指导思想

由于计划经济以来长期养成的对金融业严格管控的治理习惯,形成了高度垄断的行业格局,导致金融服务水平和质量低下,资金供给严重不足,抑制了大众创业、万众创新的民间活力。众筹融资作为新一轮金融创新的主力形式因其互联网的开放特质而天生具有普惠金融的基因,有助于促进融资民主化与金融市场化,特别是能够缓解书刊出版发行这类小微文化企业项目和中小企业的资金压力。尽管互联网金融发展初期出现了诸如P2P网贷平台这样一时的失范与失序,但我们也不能轻易地陷入某一经营模式的存废之争,而应看到监管缺失的症结所在,致力于通过建构具有科学性、可行性与完备性的管理体系来防范风险的产生与扩大化。在完善众筹领域的法律法规时,指导思想应当是将社会大众投资理财的愿望与中小微文化企业的融资需求有效对接,改变一味坚持国家本位主义对民间融资采取高压措施的做法,系统性地清理、调整阻碍金融创新的政策法律,特别是应当秉持《刑法》的谦抑性原则,尽量通过市场机制的健全和宏观调控的协调来规范融资行为,避免过度行使强力制裁性的刑罚手段造成经济活动的"硬着陆"。简言之,就是要在金融创新与投资者利益保护之间维持平衡。

(二)制定"众筹融资特别法"

要想使众筹这一新兴资本市场走向繁荣和规范化,除了依据上述立法指导思想修改《公司法》《证券法》《刑法》等法律法规和相关司法解释外,还必须制定一部"众筹融资特别法"以统一整个众筹行业的经营管理和责任划分。从金融危机之后美国促进中小企业发展的经验来看,美国国会于2012年颁布的《促进创业企业融资法案》(Jumpstart Our Small Business Act,以下简称JOBS法案),就是决策者在为投资性众筹填补立法空白的同时,清除其发展障碍的积极尝试。一方面,该法案为解决中小企业在传统证券法框架下融资条件难以企及的弊端,降低了强制注册与信息披露的复杂程度,转而设定投资者投资上限,既降低了中小企业的融资成本,又将投资风险保持在可控范围内;另一方面,该法案监管重点集中在众筹平台,众筹平台必须在美国证券交易委员会注册,必须承担教育投资者的责任,必须在平台的监督下完成投资者保护任务等。这种鼓励支持中小企业、小额融资、小额投资和快速融资,防范非法集资和诈骗,强化中介监管,鼓励券商进入众筹领域的思路,值得我们借鉴。

（三）明确众筹平台的准入标准和法定义务

在“众筹融资特别法”中首先就应当明确众筹平台的准入标准。根据金融企业的通行标准，众筹平台应以不低于500万元注册资本的公司形式设立，还应依据众筹业务范围获得银监会、证监会等管理机构的行政许可方能从业，并应接受其指导与监督。众筹平台的法定义务主要包括：披露平台所有权、管理层和业务范围等基本信息；对项目发起人及其筹资行为展开尽职调查；对投资者进行资格审查并教育其了解众筹的规则与风险；购买忠诚保险以保护投资人资金安全；不得随意泄露融资者和投资者信息；不得与项目发起人存在财务利益关系；不得向投资者提供投资意见；不得劝诱购买、出售或自行认购在其网站上展示的融资项目；不得依据项目融资情况对第三方进行补偿；不得自行设立资金池或以其他方式处理投资者的资金；配合监管部门开展反洗钱工作等。众筹平台设立与经营的专业化和标准化有利于众筹融资的规范化，而由“出版社自建众筹出版平台”的设想则无法实现这一目的，因而不具有可行性。

（四）明确项目发起人和投资者的准入标准和权利义务

项目发起人首先应当具备经营融资项目的合法资质，如众筹出版的项目发起人必须是正规出版商且具有良好的征信记录。而投资者应当具备与融资规模相应的民事行为能力和风险承受能力。项目发起人和投资者必须在众筹平台上进行实名登记。项目发起人在同一时间，只能在一个平台上就同一项目进行融资。众筹项目享受审批豁免且融资对象不受200人上限限制的条件是：在连续12个月周期内，单个项目融资额不超过100万元；投资者在所有众筹平台上的投资总额不超过10万元。这种条件的设定是基于网络用户规模庞大的考虑，对投融资额度的限定比以往对投资人数的限定能更有效地降低风险。融资上限的设定是因为目前成功的创意众筹项目特别是出版项目几乎没有超过这一金额的，这说明足以保障项目的顺利完成。投资者投资总额的设定是考虑到当前众筹融资的风险系数高于传统投资模式，为了控制风险、维护社会稳定，参考中国家庭平均资产接近100万元的现状，将众筹投资总额限定在家庭资产10%的水平。当然，这些限额可以根据将来经济发展、收入水平、通货膨胀等因素的变化而调整。此外，众筹融资还应设置投资者冷静期，即投资者将资金转入众筹平台的第三方托管账户后，在7天之内可以无条件要求返还。冷静期的设置与《消费者权益保护法》第25条中的“后悔权”条款思路相似,即鉴于网上交易信息的不对称性和投资者能力与经验的弱势,为防止冲动投资造成不利后果,允许其反复权衡投资风险。

四、结论与展望

JOBS法案在美国的诞生表明该国在经济建设中并没有陷于保守、裹足不前,而是在吸取金融危机的经验与教训后采取了平衡监管与扶持发展并重的思路。金融创新的稚嫩与不成熟并非洪水猛兽,对以众筹为代表的新型融资方式的盲目打压只会造成“一收就死”的萧条局面,迫使企业经营转向地下金融“饮鸩止渴”。

其实,真正威胁金融市场稳定的不是金融创新尝试,而是游离于监管之外的非法金融渠道。如何让众筹融资合法化并在法治化的轨道内有序运行应是决策层需要深思熟虑的问题,处理好这一问题才能避免中国金融的监管像以往那样在治乱两极之间徘徊。国家除了完善相关法律法规的制定和实施,为众筹融资提供必要的体制保障外,还需要建成一个全覆盖的社会信用体系,再辅之以健全的集体诉讼和公益诉讼制度,从而在改善资本市场结构的同时有效地保护投资者利益。世界银行预估到2025年,众筹在发展中国家存在一个每年960亿美元的市场,且半数资本都将聚集在中国。众筹融资的勃兴是互联网金融时代中国掌握世界经济话语权的重要契机,出版产业正应借此良机加速自身的转型与国际化扩张,使知识的传播和文化的传承生生不息、继往开来。

[原文发表于《科技与出版》2016年第11期]

关于2016年高考语文全国卷作文题目所涉侵犯著作权问题的评析

裴　钊*

摘　要:2016年高考语文全国卷作文题目引发了关于吴联荣、吴忠琴的漫画与夏明的漫画之间的著作权纠纷。判断甲的A漫画是否侵犯了乙对B漫画的著作权,首先要看乙是否有资格主张著作权,包括B漫画是否属于《著作权法》保护的客体、乙是否有资格就B漫画主张著作权以及乙主张的著作权具体是什么内容;其次才看甲的A漫画是否侵犯了乙对B漫画的著作权,即A漫画是否符合侵犯著作权的构成要件("接触加显著性相似"或"接触加实质性相似")。上述环节环环相扣,层层递进。根据上述判断方法,可以得出结论——夏明的漫画没有侵犯吴联荣、吴忠琴对其漫画的署名权和修改权。

关键词:漫画　著作权　作品　相似　接触

2016年高考语文全国卷的作文题引发了不少关于知识产权的议论,其中一个争论点是题目中几幅漫画的著作权纠纷问题,在此,笔者拟结合著作权的相关知识,对2016年高考语文全国卷作文题漫画所涉及的著作权问题进行评析。

---

* 裴钊:广东省人民检察院检察官助理。

图 1　2016 年高考语文全国卷作文题目漫画

图 2　夏明漫画《进步与退步》

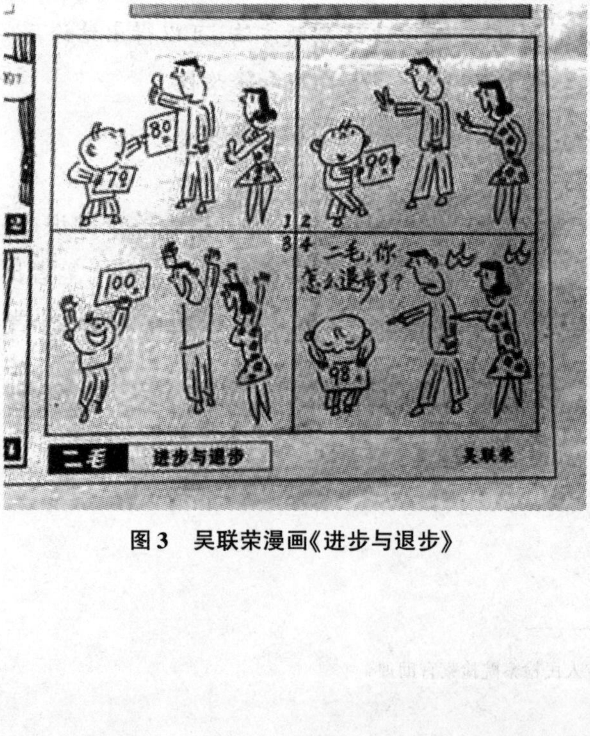

图 3　吴联荣漫画《进步与退步》

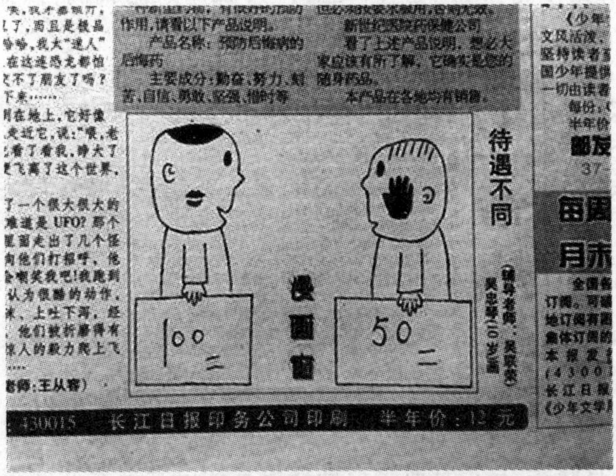

图4 吴忠琴漫画《待遇不同》

图5 夏明漫画《奖罚分明》

考试一结束，全国卷上的作文题漫画（见图1）就引发了纷纷议论，大家也知道了该漫画改自夏明的漫画（见图2）。之后不久，江苏高邮某小学一名叫吴联荣的老师在其微博上举报称夏明的漫画（见图2）涉嫌侵犯其著作权，在构思立意上涉嫌抄袭其作品（见图3），在构图上涉嫌抄袭其学生吴忠琴10岁时的作品（见图4）。当时，吴联荣声称已委托律师准备维权，后该事件有了新进展——吴联荣表示通过媒体报道，其所质疑的内容已得到夏明的回应，将不再为此事维权。虽然此事已落下帷幕，但笔者在想：作为法律人的我们，该如何从《著作权法》的角度分析该事件所涉及的著作权纠纷呢？

一、吴联荣、吴忠琴是否有资格主张著作权

（一）吴联荣、吴忠琴[①]要求保护的漫画是否构成《著作权法》意义上的作品或制品

这只需从形式上来考察，很显然，吴联荣、吴忠琴要求保护的漫画不属于制品（因此，本事件争议与传播者权和邻接权无关），而属于《著作权法》第 3 条所明确规定的受保护作品中的美术作品。《著作权法实施条例》规定，著作权法所称作品，是指文学、艺术和科学领域内具有独创性并能以某种有形形式复制的智力成果。很显然，吴联荣、吴忠琴要求保护的漫画能以某种有形形式进行复制。判断作品是否具有法律资格和可复制性属于形式层面的问题，而判断作品是否具有独创性则属于实质层面的问题。对作品的初步判断尚不需对作品独创性的判断，仅限于形式判断即可，因此，吴联荣、吴忠琴要求保护的漫画属于作品。[②] 既然吴联荣、吴忠琴要求保护的漫画属于作品，那接下来就要考察两人是否具有著作权人的资格和其主张的著作权具体内容。

（二）吴联荣和吴忠琴是否有资格就要求保护的漫画主张著作权

这需要考察吴联荣和吴忠琴是否为与夏明的漫画《进步与退步》有争议的两幅漫画的作者（或著作权人）。根据最高人民法院《关于审理著作权民事纠纷案件适用法律若干问题的解释》（以下简称《著作权解释》）第 7 条的规定，当事人提供的涉及著作权的底稿、原件、合法出版物、著作权登记证书、认证机构出具的证明、取得权利的合同等，可以作为证据，以证明自己是著作权人。从网上的报道来看，吴联荣和吴忠琴所提供的证据均是合法出版物。图 3 所示的《进步与退步》曾于 2002 年 8 月 5 日发表于报刊《讽刺与幽默》，署名为吴联荣；图 4 所示的《待遇不同》曾于 2003 年 9 月 5 日发表于《长江日报》，署名为吴忠琴。《著作权解释》第 7 条规定，在作品或者制品上署名的自然人、法人或者其他组织视为著

---

① 本事件发生后，吴忠琴（现年 23 岁）是否委托吴联荣帮其维权不得而知。为行文方便，假定吴忠琴自行维权。

② 同理，夏明的漫画也属于作品。

作权、与著作权有关权益的权利人,但有相反证明的除外。根据署名显示,吴联荣和吴忠琴分别为图3、图4所示漫画的著作权人,且夏明没有相反的证据可以推翻该认定。

(三)吴联荣和吴忠琴要求保护的著作权具体内容是什么

就2015年11月13日发表于报刊《讽刺与幽默》、署名为夏明的漫画《进步与退步》,吴联荣在接受记者采访时称"夏明的作品涉嫌抄袭或剽窃"①。其还在微博上写道"根据《中华人民共和国著作权法》第5章第47条规定,篡改他人作品和剽窃他人作品的,属侵权行为,应承担停止侵害、消除影响、赔礼道歉等民事责任"。《著作权法》第10条明确地赋予了著作权人署名权、修改权、保护作品完整权、复制权等16项具体权利。其中,署名权是指表明作者身份,在作品上署名的权利;修改权是指修改或者授权他人修改作品的权利;保护作品完整权是指保护作品不受歪曲、篡改的权利;复制权是指以印刷、复印、拓印、录音、录像、翻录、翻拍等方式将作品制作一份或者多份的权利。"篡改"是指以虚假错误代替真实正确的方式进行改动或曲解。"篡改"的对象一般是经典著作,载明某些理论、学说的文章等作品。很显然,夏明的漫画与吴联荣、吴忠琴的漫画之间不是"篡改"的关系,因此,夏明的漫画也没有因为篡改吴联荣、吴忠琴的漫画而侵犯其保护作品完整权。

实际上,我国相关法律法规中并没有对"剽窃"与"抄袭"作出明确的法律界定与区分。查商务印书馆1999年新版的《现代汉语词典》(修订本),"抄袭"是指窃取他人的作品当做自己的;"剽窃"是指抄袭或窃取他人的言辞或文字。可见,"剽窃"与"抄袭"并没有本质的区别,甚至可以相互替换。可能也正因如此,2001修正的《著作权法》第46条删除了"抄袭"二字,将"剽窃、抄袭他人作品的"改为"剽窃他人作品的"。"剽窃"涉及侵犯他人的复制权或修改权;同时,剽窃者往往将原作品的署名改为自己,因此,"剽窃"还涉及侵犯他人的署名权。"剽窃"可分为两种:如果原封不动地剽窃他人作品的全部作为自己的作品(对美术作品而言,这种"剽窃"称为"临摹"更为合适),则是侵犯他人复制权的行为,其

---

① 《高考作文漫画被指侵权——江苏一小学老师称被抄袭》,载 http://ah.anhuinews.com/system/2016/06/13/007381364.shtml,2016年6月13日最后访问。

作品不具有独创性;如果在剽窃他人作品的全部或部分的基础上,且在不歪曲、篡改他人作品的情况下,加以非实质性的增删或修改,则是侵犯他人修改权的行为,其作品也不具有独创性。从相关公众①的一般注意力来看,很显然,夏明的漫画与吴联荣、吴忠琴的漫画并非一模一样,不是举报贴中所称的"夏明原作的构图与吴忠琴同学(10 岁)创作发表的《待遇不同》高度雷同,表现形式完全一致",②因此排除前一侵权行为,但可能存在后一侵权行为。综上所述,吴联荣和吴忠琴要求保护的具体著作权只可能是署名权和修改权。

二、夏明完成漫画《进步与退步》并署名发表的行为是否侵犯吴联荣、吴忠琴对要求保护的漫画的署名权和修改权

在一般情况下,未经著作权人许可而使用其作品,应当支付报酬而未支付的,都构成侵权。但是,《著作权法》在保护作者的著作权不受侵犯的同时,为平衡作者与作品使用者、社会公众之间的利益,对著作权的行使作了一定的限制,即将某些使用行为不视为侵权行为,主要是指"合理使用"和"法定许可使用"。在判断行为人的行为是否侵权时,应该先考察其行为是否属于对著作权人行使著作权的合法限制。

(一)夏明完成漫画《进步与退步》并署名发表的行为是否构成"合理使用"或"法定许可使用"

"合理使用"是指在不侵犯著作权人依照本法享有的其他权利的情况下,以《著作权法》第 22 条所规定的方式使用作品可以不经著作权人许可,不向其支付报酬的行为;"法定许可使用"是指在不侵犯著作权人依照本法享有的其他权利的情况下,可以不经著作权人许可,以《著作权法》所规定的特别方式有偿使用他人已经发表的作品的行为。本事件中,夏明完成漫画《进步与退步》并署名发表的行为不属于"合理使用"或"法定许可使用"的情形。

(二)夏明的行为是否符合侵犯著作权行为的构成要件

根据通说,认定存在侵权行为通常需要考察是否符合 4 个构成要件:一是行

① 相关公众是指有机会接触被比较作品的普通人(区别于专业人员)。

② 2016 年 6 月 10 日晚 22 时,微博用户"农村娃画漫画"发帖称"2016 高考漫画涉嫌侵权",该微博用户认证为高邮市天山镇中心小学教师吴联荣。

为人实施了违法民事行为；二是存在损害事实；三是违法民事行为与损害事实之间存在因果关系；四是行为人主观上存在过错。具体到侵犯著作权行为的认定上，笔者则认为需要重点考察涉嫌侵权的作品是否具有独创性（包括独立性和创造性两个方面，缺一不可），若不具有独创性则构成侵权。独创性的认定往往从行为人在完成其“作品”之前或之时是否接触过著作权人的作品（以下简称“接触”）和行为人的“作品”与著作权人的作品是否构成侵权意义上的相似（以下简称“相似”）这两个要件入手。其中，“接触”的认定与独立性的认定有关，不构成“接触”则涉嫌侵权的作品具有（创造的）独立性；“相似”（包括“显著性相似”和“实质性相似”）的认定则与创造性的认定有关，不构成“相似”则涉嫌侵权的作品具有创造性。在具体操作中，笔者认为可以采用“接触加显著性相似”或“接触加实质性相似”的认定方法。一般需要先判断是否构成“接触”，再判断是否构成“相似”。因为假如行为人在完成其“作品”之前和之时均没有接触过著作权人的作品，那么即使行为人的“作品”与著作权人的作品构成侵权意义上的相似，两者也纯属巧合，行为人的行为不构成侵犯著作权。

1. 夏明完成漫画《进步与退步》之前或之时是否接触过吴联荣、吴忠琴所要求保护的漫画

关于“接触”的认定，一是著作权人可以通过证据直接证明存在“接触”事实。此类证据有：(1)关于行为人曾目睹过著作权人作品的陈述，且有在场证人的证言或现场监控录像为佐证；(2)关于行为人是熟人，曾亲手接触过著作权人作品纸质稿件的陈述，且有认定作品纸质稿件上遗留的指纹或生物检材与行为人具有同一性的鉴定书为佐证。二是鉴于“接触”行为通常具有私密性或抽象性，难以直接为他人所知晓，故应允许著作权人采用事实推定的方式来证明存在“接触”事实，由行为人来证明不存在“接触”事实。在报刊、网络等媒体发达、信息通畅的情况下，可用于推定存在“接触”事实的证据有：(1)著作权人与行为人是同行或竞争关系，且著作权人先于行为人在业内知名报刊上发表作品；(2)著作权人的作品与行为人的“作品”构成“显著性相似”（因为这足以令人产生行为人在完成其“作品”前曾“接触”过著作权人作品的合理怀疑）。可用于推翻该推定的证据有：(1)能证明行为人“作品”先于著作权人作品完成的底稿，必要时有底稿落款日期的笔迹鉴定为佐证；(2)行为人关于其独立创作“作品”的过程（尤

其是创作灵感的产生源于其独特经历或亲身体验)的陈述,必要时有证人证言为佐证。具体到本事件中,吴联荣和吴忠琴并没有提出能直接证明存在"接触"事实的证据,下面分别来看是否有证据推定夏明"接触"过吴联荣、吴忠琴要求保护的漫画。

2. 是否有证据推定夏明"接触"过吴联荣、吴忠琴要求保护的漫画

(1)夏明称他并没有找到自己创作《进步与退步》的底稿,因此创作时间记不太清楚,①可以确定的是该漫画是在原漫画《奖罚分明》(见图5)的基础上再创作的,内容更加丰满,由一个家庭的小孩换成了两个家庭的小孩。②《奖罚分明》曾于2002年9月1日发表于《成都晚报》,署名为夏明,内容为一学生左手拿一张50分的语文试卷,右手拿一张100分的数学试卷。其左脸上有一个巴掌,右脸则有一枚唇印。从漫画的内容、构图等要素来看,夏明的《进步与退步》确实有可能是由其《奖罚分明》修改而来的。夏明的《奖罚分明》发表时间为2002年9月1日,而吴联荣的《进步与退步》发表时间为2002年8月5日,后者比前者早发表了27天。而且后者发表于报刊《讽刺与幽默》,③而该刊创于1979年1月27日,至今已有37年历史,是《人民日报》漫画增刊,也是国内目前唯一一家以漫画为主要表现形式的报刊,可谓漫画界的著名报刊。作为业余漫画爱好者的吴联荣有合理的理由相信作为职业漫画家的夏明④知晓并且有机会接触该报刊。还需要注意的是,吴联荣与夏明的同名漫画《进步与退步》分别于2002年、2015年发表于该报刊。综上所述,足以推定存在"接触"事实,即推定夏明在完成《进步与退步》的原漫画《奖罚分明》之前或之时从《讽刺与幽默》上看到过吴联荣的作品。但是,夏明称"我的漫画(指《奖罚分明》——笔者注)是在10多年前创作

① 《高考作文漫画被指侵权——江苏一小学老师称被抄袭》,载 http://ah.anhuinews.com/system/2016/06/13/007381364.shtml,2016年6月13日最后访问。

② 老春:《小学教师指责"高考漫画"抄袭——原作者回应:很荒唐》,载《新安晚报》2016年6月13日,第A3版。

③ "百度百科"词条"讽刺与幽默",载 http://baike.baidu.com/link?url=5VNak5Ya4DPABqLZT-UNq24sWlB9eJBEva-dqXRyuapi-wXmAgBxqhG4U7HOWu1chk8-rmfZXNSJoPFvRYd9B5la,2016年7月2日最后访问。

④ "百度百科"词条"夏明",载 http://baike.baidu.com/link?url=eqAs_YJhAhGX5k3agp0C1MpB_JME1UssQm3_HTqTE6ug2_5U-zmINZhgOcnj0MzwfH6yOHAo9OxLSsXrdpfO9Y0LPPvRtpSMLibUh5Tu3Qxa,2016年7月2日最后访问。

的，和同事聊天，谈到孩子的教育问题，给了我灵感，于是创作了这幅漫画”。[①] 问题是夏明并没有提出让当年给了他创作灵感的同事作为证人佐证其当年独立创作的第一步——获得灵感的情况属实。所以，单凭夏明一人的陈述不足以推翻前述的推定事实。

(2)虽然吴忠琴在吴联荣指导下完成的漫画《待遇不同》发表于2003年9月5日，比夏明的漫画《奖罚分明》晚了1年，但是单凭这一点，并不足以推定存在“接触”事实。还需要看吴忠琴所要求保护的漫画与夏明的两幅漫画是否构成“显著性相似”。

3. 吴联荣、吴忠琴所要求保护的漫画与夏明的两幅漫画是否构成“显著性相似”或“实质性相似”

这应当从以下两个小问题进行分析：

一是判断作品是否构成“显著性相似”或“实质性相似”应考察作品的什么要素？

吴联荣在举报帖中提到：“夏明创作的漫画原作《进步与退步》在构图、立意等方面，均与吴联荣老师和他的学生吴忠琴创作发表的漫画《进步与退步》《待遇不同》高度雷同，作品标题、故事情节、表达观点明显一致。”然而，需要明确的是：著作权法保护的是作品对创造性思想的表达形式，并不保护单纯的创造性思想。

根据文艺创作的一般理论，作品是思想与表达形式的有机统一体，其创作要素有涉及思想领域的创作要素和涉及表达形式领域的创作要素之分。其中，涉及思想领域的创作要素主要包括：(1)题材，即表现作品主题思想的具体社会现象；(2)体裁，即表现创作思想内容的作品类型；(3)主题，即反映社会生活或客观现象所显示出来并贯穿于作品的中心思想。

涉及表达形式领域的创作要素主要包括：(1)名称，即蕴含特定信息或思想情感且具有创造性的作品标题；(2)角色，即作品塑造的具有个性特征的艺术形象，通常包括名称、外形、经典动作、个性语言等艺术要素；(3)故事内容，即展示事物、人物性格、表现人物相互关系的一系列事件发展过程；(4)结构，即作品关

① 《高考作文漫画被指侵权——江苏一小学老师称被抄袭》，载 http://ah.anhuinews.com/system/2016/06/13/007381364.shtml，2016年6月13日最后访问。

于组织材料、安排人物、处理情节等总体性的组织安排和基本框架。①

作为判断作品创造性的标准——"显著性相似"或"实质性相似"是判断作品是否侵犯他人著作权的根本依据,换言之,若涉嫌侵权的作品在表达形式上全部或部分复制了或修改自在先作品,则不构成具有创造性的新作品。因此,考察被比较作品是否构成"显著性相似"或"实质性相似"应该先过滤思想领域的创作要素,再从表达形式领域的创作要素入手考察。具体到本事件中,夏明的漫画与吴联荣、吴忠琴要求保护的漫画在题材上都是教育题材,在体裁上都是漫画作品,主题都是反应部分家长过于关注孩子"分数"的社会现实。这些相同之处都属于思想领域,在认定涉嫌侵权的作品是否具有创造性时应该先过滤出去,再考察作品的表达形式。

二是认定"显著性相似"或"实质性相似"是否有先后顺序?

笔者认为应先进行前者的认定,再进行后者的认定。理由如下:"显著性相似"是指被比较对象在表达方面只有形式上的细微差别,即从整体感觉上判断,被比较对象高度相同或几乎相同。如图1和图2所示的漫画,前者属于合理使用,不需经作者许可,是由命题人对夏明漫画《进步与退步》稍加修改而来,两者只在两个小孩的服装款式(包括颜色、花纹)和右边小孩的发型这些非关键要素存在差别。因此,图1和图2所示的漫画就属于"显著性相似"的作品。而"实质性相似"则是指在表达方面,尽管被比较对象的非关键要素不相同,但其关键要素是相同的,从而导致被比较对象在整体上构成实质性相似。其中,非关键要素通常包括服饰、发型、背景、物品摆设等,但具体还得根据作者在作品中的表达重点来判断是否关键;关键要素主要包括上文所提到的标题、角色、故事内容、结构等。可以说,"显著性相似"比"实质性相似"更趋近于"相同",而且前者侧重于整体判断,后者侧重于细节判断;前者侧重于形式判断,后者侧重于实质判断。因此,根据一般逻辑,应该先进行"显著性相似"的认定,再进行"实质性相似"的认定。

理解了上述内容,接下来就可以开始考察——

一是夏明的两幅漫画与吴联荣、吴忠琴要求保护的漫画是否存在"显著性相似"?

① 吴汉东:《试论"实质性相似+接触"的侵权认定规则》,载《法学》2015年第8期。

上文已提到从相关公众的一般注意力来看,夏明的漫画《进步与退步》与吴联荣、吴忠琴的漫画在表达形式上显然并非一模一样,也不仅仅是形式上的细微差别。夏明的该漫画除了与吴联荣的漫画在标题上一样、与吴忠琴的漫画在角色人数上一样之外,其他创作要素都不一样,因此排除其存在“显著性相似”。同理,夏明的漫画《奖罚分明》同样与吴联荣、吴忠琴要求保护的漫画不存在“显著性相似”。

二是夏明的两幅漫画与吴联荣、吴忠琴要求保护的漫画是否存在“实质性相似”?

先来比较夏明的漫画《进步与退步》与吴联荣要求保护的漫画:(1)在题目方面,两者均取名为《进步与退步》。然而,题目受字数和篇幅限制,一般而言并不能单独成为作品,在题目相同的情况下,还需考察其他要素。(2)在角色方面,前者设置了两个小孩角色,而后者设置了一个小孩角色和一对父母角色。(3)在故事方面,前者的故事内容为一个孩子考了100分,受到表扬,后来考了98分,结果被打了耳光;另一孩子考了55分,被打了耳光,第二次考了61分,却受到表扬。后者的故事内容为一名学生从70分逐渐进步到100分,不断受到家长表扬,最后因考了98分受到家长斥责。可以说前者叙事时采用了对比反差的表现手法,后者则采用了先循序递进后出现波折的表现手法。(4)在结构方面,前者划分为2个情节,而后者划分为4个情节,后者情节更为丰富。综上,从相关公众的一般注意力来判断,夏明的漫画《进步与退步》与吴联荣要求保护的漫画不构成“实质性相似”。同理,夏明的漫画《奖罚分明》与吴联荣要求保护的漫画同样不构成“实质性相似”。

再来比较夏明的漫画《进步与退步》与吴忠琴要求保护的漫画:(1)在题目方面,前者取名《进步与退步》,而后者取名《待遇不同》,两者题目表达的侧重点不同。(2)在角色方面,两者均设置了两个小孩角色。(3)在故事内容方面,后者的故事内容为考了100分的小孩受到表扬,考了50分的小孩则受到惩罚,明显比前者简单。(4)在结构方面,前者划分为两个情节,而后者只有一个情节,明显比前者简单。综上所述,从相关公众的一般注意力来判断,夏明的漫画《进步与退步》与吴忠琴要求保护的漫画不构成“实质性相似”。同理,夏明的漫画《奖罚分明》与吴忠琴要求保护的漫画同样不构成“实质性相似”。

通过对比判断,夏明的两幅漫画均具有独创性中的创造性,因此,夏明不可能侵犯吴联荣、吴忠琴就要求保护的漫画所享有的著作权(包括署名权和修改权)。判断至此,吴联荣和吴忠琴不再"维权"是正确的。

[原文发表于《法治社会》2016 年第 6 期]

他山之石

欧洲人权法院视野下的延长羁押审查及借鉴

何永福*

摘　要：延长羁押在本质上仍属羁押，只有在公共利益的特定要求超过保护个人自由的要求时，才具有正当性。欧洲人权法院根据《欧洲人权公约》第5条3款作出了一系列关于延长羁押的判决，形成了较为完善的审查方法。我国延长侦查羁押期限制度可以借鉴欧洲人权法院延长羁押的审查方法判决。

关键词：欧洲人权法院　延长羁押　借鉴

人身自由权是基本的人权。延长羁押在本质上仍属于羁押，剥夺犯罪嫌疑人或被告人的人身自由。为了保护犯罪嫌疑人或被告人的人身自由权，必须对羁押、延长羁押设定严格的适用条件，并采取相应措施，以防止恣意或不当剥夺公民的人身自由权。只有在公共利益的特定要求超过保护个人自由的要求时，延长羁押才具有正当性。《欧洲人权公约》(以下简称《公约》)第5条对人身自由的权利和保障作了明确规定，欧洲人权法院也根据该公约第5条第3款对公约缔约国的延长羁押案件进行审查，作出了一系列关于延长羁押的判决，形成了较为完善的审查方法。我国侦查阶段延长侦查羁押期限的规定过于原则，审查判断方法缺乏可操作性，不利于保护被羁押人的权利，应借鉴欧洲人权法院关于延长羁押的审查方法来完善我国的延长侦查羁押期限制度。

一、欧洲人权法院关于延长羁押的审查方法

为了避免公约成员国国家恣意地剥夺嫌疑人的人身自由，《公约》第5条对

* 何永福：珠海市人民检察院检察官。

羁押进行详细的规定。其中第1款第(3)项对逮捕作出了规定,第3款对羁押审查作出了规定。《公约》第5条第3款规定,依照本条第1款第(3)项的规定而被逮捕或者拘留的任何人,应当立即送交法官或者是其他经法律授权行使司法权的官员,并应当在合理的时间内进行审理或者在审理前予以释放。释放应当以担保出庭候审为条件,其目的是确保对警察的羁押迅速地、自动地进行司法审查,以确保羁押符合本条第1款第(3)项的规定。在羁押的开始阶段被羁押人容易受到虐待,对羁押进行司法审查可以及时发现虐待现象,减少对被羁押人人身自由的不当干预。虽然上述规定并没有明确提及延长羁押,但欧洲人权法院在案件审查中运用《公约》第5条第3款对《公约》各缔约国延长羁押的实践进行审查,作出了一系列关于延长羁押的判决,形成了"先审查逮捕理由、后审查延长羁押理由、再审查执法机关实施侦查活动的积极性"的审查方法,为《公约》缔约国关于延长羁押的审判实践提供了有效指引,提升了公约缔约国的人权保障水平。

(一)延长羁押的审查主体为司法官员

根据《公约》第5条第3款的规定,延长羁押的审查主体为法官或者是其他经法律授权行使司法权的官员。从字面意义来看,对法官的理解基本达成共识,不需要太多的解释;但对于"其他经法律授权行使司法权的官员"的理解可能会存在较大的争议,为避免争议,欧洲人权法院随后通过判例明确了其含义:一是其他经法律授权行使司法权的官员须独立于行政和当事人,不能成为诉讼的一方当事人。虽然欧洲人权法院曾认为其他经法律授权行使司法权的官员包括检察官,但在后来的裁判中明确指出若在随后的诉讼程序中进行延长羁押审查的检察官可能对该案履行公诉职能时,该检察官就不具有独立性或公正性,不是其他经法律授权行使司法权的官员。二是命令释放权。其他经法律授权行使司法权的官员必须亲自听取来自当事人的申诉,并根据法律规定来决定羁押是否具有正当性。在羁押不具有正当性的情况下,其他经法律授权行使司法权的官员须有权作出具有拘束力的释放被羁押人的命令。

(二)延长羁押审查步骤及其标准

欧洲人权法院通过判例构建了具体审查步骤:首先审查逮捕是否有理由,其判断标准为合理怀疑;其次审查延长羁押理由是否合理,判断标准为相关性和充分性;最后审查执法机关是否履行了勤勉义务,判断标准为执法机关是否及时实施了相关诉讼行为。

1. 审查逮捕是否达到合理怀疑的标准。《公约》第 5 条第 1 款第(3)项规定,如果有理由足以怀疑某人实施了犯罪行为或者如果合理地认为有必要防止某人犯罪或者是在某人犯罪后防止其脱逃,为了将其送交有关的法律当局而对其实施的合法的逮捕或者拘留。可见初次羁押理由为合理怀疑,只有存在合理怀疑的情况下,才有可能对嫌疑人实施羁押,若没有达到这个标准,则羁押没有适用的余地。在 2013 年欧洲人权法院作出的索平(Sopin)诉俄罗斯[①]判决中,欧洲人权法院重申坚持逮捕犯罪嫌疑人或被告人的合理怀疑标准是合法延长羁押犯罪嫌疑人或被告人的前提。

2. 审查延长羁押理由是否合理,重点审查延长羁押是否具有相关且充足的理由。欧洲人权法院认为随着时间流逝,逮捕的合理性不足以支撑延长羁押的合理性,各缔约国当局必须以其他的理由来支撑羁押的正当性。如果这些理由具有相关性和充分性,欧洲人权法院还要审查各成员国是否履行积极推进诉讼程序的义务。[②] 随着时间的流逝,在犯罪嫌疑与羁押之间的联结减弱后,欧洲人权法院详细且相关严格地对延长羁押的理由如嫌疑人是否有逃跑、干扰证人、毁灭证据、再犯的可能性及侵犯其他公众利益的危险等方面进行审查,以确定延长羁押理由是否达到相关性和充分性的要求。[③]

第一个理由是逃跑危险。逃跑危险是毫无争议的延长羁押的正当事由之一。确保犯罪嫌疑人或被告人到庭对诉讼的进行具有十分重要的意义,不仅可以保障犯罪嫌疑人的自我辩护权,而且是判决具有正当性的条件之一。同时根据公正审判的要求,犯罪嫌疑人或被告人也须到庭接受审判。《公约》第 5 条第 1 款第(3)项规定的主要目的就是确保犯罪嫌疑人或被告人出庭。逃跑危险主要考量犯罪嫌疑人或被告人被指控罪行的严重程度和包括犯罪嫌疑人或被告个人的人格因素、道德观念、家庭情形、财产状况及被告与受调查所在国的相关联结因素等在内的相关因素。在 2013 年欧洲人权法院作出的索平诉俄罗斯判决中,索平因涉嫌严重欺诈犯罪于 2010 年 5 月 11 日被逮捕,2010 年 5 月 11 日被法院

---

① Sopin v. Russia, No. 57319/10(2013).

② Labita v. Italy, No. 26772/95(2000).

③ StefanTrechsel, *human rights in criminal proceedings*, London: Oxford University press, 2005, p. 522.

裁定予以羁押。后来侦查机关5次申请延长羁押索平至2011年9月11日,法院均裁定延长羁押索平。其中延长羁押的理由之一就是索平具有逃跑危险。俄罗斯侦查机关认为根据指控的罪行严重性及索平的个性,索平具有逃跑、妨碍司法、干扰证人的可能。在审查延长羁押的理由时,欧洲人权法院认为俄罗斯当局已提供了3个不予释放的正当理由:一是申请人有重大嫌疑犯下被指控的罪行;二是被指控罪行严重;三是申请人可能逃跑,妨碍司法。欧洲人权法院确认了逮捕犯罪嫌疑人时已达到合理怀疑的标准,并且合理怀疑在本案中一直存在。同时,欧洲人权法院还认定本案中申请人被指控的犯罪具有严重性,极有可能被判处严重刑罚,但欧洲人权法院一再申明刑罚的严重性只是评价逃跑或再犯风险的一个相关因素,不能仅凭可能判处严重刑罚就认定有逃跑的危险。在本案中,俄罗斯法院依据申请人有旅行护照及永久居住在国外的亲属、经常去国外旅行、雄厚的经济基础等事实,认定申请人有逃跑的危险。欧洲人权法院认为这些事实中单个事实不足以正当化对申请人的延长羁押,但综合所有因素认为俄罗斯法院裁定申请人有逃跑的危险是正确的。在1993年欧洲人权法院作出的W诉瑞士①判决中,申诉人将居住地从瑞士迁往摩纳哥的蒙特卡洛,并经常去德国、英国、美国和安圭拉岛,同上述国家已建立许多紧密的联系,申请人在多个场合提出要定居美国,在外国存有相当多的资金,且拥有几本护照,容易隐藏在外国,因此欧洲人权法院认为申请人具有逃跑的危险。

第二个理由是毁灭、伪造变造证据与串供。毁灭、伪造变造证据与串供所指主要有两方面:第一,对证人的干扰;第二,对实物证据的毁损。至于串供风险,其实是对证人干扰的特别形态;但是基于串供的特殊性,尤其是共犯之间的串供,和一般被告对于单纯证人的影响有所区别。欧洲人权法院指出:在长时间羁押后,随着时间的经过,侦查结果逐渐完备,证人的供述以及证据逐渐齐全,串供的风险不足以认定具有延长羁押的必要性。② 侦查的需要不能单独作为延长羁押的理由。毁灭、伪造变造证据与串供的行为必须有证据加以证明。在1998年

---

① W v. Switzerland, No. 14379/88(1993).

② 颜厥安、林钰雄主编:《人权之跨国性司法实践——欧洲人权裁判研究(四)》,国立台湾大学人文社会高等研究院2012年版,第85~126页。

欧洲人权法院作出的I. A.诉法国[①]判决中,申请人在他的房子里实施夜盗犯罪,而这会导致他毁灭涉嫌谋杀他妻子的证据。但欧洲人权法院认为犯罪嫌疑人在实施夜盗犯罪时,大部分的证据已经收集完成了,且侦查法官也于1994年10月24日命令解封了申请人的房子,因此本案不存在毁灭证据的风险。在1998年欧洲人权法院作出的康塔达(Contrada)诉意大利[②]判决中,申请人是一名高级警官,被控帮助和支持黑手党。指控的主要依据是几名前黑手党成员向检察官所作的证言,指证申请人利用职务帮助黑手党。意大利政府需要取得更多证人的证言以补强上述黑手党成员的证言。因该案的证据主要为证人证言,且部分证人是申请人的朋友和同事,欧洲人权法院认为申请人具有篡改证据的危险。

第三个理由是再犯的风险。以再犯风险为由羁押,在性质上是与案件侦查无关的预防性羁押,因而对以再犯为由进行的羁押是否具有合法性存在争议。同时,再犯风险只是意味着行为人可能会再次犯罪,但行为人实际上并没有实行新的犯罪,因而可能会与无罪推定相冲突。在审查犯罪嫌疑人是否具有再犯的风险时,应考虑犯罪嫌疑人过去的历史和性格。犯罪嫌疑人过去犯罪的记录只是犯罪嫌疑人具有实施新的犯罪倾向的合理理由,并不是羁押嫌疑人的正当理由。应审查犯罪嫌疑人的犯罪前科在性质或严重性上与被指控罪行的相似性,如果两者相类似,则可认定犯罪嫌疑人具有再犯的风险,犯罪嫌疑人没有工作或家庭的情况不能推论出其具有实施新的犯罪的倾向。在1998年欧洲人权法院作出的阿塞诺夫(Assenov)诉保加利亚[③]判决中,申请人被指控涉嫌16起以上的抢劫和夜盗案,甚至在侦查程序开始后被告仍然涉嫌继续作案。欧洲人权法院认为,保加利亚担心被告释放后可能再犯罪并非不合理。在1991年欧洲人权法院作出的克罗斯(Clooth)诉比利时[④]判决中,申请人被控纵火罪和谋杀罪。申请人犯罪前科为加重盗窃罪。欧洲人权法院认为犯罪嫌疑人的犯罪前科与被指控的罪行之间无论在性质上还是在罪行的严重性上都不具有可比性,不能据犯罪前科认定犯罪嫌疑人具有再犯的危险。

---

① I. A. v. France, No. 28213/95(1998).

② Contrada v. Italy, No. 27143/95(1998).

③ Assenov v. Bulgaria, No. 24760/94(1998).

④ Clooth v. Belgium, No. 12718/87(1991).

第四个理由是保护公共秩序。欧洲人权法院已经接受犯罪严重性与公众对犯罪的不安反应可以成为审前羁押的合理理由，但这只是在例外的情况才适用。如果公共秩序仍然受到实际的威胁且延长羁押不是用于预测羁押性判决时，延长羁押将是合法的。有证据证明释放犯罪嫌疑人将实际上引起社会秩序混乱时，才能认定保护公共秩序的延长羁押理由相关且充足。在1992年欧洲人权法院作出的托马西(Tomasi)诉法国①判决中，申请人被指控参与一个著名的恐怖组织实施的不同犯罪，欧洲人权法院尽管愿意接受在开始时该案威胁公共秩序，但认为随着时间的推移这个威胁将会消失，此外申请人的心理状态也是需要考虑的因素，在本案基于申请人的精神状态和受害人的易受害程度的理由裁定法国对申请人进行羁押没有违反公约。

第五个理由是保护申请人。欧洲人权法院认为在某些案件中至少一定时间内保护侦查阶段犯罪嫌疑人的人身安全可以作为延长羁押的理由。在有限的时间内，为防止被羁押人自杀，延长羁押被羁押人是必要的。②

3. 审查执法机关是否履行了勤勉义务，判断标准为执法机关是否及时实施了相关诉讼行为。如果延长羁押的案件符合前两项的要求，那么欧洲人权法院就将审查重点转向缔约国当局的侦查行为，特别是审查侦查行为有无不合理的迟延。缔约国当局有义务在合理时间内推进申请人的案件。欧洲人权法院对于合理时间主要从两个方面进行审查：首先是计算期间的长短，其次是判断期间的合理性。至于如何判断执法机关是否及时实施了相应的诉讼行为，欧洲人权法院认为原则上要根据每个案件的具体情况来决定，而无法给出一个必定违反公约的期间。

首先是期间的计算。羁押的开始时间为嫌疑人被逮捕时，结果时间为嫌疑人被释放或定罪时。根据欧洲人权法院的判例，羁押期间结束时间为第一次有罪判决作出时，即使被定罪之人可以根据内国法的规定提起上诉使第一次判决效力不具有终局效力。其理由为：一是第一次有罪判决作出后申请人被判决有罪且符合《公约》第6条的规定；二是羁押明显附随于定罪，即定罪与剥夺自由之

---

① Tomasi v. France, No. 12850/87(1992).

② Stefan Trechsel, *human rights in criminal proceedings*, London: Oxford University press, 2005, p. 527.

间存在因果联系;三是第一次定罪后的羁押的目的并不是将申请人带到适合的司法官面前;四是并不是基于《公约》第5条第1款的规定不可能逮捕嫌疑人;五是将第一次有罪判决后的羁押视为羁押,由于内国对此规定不尽相同,容易在内国引起混乱。①

其次是合理期间的判断。缔约国当局要确保在特定案件中对被指控人的审前羁押不能超过合理的时间。而这必须根据所有情况进行综合审查,主要审查案件侦查的复杂性、共犯的人数、国际因素、法律问题的性质及复杂性、被告的行为。复杂的案件可以为延长羁押提供正当化的基础。在决定羁押的期间和案件的复杂性时,欧洲人权法院考虑下列因素:案件文件的大小、证据的数量、调查的范围、咨询专家证人的时间、证人的数量等。② 案件越复杂,审前羁押的期限就越长,申请延长羁押就更具有正当性。

最后是审查延长羁押期间是否可归责于申请人。虽然申请人没有义务进行自我归罪,有权使用缔约国国内法规定的所有救济手段和上诉,但在某种程度上只要申请人不正当地行使了救济权,申请人必须接受不可避免的迟延。在许多案件中,欧洲人权法院认为羁押期间的延长可归责于申请人,因而判决案件没有违反公约。在1993欧洲人权法院作出的W诉瑞士判决中,欧洲人权法院认为调查的缓慢进行归责于申请人:重建申请人的公司、账户资料、财务特别困难,并且当申请人拒绝陈述时显得更加困难,因而导致案件的进程较慢。可归责于国家机关的事由不能作为延长羁押的正当理由。欧洲人权法院认为案件过多或人员短缺的问题并不是延长羁押的正当理由,缔约国当局有义务去组织各自的司法系统以应对公约关于快速审判的要求。虽然欧洲人权法院无法给出一个必定违反公约的期间,但从1968年7月27日的温霍夫(Wemhoff)案一直到2008年4月15日前的裁判来看(见表1),羁押期间事实上也影响了欧洲人权法院的裁判结果。

---

① Stefan Trechsel, *human rights in criminal proceedings*, London: Oxford University press, 2005, p. 519.

② Ibid..

表1 欧洲人权法院1968～2008年的裁判结果①

羁押期间	不满1年	1～2年	2～3年	3～4年	4～5年	5～6年	6年以上
总案件数	21	24	53	33	23	13	14
违反公约数	17	20	44	31	22	12	14
符合公约数	4	4	9	2	1	1	0

根据表1,羁押期间不满1年的案件违反公约比例为80.95%;羁押期间1年以上未满2年的案件违反公约比例为83.33%;羁押期间2年以上未满3年的案件违反公约比例为83.02%;羁押期间3年以上未满4年的案件违反公约比例为93.94%;羁押期间4年以上未满5年的案件违反公约比例为95.65%;羁押期间5年以上未满6年的案件违反公约比例为92.31%;羁押期间6年以上的案件违反公约比例为100%。通过以上分析可以看出,欧洲人权法院在羁押期间的审查上,羁押期间越长,宣告违反公约的比率就越高,羁押期间的长度和人权法院宣告违反公约的结果呈现正面显著相关。

(三)延长羁押的证明责任

欧洲人权法院认为缔约国当局应履行提出延长羁押理由的责任,并证明其理由具有相关性、充分性。如果将证明延长羁押的责任转移给被羁押人将违反公约第5条的规定。在2001年欧洲人权法院作出的利贾科夫(Ilijkov)诉保加利亚②判决中,欧洲人权法院认定保加利亚要求申请人承担证明存在应当释放的例外情形,因此裁决保加利亚违反公约。

(四)延长羁押的审查方式

基于不信任警察和无法确保嫌疑人真正地自愿性放弃面见法官的原因,在延长羁押时法官必须会见被羁押人。如果犯罪嫌疑人住院了,法官也可以去嫌疑人被羁押的地方会见犯罪嫌疑人。同时,申请羁押方和被羁押人可以在法官或其他经法律授权行使司法权的官员面前各自陈述支持或反对延长羁押的理

① 颜厥安、林钰雄主编:《人权之跨国性司法实践——欧洲人权裁判研究(四)》,国立台湾大学人文社会高等研究院2012年版,第85～126页。

② Ilijkov v. Bulgaria, No. 33977/96(2001).

由,法官或其他经法律授权行使司法权的官员必须根据法律规定的标准审查延长羁押是否具有正当性。如果法官或其他经法律授权行使司法权的官员裁决需要延长羁押,法官或其他经法律授权行使司法权的官员则必须给出作出裁决的合理理由,以便被羁押人可以利用公约规定的程序对裁决进行有效地申诉。在审查过程中,被羁押人享有律师帮助权、获得之前的信息权。可见,欧洲人权关于延长羁押的审查程序为对抗式的程序。

二、欧洲人权法院关于延长羁押审查方法的借鉴意义

(一)我国延长侦查羁押期限审查的现状

我国《刑事诉讼法》第154条、第156条、第157条对延长侦查羁押期限有明确的规定。《刑事诉讼法》第154条规定第一次捕后延长侦查羁押期限的条件为案情复杂。第156条规定第二次延长捕后侦查羁押期限的条件为,交通十分不便的边远地区的重大复杂案件;重大的犯罪集团案件;流窜作案的重大复杂案件;犯罪涉及面广,取证困难的重大复杂案件。第157条规定第三次捕后延长侦查羁押期限的条件为犯罪嫌疑人可能判处10年有期徒刑以上刑罚。《人民检察院刑事诉讼规则(试行)》第274~279条对捕后延长侦查羁押期限审查作出了规定,第274~276条规定检察机关自侦案件捕后延长侦查羁押期限的条件与《刑事诉讼法》规定的条件相同,第278条、第279条对侦查机关提起捕后延长羁押期限的时间、需要提交的材料、审查部门及审查程序作出规定。侦查机关应在侦查羁押期限届满7日前,向同级人民检察院移送延长侦查羁押期限意见书,写明案件的主要案情和延长侦查羁押期限的具体理由。对捕后延长羁押期限的审查部门为检察机关的侦查监督部门,侦查监督部门对延长侦查羁押期限的意见审查后,提出是否同意延长侦查羁押期限意见报检察长决定。

不少地方检察机关结合捕后延长侦查羁押期限的工作实际,或单独或与侦查机关一起制定了关于延长侦查羁押期限案件的规定,为捕后延长侦查羁押期限审查工作提供详细的指引。① 上述规定主要对复杂案件、侦查机关应提供的资料及要求、检察机关侦查监督部门审查重点进行了细化。如内蒙古自治区人民

---

① 毕敏:《办理延长羁押期限案件的调查思考》,载《人民检察》2011年第15期。

检察院《关于办理延长侦查羁押期限和重新计算侦查羁押期限案件的规定(试行)》第6条规定,“案件复杂、期限届满不能终结的案件”主要是指下列案件:(1)涉案犯罪嫌疑人在3人以上或者同案犯在逃的共同犯罪案件;(2)一名犯罪嫌疑人涉嫌多起犯罪或者多个犯罪的;(3)案件定性争议大,在适用法律上确有疑难的;(4)涉外案件需要境外证的;(5)与大要案有牵连,且影响大要案处理,大要案尚未终结的案件;(6)本规定第7条规定的4类案件(交通十分不便的边远地区的重大复杂案件;重大的犯罪集团案件;流窜作案的重大复杂案件;犯罪涉及面广,取证困难的重大复杂案件)。第14条规定,侦查机关制作的《侦查报告》、侦查部门制作的《提请批准延长侦查羁押期限意见书》应当写明犯罪嫌疑人基本情况、案由、采取强制措施的具体时间、主要案件、下一步的侦查工作案排、犯罪嫌疑人符合羁押条件、继续羁押必要性的说明及延长侦查羁押期限的理由、法律依据、起止时间。广东人民检察院、广东省公安厅、海关总署广东分署《关于办理延长侦查羁押期限案件若干问题的规定(试行)》第4条规定,《提请批准延长侦查羁押期限意见书》的内容应包括提请批准延长侦查羁押期限的法律依据和事实依据,犯罪嫌疑人有继续羁押必要的具体理由,犯罪嫌疑人具有社会危险性情况,在侦查羁押期限内的侦查工作进展情况,查明的案件事实及收集的证据、需要进一步查明的事实和解决的问题、下一步主要侦查工作计划等。第6条规定,各级人民检察院办理移送提请审查延长侦查羁押期限案件,应当进行全面、实质性审查,重点审查以下内容:(1)原逮捕决定是否正确;(2)犯罪嫌疑人是否有继续羁押的必要性;(3)提请延长侦查羁押期限理由是否符合法律规定;(4)侦查活动是否存在违法行为;(5)其他需要审查的内容。

从各地的实践来看,侦查机关提请捕后延长羁押期限案件的主要理由有追捕同案犯、寻找被害人、查证复杂等,捕后延长羁押期限案件批准延长侦查期限率极高,几乎达到100%。“2008年至2010年,湖北省检察机关共审查延押5766人,经审查后批准延押5751人,不批准延押15人”,[①]批准延押率为99.74%。“笔者对LC市2009年至2011年办理的延押案件进行了调研……3年来,‘一延

① 崔兆强:《延押案件司法审查机制缺失与重构》,载《中国检察官》2013年第3期。

案件'延押批准率为92%,'二延案件'延押批准率达100%。"[①]笔者在广东省A市检察院调研发现,2013年延押批准率为100%,2014年延押批准率91.67%,没有批准延长羁押期限的案件有12件,没有批准的主要原因为案件不符合逮捕条件。

(二)我国捕后延长侦查羁押期限审查制度存在的问题

虽然侦查机关提请捕后延长羁押期限案件占逮捕案件的少部分,但我国逮捕的总体质量不高,批准延押率过高,这说明实践中捕后延长羁押期限制度没有发挥应有的作用。对照欧洲人权法院延长羁押审查的实践,可以发现我国批准延押率过高的原因在于我国捕后延长侦查羁押期限的相关制度不够完善,致使检察机关侦查监督部门审查人员仅对捕后延长侦查羁押期限案件进行形式审查,使捕后延长侦查羁押期限案件的审查流于形式,只是侦查机关的"橡皮图章"。捕后延长侦查羁押期限审查规定不仅过于原则,而且存在不少漏洞,没有为被羁押人提供足够的程序保障,检察机关难以进行有效审查。具体来说捕后延长侦查羁押期限制度主要存在以下问题:

1. 审查标准过于抽象,审查步骤单一

无论是《刑事诉讼法》,还是《人民检察院刑事诉讼规则(试行)》都没有对延长羁押的审查标准进行规定,有些地方检察机关的规定虽然规定了延长羁押审查内容,但还是过于抽象,效力也有限,无法为延长羁押的审查提供强有力的指引。与欧洲人权法院延长羁押审查实践相比,我国延长羁押审查步骤较为单一,没有对逮捕的五种社会危险性证据等作出规定,缺乏对侦查机关履行侦查义务等情况进行严格审查的规定,导致不少检察机关的审查人员无法准备把握延长羁押期限的审查标准,致使羁押必要性的审查流于形式,无法起到保障人权的作用。

2. 缺乏对证明责任和证明标准的规定

虽然现有法律、法规、规定要求侦查机关向检察机关移送《延长侦查羁押期限意见书》,但都没有对延长侦查羁押期限案件的证明责任作出规定,也没有对证明标准作出规定。在实践中,侦查机关也只是向检察机关提供相关书面材料,

① 何永福:《制度供需失衡与低质量的高逮捕率再生产》,载《中国刑事法杂志》2015年第3期。

且大部分案件没有严格按规定提供犯罪嫌疑人有延长羁押情形的证据，更不用说履行说服责任了。

3. 延长羁押审查程序行政化、书面化

现行延长羁押审查程序为行政审批模式，侦查监督部门承办人对案件审查后，提出是否批准延押的意见报侦查监督部门负责人、主管副检察长或检察长批准。这种行政审批程序中侦查监督部门承办人基本上不会见被羁押人，也不会听取被羁押人律师的意见。由于被羁押人处于被羁押状态，无法获知逮捕的理由、延长羁押的理由，被羁押人的辩护律师也没有阅卷权，即使有机会在延长羁押审查程序中提出自己的意见，被羁押人及其辩护律师也无法提出有效反对延长羁押的理由。

现行延长羁押审查主要依据侦查机关提供的材料，而侦查机关在提请延长侦查羁押期限往往提供的材料较少，除提请延长侦查羁押期限意见书外，只有少量的侦查机关在前一次羁押期限内获取的证据。作出批准逮捕决定的检察机关还会向延长侦查羁押审查机关的上级检察机关提供书面的审查逮捕意见书。仅凭上述材料，侦查监督部门难以也无法对捕后延长侦查羁押期限进行实质审查，难以判断案件是否符合逮捕条件、是否符合延长羁押条件。

（三）我国捕后延长侦查羁押期限审查制度的完善

针对目前捕后延长侦查羁押期限审查制度存在的问题，我国有必要借鉴欧洲人权法院审查延长羁押的经验，采取相应措施完善我国捕后延长侦查羁押期限审查制度，以期充分发挥该制度的应有功能，实现立法的目的。

1. 细化审查步骤及审查标准

为了增强可操作性，为实务提供明确的指引，必须进一步细化审查步骤及审查标准。可以借鉴欧洲人权法院关于延长羁押审查的实践经验，建立详细审查步骤及明确的审查标准。首先审查先前逮捕是否有合法，其判断标准为逮捕是否符合证据条件、刑罚条件和社会危险性条件。如果经审查认为逮捕符合证据条件、刑罚条件和社会危险性条件，则进行下一步的审查；若审查认为逮捕不符合上述3个条件，则没有羁押被羁押人的必要，检察机关应作出不批准延长羁押的决定。其次审查延长羁押理由是否合理，判断标准为相关性和充足性。延长羁押理由必须有相关的事实和证据来支撑，检察机关应从嫌疑人是否有逃跑、干扰证人、毁灭证据、再犯的可能性及侵犯其他公众利益的危险等方面进行严格审查,以确定其理由是否达到相关性和充足性的要求,如逃跑危险主要审查嫌疑人被指控罪行的严重程度、人格因素、道德观念、家庭情形、财产状况及被告与案发地的相关联结因素等在内相关因素。若延长羁押的理由没有达到相关且充足的要求,则应作出不批准延长羁押的决定。最后可以借鉴欧洲人权法院关于羁押合理期间的审查经验,对羁押的期间进行审查,若羁押期间不合理且这种情况不可归责于被羁押人,则应作出不批准延长羁押的决定。

2. 明确延长羁押的证明责任和证明标准

首先要明确提请延长侦查羁押期限的侦查机关应承担证明责任。侦查机关作为申请延长羁押的机关有义务提供证据证明继续羁押犯罪嫌疑人具有合理性,且侦查机关在侦查阶段掌握了被羁押人的涉嫌犯罪事实、个人情况等信息,有能力提供相关信息。被羁押人基于无罪推定等规定,没有义务证明其不符合延长羁押的条件。被羁押人可以向检察机关提供相关材料对维持或延长羁押的理由进行反驳,但这并不表示被羁押人承担证明责任。检察机关在特殊情况下需要对一些事实进行调查,这只是检察机关基于发现真实的要求承担的调查澄清义务,并不涉及证明责任的问题。其次明确以相当理由作延长羁押的证明标准。由于延长羁押的认定不涉及犯罪嫌疑人之罪责与刑罚范围问题,可将自由证明方式作为延长羁押的证明方式,并以相当理由作为延长羁押的证明标准。

3. 完善延长羁押审查程序

由于羁押剥夺被羁押人的人身自由,干预性强,因此其审查方式也应严密。应将目前行政化、书面化的延长羁押审查程序改为对席辩论的听证审查方式,检察官听取侦查机关和被羁押人的意见后作出是否批准延长侦查羁押期限的决定。侦查机关必须在听证中提供延长羁押的合理理由,被羁押人可以反驳侦查机关的理由。同时,侦查机关应将与延长羁押有关的证据在听证前主动开示给被羁押人或其委托的律师,或检察机关在收到侦查机关提供的延长羁押的材料后可以将材料复印件提供给被羁押人或其委托的律师,或由被羁押人或其委托的律师阅卷,让被羁押人或其律师了解侦查机关掌握的信息,进而有针对性地提出有效的反对延长羁押的意见,以提升被羁押人的程序参与度,提高被羁押人对羁押决定的接受度。同时,检察机关在决定继续或延长羁押时也应向被羁押人说明作出决定的合理理由。

[原文发表于《天中学刊》2016 年第 2 期]

我国澳门特别行政区服刑人员未成年子女救助探析

——兼谈对内地的借鉴*

郭瑞霞**

摘　要：我国澳门特别行政区(以下简称澳门)开埠四百余年，中西文化交融共存，共同促成了澳门服刑人员未成年子女救助两大理念："权利平等""国家亲权"。这两大理念贯穿于澳门《民法典》《家庭政策纲要法》等法律法规法令中，并推动形成了澳门独特的服刑人员未成年子女救助的主体与内容。探析借鉴澳门服刑人员未成年子女救助经验，对推动和促进我国内地服刑人员未成年子女救助工作，具有重要意义。

关键词：服刑人员　未成年子女　权利平等　国家亲权

探讨澳门服刑人员未成年子女救助，对于更加深入地了解澳门司法与社会救助，更好地总结澳门在服刑人员未成年子女救助方面的经验，并以此促进和推动内地服刑人员未成年子女救助工作，具有重要意义。

一、澳门服刑人员未成年人子女救助理念

澳门开埠四百余年，中西文化交融共存，各种服刑人员未成年子女救助理念长期共存、和谐相处。华人社会传统的"幼吾幼以及人之幼"①及"慈幼""幼有所长"②观点，佛教宣扬的"普度众生、众生平等"思想，基督教和天主教宣传的"爱

---

* 本文系中国社会福利基金会资助课题《服刑人员未成年子女救助探索》阶段性成果之一。

** 郭瑞霞：广东省珠海市人民检察院助理检察员。

① 鲁国尧、马智强注评：《〈孟子〉注评》，凤凰出版社2006年版，第10页。

② 张鸿巍：《儿童福利法论》，中国民主法制出版社2012年版，第47页。

人如己”博爱观等,共同促成了澳门服刑人员未成年人子女救助两大核心理念:“权利平等”“国家亲权”。“权利平等”是指每一个服刑人员未成年子女均有权享有被照顾、协助和保护的权利,不因其父母或法定监护人的过错与身份特征而遭受一切形式的歧视或惩罚。[①]“国家亲权”又称“终极父母”“国家父母”,是指作为主权者,国家应竭尽所能向无法照管自身的公民提供保护,[②]在本文中,是指由于父母或法定监护人处于服刑状态而导致其未成年子女在事实上处于缺乏照管与监护状态的,澳门政府应当承担起“家长”的责任,向这些未成年子女提供必要的照顾与保护。

二、澳门服刑人员未成年人子女救助法律渊源

澳门没有专门的“服刑人员未成年子女救助”法律法规或者法令,相关规定主要散见于澳门《民法典》《家庭政策纲要法》《剥夺自由处分之执行制度》《重组澳门社会工作司,将预防及治疗药物依赖办公室纳入其中——若干废止》(以下简称《重组澳门社会工作司》)等以及澳门签署通过的联合国《儿童权利公约》。[③]上述法律法规法令及国际公约,虽规定分散,却互为补充,共同构成了澳门服刑人员未成年子女救助体系框架。

澳门《民法典》首先明确了未成年人的范围,即18周岁以下的任何人,[④]其次以专章节的形式,详细规定了“在事实上丧失亲权监护”如服刑人员未成年人子女的各种救助措施;《家庭政策纲要法》主要规定了行政当局在保护服刑人员未成年子女方面的义务;《剥夺自由处分之执行制度》主要针对女囚犯3岁以下未成年子女规定了一系列救助措施;《重组澳门社会工作司》明确了澳门社会工作司乃社会援助的官方工作机构,而特殊家庭(如服刑人员家庭)之未成年人子女正是其重点援助对象之一;联合国《儿童权利公约》主要从原则上指明了“服刑人员未成年子女”享有同其他任何未成年人同等的被照料和被协助权利。

---

① 澳门签署通过的联合国《儿童权利公约》、澳门《民法典》、澳门《家庭政策纲要法》等,载 http://www.macaulaw.gov.mo/cn/index2.asp,2014年5月25日最后访问。

② 张鸿巍:《儿童福利法论》,中国民主法制出版社2012年版,第88页。

③ 本文中,涉及上述澳门法律法规法令的资料均来源于澳门法律网,网址:http://www.macaulaw.gov.mo/cn/index2.asp,访问日期:2014年5月25日~6月17日。

④ 参见澳门《民法典》第111条的规定。

三、澳门服刑人员未成年子女救助主体

(一)澳门服刑人员未成年子女官方救助主体

根据《重组澳门社会工作司》的规定,澳门服刑人员未成年子女救助的官方主体为社会工作司(现改名为社会工作局)。社会工作局主要是通过提供经济、物质援助以及个案辅导等工作,来帮助问题家庭及青少年(如服刑人员家庭及其未成年子女)。而这一救助责任主要分配在社会工作局下属的家庭暨社区服务厅和社会互助厅两部门。家庭暨社区服务厅主要是向家庭及个人提供庇护,例如,由于父母处于服刑状态而导致的未成年人所处家庭经济困难的,为其提供必要的资金、物质援助以助其摆脱困境。家庭暨社区服务厅的具体服务工作,主要是通过分布在澳门各个区的社会工作中心和家庭辅导办公室来落实。社会互助厅内部专设儿童暨青年服务处,负责对未成年人的帮扶和救助,并为家庭援助工作提供必要的合作等,如为需受援助的服刑人员未成年子女开展评估并制定帮扶方案和计划。[①] 这样一个分工明确又相互配合的救助主体机构(见图1),确保了服刑人员未成年子女能得到及时以及切实的照顾与扶助。

(二)澳门服刑人员未成年子女救助的非政府组织(NGO)

联合国新闻部将非政府组织(Non—governmental Organization,NGO)界定为“非营利性的公民自愿组织,它们提供各种各样的服务和发挥人道主义作用”。[②] 澳门政府历来重视发挥社会力量,推动及资助非营利民间志愿机构协助主理救助服务,以最大化救助诸如服刑人员未成年人子女之类的特殊家庭及群体。澳门社会工作局“以签订合作协议及进行培训活动等方式,向这些私立的社会互助机构提供技术、财政、物质援助等”。[③] 技术援助是指协助制定、组织开展活动并进行评估,对人员进行培训、提供相关的资料文件等;财政援助主要包括分担部分社团日常运作费用(如人员及装备费用)、投资开支及开展活动之经费;物质援

---

① 参见《重组澳门社会工作司》第4条、第12~20条的规定。

② 胡俊军:《法治背景下我国非政府组织的发展》,华东政法大学2010年硕士学位论文。

③ 参见《重组澳门社会工作司》第4条第10款的规定。

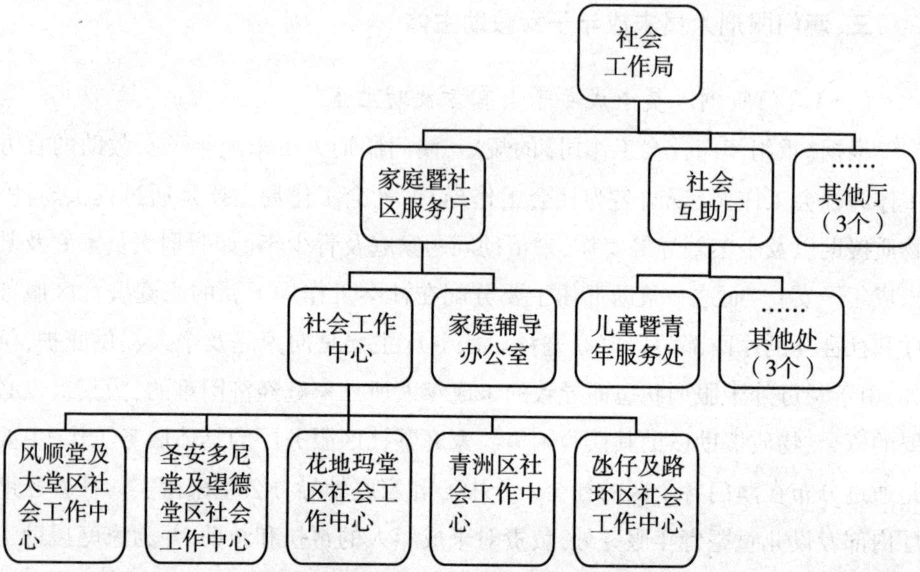

图1　澳门社会工作局部分机构设置

助,主要是指设施、设备或物料的给予。① 例如,澳门社会工作局就代表澳门政府对天主教澳门教区属下的社会福利志愿团体、澳门街坊会联合总会家庭服务中心给予财力等方面的资助。②

四、澳门服刑人员未成年子女救助内容

对于身处不同困境的服刑人员未成年子女,澳门设置了详尽的救助措施,确保他们能够及时地获得所需的经济、物质、精神乃至新监护人的救助。

(一)事实单亲家庭救济

对因父母或法定监护人一方正在服刑而导致未成年子女事实上处于单亲家庭状态的,政府将给予一定的经济以及计划辅导等特殊救助。例如,在行政当局鼓励和支持下成立的家庭辅助中心,将根据单亲囚犯家庭的困难与需求为其提

① 参见澳门《订立社会工作司对从事社会援助活动之私人实体之援助形式》的规定,载 http://www.ias.gov.mo/tw/legislation/legislacao-mais-usual/decreto-lei,2014 年 6 月 1 日最后访问。

② 《澳门社工局:"财政资助名单"》,载 http://www.ias.gov.mo/tw/social-service-facilities/lista-dos-equipamentos-sociais-subsidiados,2014 年 6 月 2 日最后访问。

供特别的辅助,[①]而儿童暨青年服务处也会根据需要提供相应的配合工作。

(二)事实孤儿救济

对因父母或法定监护人正在服刑而导致未成年子女事实上处于孤儿状态的,澳门政府充分发挥其"国家父母"的职责,设置了一系列的弥补亲权监护措施。第一,及时报告制度。当父母亲权的行使在事实上受阻时(如父母被逮捕或在监狱服刑),在工作期间获悉该情况的任何行政当局、司法当局或负责民事登记的公务人员,都应当履行告知义务,及时将该情况告知有管辖权的法院,获悉该情况的检察机关应当立即采取能够保护该未成年人的必要紧急措施,法院应当依职权促使设立对该未成年人的监护制度。第二,强制监护制度。父母亲权的行使在事实上受阻达到6个月以上的,必须对未成年人进行监护,监护职责的行使人(以下简称监护人)由未成年人的父母指定并经法院确认,或者由有权法院直接进行指定,被指定的监护人,若无法定阻却事由(如需照顾2名以上的直系血亲卑亲属或者本人年龄已经超过65岁的老者),不得推辞监护职务。第三,监督监护人制度。为确保对未成年人监护的零空缺,一方面,必须在未成年人亲属中甄选出一名与原监护人不同血亲亲系的"监督监护人"与监护人一起履行对未成年人的监护责任,并在未成年人与监护人发生利益冲突时,维护未成年人的合法权益;另一方面,原管辖权法院应当有权对监护人的监护权行使监督,监护人应根据法院要求或在其职能终止时,向法院提交监护报告。法院若发现监护人未履行监护职责或欠缺履行职责能力,则将撤销监护人的资格甚至给予其一定的惩罚。第四,交托相关机构监护制度。对于无法找到符合条件的监护人来履行监护职责的,服刑人员未成年子女则将会被送至适合的公共或者私人机构,由该机构的主要责任人承担监护人的职能。[②]

(三)亲情沟通、亲职辅导

为维系和保障未成年子女与服刑父母间的情感沟通,未成年子女可以定期与服刑的父母见面交流。根据澳门《路环监狱规章》第16条第4款的规定,除直

① 参见澳门《家庭政策纲要法》第12条的规定。

② 参见澳门《民法典》第3编第2章第3节"弥补亲权之方法"之规定(澳门《民法典》第1778~1824条,共计47条)。

系血亲卑亲属或兄弟姐妹外,16 周岁以下未成年人不被允许探视服刑人员。[①]实践中,澳门监狱还将这一规定进行了最大化落实,以尽量满足未成年子女与其服刑父母的情感交流,即有 16 周岁及以下未成年子女的服刑父母,可以申请参加儿童援助计划,每周日与其未成年子女会面,通过游戏的方式拉近父母与子女间的关系。监狱还允许安排专门的社工人员从旁进行相关的亲职辅导,如帮助父母与子女进行有效的语言沟通与行为互动等,以确保会见的积极效果,从 2010 年起,澳门监狱坚持每年举办一次“六一节亲子活动”,使服刑人员未成年子女在儿童节也能够与父母团聚、同享游戏与欢乐。[②]

(四)特殊照抚

对于女囚犯 3 岁以下子女规定了特别保护内容。一是女囚在监狱产子后,对该婴儿进行出生登记时,应当隐去其出生地、母亲囚犯身份等能反映出该婴儿与监狱关系的身份资料;[③]二是女囚犯 3 岁以下的子女,根据最有利于未成年人利益原则,可允许该幼童跟随母亲在监狱生活直至其满 3 岁;三是当 3 岁以下幼童随母在监狱生活时,在不违反监狱内部规章及有关条件的前提下,应确保女囚犯与其子女每日共同生活在一起。

五、澳门服刑人员未成年人子女救助之借鉴

(一)完善未成年人法律保护体系,增强其可操作性

当前我国内地许多法律法规中都或多或少、直接间接规定有服刑人员未成年子女保护与救助的内容,如《未成年人保护法》《预防未成年人犯罪法》《民法总则》《教育法》《婚姻法》《监狱法》等,但这些规定过于原则化,且缺乏监督、惩罚措施,可操作性不强。例如,《监狱法》第 19 条规定:罪犯不得携带子女在监狱内服刑,但对于正在服刑的罪犯,由谁承担照顾、监护他们的未成年子女的责任却没有规定。故建议对上述法律法规给予细化完善,并增加监督惩罚措施,增强其可操作性。以《民法总则》为例,可在《民法总则》第 2 章“监护”一节中,明确

① 澳门监狱网:《核准路环监狱规章》,载 http://www.epm.gov.mo/,2014 年 6 月 2 日最后访问。

② 澳门监狱网:《监狱举办儿童节活动——在囚人与子女欢聚天伦》,载 http://www.epm.gov.mo/,2014 年 6 月 2 日最后访问。

③ 参见澳门《剥夺自由处分之执行制度》第 84 条的规定。

对服刑人员的未成年子女(事实孤儿)进行监护的强制性,细化监护人选择的法定条件、监护责任与义务、对监护人的监督与罢免、相关惩罚措施等。再如,可将“服刑人员可每周定期会见其未成年子女一次”纳入《监狱法》的“会见”规定当中,以增进未成年子女与其服刑父母间的亲情联系。

(二)明确政府救助主体和职责分工,确保救助实现“无缝对接”

首先,明确服刑人员未成年子女救助的政府主体是民政部门。2014 年 5 月 1 日起正式实施的《社会救助暂行办法》(以下简称《办法》)规定,民政、卫生计生、教育、住房城乡建设、人力资源社会保障等部门统称社会救助管理部门,而国务院民政部门负责统筹全国社会救助体系建设,[①]那么将服刑人员未成年子女救助主体明确为民政部门,应当是最合适不过的了。其次,发挥民政部门现有机构职能优势,明确职能分工,将服刑人员未成年子女救助落到实处。以市一级民政局为例,该部门内设的社会事务与社会福利科,负责孤儿的权益保护等工作,那么对于处于事实孤儿的服刑人员未成年子女权益保护工作也可由该科负责;内设的社会救助科,负责组织实施居民最低生活保障、医疗救助、临时救助等工作,故该科可承担对服刑人员未成年子女的最低生活保障、医疗救助、临时救助等工作;直属单位社会救助管理站,实行 365 天 24 小时不间断值班制,负责对所辖区内生活无着的流浪乞讨人员实行救助,为不同类型受助对象提供心理咨询、情绪疏导等专业社会工作服务并以强制性手段对流浪、乞讨儿童进行救助、保护、教育等,因此,服刑人员未成年子女具体的保护、教育以及心理辅导等工作可由该机构承担。[②] 最后,充分发挥国务院民政部门统筹社会救助体系的优势,协调教育、卫生、公安、检察院、法院、监狱以及团委、妇联等部门或团体,以联席座谈会议、联合签署文件、联合开展配套活动等方式方法,为服刑人员未成年子女救助提供一个全方位的社会保障机制,确保救助实现“无缝对接”。

(三)推动及资助民间志愿机构,协助开展社会救助工作

对于民间志愿组织,政府的推动、支持是至关重要的,但目前政府给予服刑人员未成年子女的民间志愿救助机构的关注与支持十分有限,以致这些机构的

---

① 参见《社会救助暂行办法》第 3 ~ 5 条的规定。

② 参见“珠海市民政局官网——机构职能”,载 http://www.zhmzj.gov.cn/zwxx/jgzn/,2014 年 6 月 14 日最后访问。

运转大都依赖于社会捐助、自办产业、自给自足等方式来维持。由于资金来源的不稳定性和短缺性，造成很多救助机构长期面临严峻的经济压力，举步维艰，很多被救助的服刑人员未成年子女生活水平和质量偏低，而医疗保健、心理辅导等更是难以得到有效保障。因此，当前亟须政府部门加大财力、物力支持，鼓励并推动这些民间志愿组织的发展，以保障寄居在此的未成年人能有一个较稳定、舒适的生活环境健康、茁壮成长。

（四）细化救助内容，确保服刑人员未成年子女救助"零空白"

一是根据服刑人员未成年子女的生活状况和亲子关系，给予服刑人员未成年子女家庭及个人相应的经济支援、心理辅导以及亲职教育等。二是对于事实上处于孤儿状态的服刑人员未成年子女，政府应当承担起"国家父母"的职责，一方面要求民政部门、公安、检察院、法院等在履行职务时发现上述情况时，要承担及时告知义务；另一方面要及时为该"事实孤儿"指定合适的监护人或将其送至适当的救助机构给予照顾和保护，并加强对指定监护人或指定机构的监督与管理。三是促进服刑人员与其未成年子女间的情感交流与维系。除定期安排服刑人员与其未成年子女会见外，还应在节假日和特殊日期（如未成年子女生日等）安排一些节目或活动，促进未成年人与其父母的共享与交流，监狱甚至可设立亲子房，在确保安全的情况下，允许服刑人员与其子女短暂同住。四是对特殊群体的照顾。对于处于哺乳期的女囚犯，在确实更有利于未成年人的情况下，可适当考虑允许其1周岁以下幼童随母生活。

［原文发表于《山东警察学院学报》2014年第4期］

美国强制报告制度对未成年人检察工作的启示

张瑞锋　邓　洁*

摘　要：美国儿童强制报告制度强调政府和社会责任，要求特定人员在发现儿童虐待或忽视行为时向特定机构报告，对未能报告的责任主体给予相应的处罚。这项制度对推进我国未成年人检察工作，拓宽关爱保护青少年健康成长途径，构建社区检察官未成年人工作联系制度有着重要的启示。

关键词：强制报告制度　未成年人检察工作　社区检察官

当今世界各个国家都采取了诸多积极措施对未成年人加以保护。以美国为例，儿童强制报告制度强调政府和社会责任，要求特定人员在发现儿童虐待或忽视行为时向特定机构报告，对未能报告的责任主体给予相应的处罚。在"国家亲权"理念和"儿童最佳利益"原则的影响下，美国未成年人检察制度在未成年人权益保障及未成年人犯罪与偏差预防、呈请与起诉方面作用日渐明显。① 在2017年全国两会上，全国政协委员李铀牵头，联名曾蓉、刘建军等13位全国政协委员，提交了《关于未成年人监护失职（疏忽）行为"入刑"的建议》，呼吁追究失职监护人的责任。② 强制关爱、保护未成年人工作再次提上立法建议议程。

我国为依法保护未成年人合法权益，先后颁布实施了《未成年人保护法》和《预防未成年人犯罪法》。最高人民检察院为落实对未成年人的特殊刑事政策，充分发挥法律监督职能，确保对涉罪未成年人采取"教育、感化、挽救"方针和"教

---

* 张瑞锋：韶关市人民检察院检察官助理；邓洁：韶关市武江区人民检察院检察官。

① 张鸿巍：《美国未成年人检察制度》，载《国家检察官学院学报》2011年第3期。

② 《13名政协委员联名提案：马大哈父母应追刑责，你怎么看？》，载 http://mt.sohu.com/20170303/n482288486.shtml，2017年3月6日最后访问。

育为主,惩罚为辅”原则,于2012年印发了《关于进一步加强未成年人刑事检察工作的决定》的通知,2013年修订了《人民检察院办理未成年人刑事案件的规定》,2015年5月印发了《检察机关加强未成年人司法保护八项措施》的通知等一系列规范性文件。

一、美国强制报告制度及未成年人检察工作理念

(一)美国儿童保护强制报告起源

美国玛丽·艾伦·威尔逊被虐待案,是美国公认的第一例虐童案件。1874年,玛丽出席法庭作证控诉时,她已经被养母康奈利太太虐待了近八年时间。在法庭上,有康奈利太太虐待玛丽的物证,一条半米长的马鞭;有玛丽被虐待留下的疤痕;也有邻居的证言等。但在当时的美国,戏剧性的是没有防止虐待儿童法,却有防止虐待动物法,营救玛丽陷入困境。随着防止虐待动物协会的介入,美国司法界和媒体界开始关注玛丽的命运。有律师提出:“保护受虐孩子的法律,也应该大于保护受虐动物的法律。”最终,虐待玛丽的康奈利太太被判处1年有期徒刑。玛丽被虐待案审判结束后,美国社会开始重视虐待儿童问题。1874年,纽约成立了美国第一个防止虐童协会。1899年,美国伊利诺伊州库克县建立了第一个保护受虐待儿童的少年法庭。到1900年,全美已经成立了161个保护受虐儿童的民间组织。1912年,美国创建了保护儿童的专门机构(美国儿童局),1963年,美国儿童局制定了举报法范例,随后,美国各州先后制定了受虐儿童举报法。在1974年,美国通过了《儿童虐待预防和处理法案》,1984年通过了《儿童保护法案》。

在美国一系列保护未成年人的法律体系中,“强制报告制度”具有明显的强制保护未成年人特色。从报告主体人员范围上,在1963年美国的举报法范例中,要求报告的主体仅有医务人员,随后逐步扩大到教师、社会工作者、警察、保姆以及可以经常接触到儿童的人员。从报告事项的内容上,最初只要求举报对儿童身体健康进行虐待伤害的行为,随后逐步扩大到报告主体人员只要“有理由相信”或“有理由怀疑”儿童受到了虐待或被忽视就有报告的义务。从报告主体法律责任上,从最初的有义务进行举报,到现在的要求强制报告,且强制报告人员如没有尽到报告责任,如知情不报等,就可能要承当相应的民事责任、罚金等。

经过不断的修订与完善,强制报告制度逐渐形成并成为美国保护儿童青少年的强有力制度。

(二)美国儿童保护强制报告制度

美国强制报告制度中针对儿童保护的主要体现在儿童保护强制报告制度,该制度规定了儿童保护的责任主体、方式内容、责任处罚。在美国,邻居、社会工作者、教师、校长和其他的学校工作人员、心理咨询师、心理医师,儿童照料人士、法律执行机构等都是儿童保护责任主体。在怀疑或知晓儿童被虐待或被忽视情形存在时,责任主体应当立即向法律保护机构或儿童保护机构报告。目前美国有47个州立法规定如果强制报告责任主体明知儿童虐待和忽视案件发生而不报告,应当承当相应的处罚。《美国儿童虐待预防和处理法》(Child Abuse Prevention and Treatment Act,CAPTA)同时也明确规定对报告责任主体设立报告免责的条款。[①] 美国儿童保护强制报告制度在立法设计上不仅体现了国家亲权理念和儿童最佳利益原则相结合,而且在实际执行中,充分利用了整个社会的资源对未成年人进行保护和救济,为未成年人的健康成长提供了一个良好的法治和社会环境。

(三)美国未成年人检察工作理念

美国未成年人检察工作遵循了国家亲权和儿童最佳利益原则。《全美检察准则》(第3版)在其"少年司法"专章明确未成年人检察准则,同时强调检察官应为社区及被害人提供安全保障及福利,在不与职责相冲突的前提下,督促检察官切实考虑未成年人之特殊利益及需求。[②] 巴克斯托姆在《扩大检察官在少年司法系统的作用》(Expanding Role of the Prosecutor in Juvenile Justice)中认为:今天检察官不但要完成烦琐的业务工作,而且还必须在其他方面有所作为,检察官应走出三尺办公室步入社区之中,与普通公众、学校及教会打成一片,以有效预防犯罪。因此,美国未成年人检察工作在社区起诉(community prosecution)中,"社区检察"理念逐步形成,在坚持代表国家检控犯罪及防卫社会的主要职责的同时,越来越重视确保社区及被害人的安全及福利。

---

① 杨志超:《美国儿童保护强制报告制度及启示》,载《社会福利》2014年第9期。

② National Prosecution Standards(3rd edition), §4-11.1.

二、我国检察机关对未成年人的保护

(一)我国对未成年人保护的检察设置

为全面落实国家对未成年人的司法保护政策,充分体现双向保护原则,进一步加强未成年人司法保护,2015 年 12 月,最高人民检察院成立了未成年人检察工作办公室(以下简称未检办),随后全国各级检察机关成立了未检办,以保证各项特殊保护政策和制度在检察机关得到贯彻落实,同时也有了专门的机构加强与司法、民政、教育、卫生等相关部门及未成年人保护组织的联系和协作,共同做好未成年被害人的身体康复、心理疏导、法律援助、司法救助等工作。2017 年 3 月,最高人民检察院针对未成年人检察工作专门下发了《未成年人刑事检察工作指引(试行)》,再次强调捕诉监防一体化、未成年人检察设备专业化、权利保护优先化、心理保护双向化,确保未成年人检察工作质量和效果。

(二)基层未成年人检察工作的成效

当前,我国基层检察院未检办主要办理未成年人涉嫌犯罪案件、侵害未成年人人身权利犯罪案件的审查逮捕、审查起诉、出庭公诉以及对涉及未成年人的刑事、民事、行政诉讼活动进行监督。同时,未检办还负责法制宣传、教育、保护、援助、救济及心理疏导康复等工作。随着未检办工作的推进,“教育为主,惩罚为辅”原则得到充分体现,国家对涉罪未成年人“教育、感化、挽救”方针也进一步得到了落实。

以广东省韶关市武江区检察院未检办为例,2016 年承办刑事案件中涉及未成年人 34 人,虽然涉案人数比 2015 年上升 41.7%(2015 年 24 人),但依法不予批准逮捕 8 宗,比 2015 年上升 14.3%(2015 年 7 宗);依法不予起诉 3 人,比 2015 年上升 300%(2015 年 0 人);封存 17 宗,比 2015 年上升 325%(2015 年 4 宗),对未成年人依法不捕、不诉、封存率明显上升。在救助未成年人方面,2016 年下半年该院司法援助被害人 1 人,救济金额 7000 元。在挽救未成年人方面,该院通过教育感化,11 名未成年人已重返校园,通过联系帮扶企业,为 3 名免予起诉的未成年人找到合适的工作岗位,检察机关对未成年人的教育惩戒、感化挽救成效显著。

三、对美国强制报告制度的借鉴思考

(一)强制报告制度责任主体的参与性

美国儿童保护强制报告制度对报告责任主体进行了具体划分,且规定了责任主体的报告事项、保密义务、报告机构及惩处规定。就目前我国具体国情而言,将邻居、学校管理人员、医务人员、心理咨询机构及人员等通过立法规定为强制报告责任主体还不具有现实性。首先,邻居及社会人士对未成年人受到不法侵害时的保护及向有关机构报告是基于社会公德。其次,学校管理人员及医务人员等虽然有保护未成年人合法权益的责任和义务,但如果未作报告就要受到法律惩处责任还不符合我国当前国情。但监护人、邻居、学校管理人员、医务人员、社会人士等都是未成年人保护的参与者,可以通过政府机构、司法机关、社会团体的组织和引导,建立符合我国国情的未成年人保护机制。

(二)强制报告制度社会资源的整合性

在美国,儿童保护机构(Child Protective Services Agency,CPS)和法律执行机构(Law Enforcement Agency)专门负责保护未成年人的工作,充分整合和利用社会资源对未成年人进行保护。目前我国未成年人保护机构较多,如在政府机构有未成年人保护委员会,在司法机关有未成年工作检察办公室、少年法庭,在社会团体有关爱未成年人的公益组织,但缺乏整合全社会资源对未成年人进行保护的专门机构。作为检察机关已经成立的未检办,如何在依法履行法律监督职责的前提下整合社会资源,拓宽检察监督途径,保护未成年人的合法权益,笔者认为社区检察官应发挥保护未成年人的主导性作用。

(三)强制报告制度对我国检察工作的借鉴性

美国未成年人检察机构主要为郡市级地区检察院。以美国华盛顿州克拉克郡为例,该郡检察院专设有未成年人检察科、儿童虐待检察科(Child Abuse Prosecution Division)及儿童支持检察科(Child Support Division)。[①] 我国各级检察机关都设置了未检办,基层未检办直面未成年人的保护、法援和救助,其未检工作的一个重点是对出现违法犯罪苗头的青少年给予保护和挽救。但由于基层

① 张鸿巍:《美国未成年人检察制度》,载《国家检察官学院学报》2011 年第 3 期。

存在案多人少的实际,以及专注于未成年被害人的保护救济、法制宣传教育等工作,以致对未成年人出现的违法苗头倾向及时挽救工作还存在不足。虽然美国对青少年保护的强制报告制度在我国并不完全适用,但检察官们在未成年人检察工作中可以借鉴参考。

(四)强制报告制度在未成年人检察工作中的应用性

虽然未成年人强制报告制度在我国还不具备上升到立法层面的条件,但在我国未成年人保护工作中已经开始应用。例如,国家卫计委在2016年5月发出通知,要求相关部门对在工作中发现的农村留守儿童脱离监护单独居住生活、监护人丧失监护能力或不履行监护责任、疑似遭受家庭暴力、疑似遭受意外伤害或不法侵害等情况,必须强制报告。[①] 就未成年人检察工作而言,未成年人检察部门可以依托派驻检察室及社区检察官,与学校、医院、心理咨询康复机构、帮扶企业等建立信息网络互通机制、未成年被害人救助机制、涉案未成年人挽救帮扶机制等。

1. 信息网络互通机制

可以通过让学校管理者(老师、德育教务等)、学生会成员、辖区医务人员、辖区派出所(网监)及社区干部等加入集群网络(如微信群、QQ群等)及时了解、掌握该地区未成年人的学习生活动态,同时收集他们对未成年人检察工作的意见及建议。当发生未成年人受到不法侵害或出现违法苗头倾向时,形成较为高效的信息互享、配合协作、应急处理、教育引导、司法救助、心理康复等保护、挽救措施体系(见图1)。

2. 未成年被害人的救助关爱

1997年,美国国会通过"少年责任资助计划"(Juvenile Accountability Block Grants)及后来的"少年责任激励资助计划"(Juvenile Accountability Incentive Block Grants)中的专项资金为更有效地实施未成年人缓刑项目提供经费支持。在我国,与未成年被害人救助相关的责任部门和社会公益组织,对司法机关,特别是未成年人检察工作来说,最常采取的是司法援助和救助措施,社区检察官们

---

① 《国家卫计委:留守儿童疑似遭伤害须强制报告》,载 http://news.xinhuanet.com/politics/2016-05/26/c_129016149.htm,2017年3月9日最后访问。

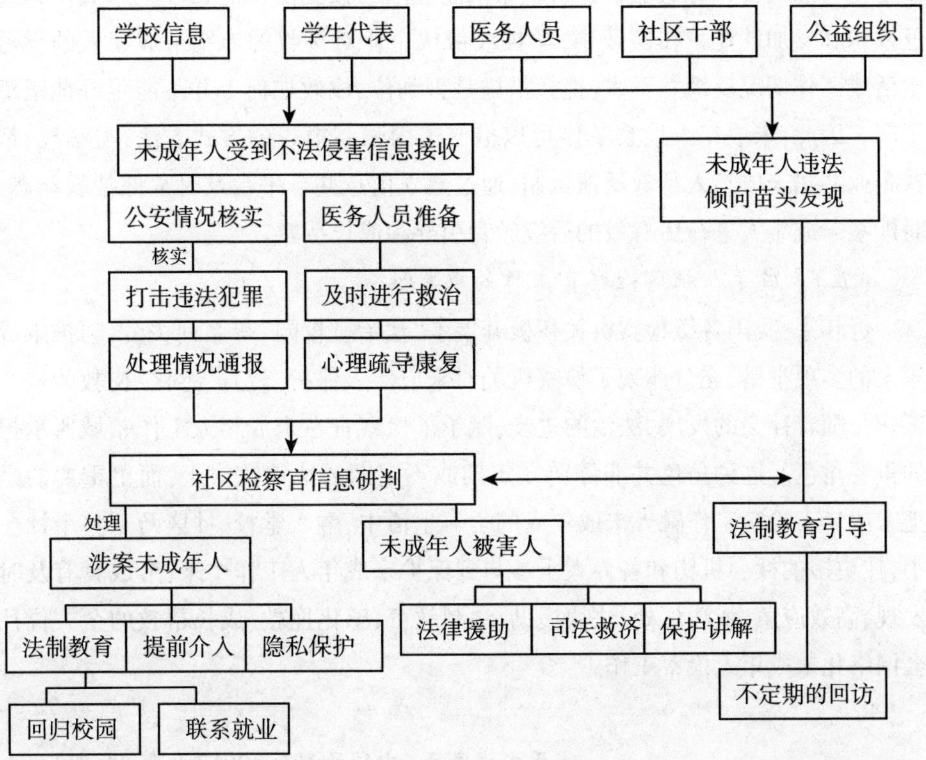

图1　信息网络互通机制

对司法救助后续工作的方式方法还并不够多。笔者认为,可以通过借鉴强制报告制度的变通,如通过信息网络互通机制,建立针对未成年被害人的“多对一”情况互通体系,不仅可以了解、掌握和监督救助资金的使用情况及未成年被害人的学习生活状态,而且可以调动家庭、学校、社区等对被害人及时的全方位关爱,并为后续的未检工作营造有利的社会环境。

3. 涉案未成年人的挽救帮教

笔者认为,检察机关对涉案未成年人的挽救是整个司法环节中很重要的一个关键点。检察机关未成年人检察工作处于公安对涉案未成年人侦查阶段和法院对涉案未成年人判决阶段之间,不仅可以及时对未成年被害人进行心理疏导,也可以依法对社会危害性不大的轻微违法未成年人采取不捕、不诉和有效挽救措施。一般而言,司法机关与学校、帮扶企业的对接主要体现在涉案未成年人重返校园和参加就业。在实践中,学校或帮扶企业对接收的涉案未成年人的学习生活或工作情况反馈并不多,挽救措施是否到位、成效如何等并不能很好地跟踪了解。因此,未成年人检察工作可以借鉴美国强制报告的方式方法,与学校、帮扶企业共建未成年人帮教反馈机制,通过建立信息共享平台及时掌握帮教动态,对涉案未成年人进行更有效的后续教育引导和成长帮教。

(五)未成年人社区检察官工作的重要性

近年来,我国各级检察机关积极开展了“法治进校园”等系列关爱、呵护未成年人的多项举措,充分体现了检察机关对未成年人保护、教育、感化、挽救的核心工作。随着社会的发展,法治的进步,赋予了检察官在未成年人工作领域所承担的重要角色。这种角色并非停留在定期或不定期的法律宣讲上,而更重要的是把未成年人检察工作融入未成年人的学习生活中,融入学校、社区乃至整个社会中,让更多的社会机构和各界人士参与到保护未成年人工作中来,形成具有及时发现、高效应急、依法惩处、法律援助、法制教育、感化挽救、成长帮教的全方位社会网络化未成年人检察工作。

[原文发表于《中国检察官》2017 年第 16 期]

图书在版编目(CIP)数据

南粤检察文萃. 理论研究卷 / 广东省人民检察院编 ;
林贻影主编. -- 北京 : 法律出版社, 2018
ISBN 978-7-5197-2171-8

Ⅰ. ①南… Ⅱ. ①广… ②林… Ⅲ. ①检察机关-工
作-中国-文集 Ⅳ. ①D926.3-53

中国版本图书馆CIP数据核字(2018)第075697号

南粤检察文萃·理论研究卷
NANYUE JIANCHA WENCUI · LILUN YANJIU JUAN

广东省人民检察院 编
林贻影 主编

策划编辑 邢艳萍
责任编辑 邢艳萍
装帧设计 汪奇峰

出版 法律出版社
总发行 中国法律图书有限公司
经销 新华书店
印刷 天津嘉恒印务有限公司
责任校对 马 丽
责任印制 吕亚莉

编辑统筹 法律应用·大众出版第二分社
开本 720毫米×960毫米 1/16
印张 18.25
字数 320千
版本 2018年5月第1版
印次 2018年5月第1次印刷

法律出版社/北京市丰台区莲花池西里7号(100073)
网址/www.lawpress.com.cn
投稿邮箱/info@lawpress.com.cn
举报维权邮箱/jbwq@lawpress.com.cn
销售热线/010-63939792
咨询电话/010-63939796

中国法律图书有限公司/北京市丰台区莲花池西里7号(100073)
全国各地中法图分、子公司销售电话:
统一销售客服/400-660-6393
第一法律书店/010-63939781/9782
西安分公司/029-85330678
重庆分公司/023-67453036
上海分公司/021-62071639/1636
深圳分公司/0755-83072995

书号:ISBN 978-7-5197-2171-8
定价:46.00元
(如有缺页或倒装,中国法律图书有限公司负责退换)